高速铁路客流分配理论及应用

Gaosu Tielu Keliu Fenpei Lilun ji Yingyong

佟 璐 聂 磊 贺振欢 著

人民交通出版社股份有限公司
China Communications Press Co.,Ltd.

内 容 提 要

本书系统阐述了高速铁路客流分配领域的数学模型、算法及系统开发方面的理论研究及实践应用内容。分析了旅客出行选择特性及影响因素，并分别基于铁路物理网络、列车服务网络、列车时空服务网络，提出了客流分配模型及其求解算法，在此基础上，重点研究了在三个层面的客流分配理论的实践应用，包括基于客流分配技术的高速铁路枢纽布局优化、列车开行方案评估、列车衔接优化。

本书可供高速铁路运营组织领域研究者、铁路运输专业的本科生、研究生教学及研究参考使用。

图书在版编目(CIP)数据

高速铁路客流分配理论及应用 / 佟璐，聂磊，贺振欢著. —北京 ：人民交通出版社股份有限公司，2019.5

ISBN 978-7-114-15451-5

Ⅰ. ①高… Ⅱ. ①佟… ②聂… ③贺… Ⅲ. ①高速铁路—铁路运输—客流—研究 Ⅳ. ①U293.5

中国版本图书馆 CIP 数据核字(2019)第 064681 号

书　　名：高速铁路客流分配理论及应用
著 作 者：佟　璐　聂　磊　贺振欢
责任编辑：杨丽改
责任校对：赵媛媛
责任印制：张　凯
出版发行：人民交通出版社股份有限公司
地　　址：(100011)北京市朝阳区安定门外外馆斜街 3 号
网　　址：http://www.ccpress.com.cn
销售电话：(010)59757973
总 经 销：人民交通出版社股份有限公司发行部
经　　销：各地新华书店
印　　刷：北京虎彩文化传播有限公司
开　　本：720×960　1/16
印　　张：11.5
字　　数：205 千
版　　次：2019 年 5 月　第 1 版
印　　次：2019 年 5 月　第 1 次印刷
书　　号：ISBN 978-7-114-15451-5
定　　价：55.00 元

前　言

FOREWORD

我国将建成大规模的高速铁路网络,铁路运输能力将会快速提升,为铁路运输市场化运作提供强大的运力支撑。高速铁路在技术设备条件、服务对象、路网中的作用及运输组织方法等方面与目前客货混行的既有铁路线均有较大差别。我国高速铁路是一个规模庞大的全新复杂系统,高速铁路与既有铁路线的运营规划相互影响,高速铁路客运产品的规划质量直接影响着高速铁路乃至整个铁路网的运营效益和服务质量,进而影响铁路客运产品的市场竞争力。我国高速铁路客流具有区域交通量不均衡、出行需求层次多、平均运距长、客流随时节波动幅度大的特点,高速铁路客运产品规划必须适应这些特点,需完善高速铁路客运产品结构设计,使高速铁路运营发挥最大的社会效益和经济效益。

随着高速铁路网络的大规模建设与运营,旅客出行将在多个层面上进行选择,例如:在综合运输体系中进行运输方式的选择;在铁路运输方式中对不同层次客运产品的选择;在出行时间上对时段、周末、工作日时间段的选择等。高速铁路客运产品的规划要与旅客动态需求相匹配,由于规划的各个阶段都与客流量有关,因此在各个阶段进行客流分配技术研究十分必要。

铁路客流分配理论是高速铁路客运产品系统规划理论的重要组成部分,是实现客运产品一体化规划的关键技术。高速铁路客运产品设计规划是一项复杂的系统工程,包括各个阶段的规划工作,如高速铁路客运需求预测、客运产品结构优化、旅客列车开行方案优化、高速列车运行图优化、高速铁路运营收益管理等,通过客流分配方法评价各个阶段规划质量及实现一体化规划、实际运营效益管理等具有重要理论研究意义。

本书主要研究高速铁路客流分配理论及应用,各章内容安排如下:

第一章为国内外客流分配理论与方法的研究综述。本章阐述国内外研究现状,重点介绍有影响力的数学模型、算法以及实际应用情况。对国内外研究的适应性进行分析。

第二章为旅客出行选择特性及客流分配问题研究。指出客运产品规划面临的主要问题,重点对不同层次客流分配的影响因素进行研究。最后,提出基于客流分配方法的高速铁路客运产品一体化规划流程,根据博弈理论,建立多层次规划模型,描述客运产品规划中企业效益与旅客效益之间的 Stackelberg 博弈关系,其中,多层次规划模型的下层模型均为基于不同目标及约束的客流分配模型。

第三章为高速铁路物理路网客流分配方法研究。客流分配目的在于体现高速铁路运输网络中各条线路及区间的客流量分布情况,为列车开行起讫点和列车运行路径优化提供依据。合理路径集合生成是客流分配的基础,直接关系到客流分配算法的效率。提出了基于合理出行路径集合的客流分配模型,并设计遗传算法进行求解该模型。最后,以京沪高速铁路相关物理路网为例进行客流分配分析,验证模型和算法的有效性。

第四章为基于客流分配技术的高速铁路枢纽布局优化。首先,分析高速铁路换乘枢纽布局优化原则及流程,提出基于高速铁路物理网络客流分配的换乘枢纽布局,优化双层规划模型与算法。最终,基于客流分配技术进行高速铁路换乘枢纽布局优化案例分析,确定换乘枢纽服务范围、换乘枢纽换乘规模等。

第五章为基于复杂列车服务网络的客流分配方法研究。建立体现差异性服务水平需求的复杂列车服务网络客流分配模型,该模型以旅客出行效益最大化为目标,通过分别限制不同出行距离、不同层次旅客的换乘次数及换乘时间,设置旅客出行路径的多约束条件。设计由改进的蚁群算法和 Frank – Wolfe 算法构成的混合算法进行求解,为更加符合旅客的选择行为,按 OD 客流量、出行距离、优先级别等规则进行流量加载。最后,以京沪高速铁路相关列车服务网络为例进行客流分配分析,验证模型和算法的有效性。

第六章为基于复杂列车时空服务网络的客流分配方法研究。建立了多约束条件下的复杂列车时空服务网络客流分配模型,该模型考虑旅客出行路径的服务时间窗约束、差异性服务需求约束、换乘等多种约束条件。提出由时间窗搜索算法和改进的 Dijkstra 算法构成的组合算法进行求解旅客在列车时空服务网络中的合理路径集合,并且设计基于时空服务网络合理路径集合的客流分配子算法。最后,以京沪高速铁路相关列车时空服务网络为例进行客流分配分析,验证模型和算法的有效性。

第七章为基于客流分配技术的高速铁路列车开行方案评估。首先,构建列车开行方案评估的车流匹配指标体系,提出基于时空网络客流分配技术指标计算方法。其次,以京广高速铁路列车开行方案评估为例进行分析,验证模型和算法的有效性。

第八章为基于客流分配技术的列车衔接优化。分析了基于客流分配技术的列车衔接方案优化流程,提出基于客流分配技术的铁路旅客列车衔接方案优化方法。

将该复杂问题的求解分为两个层次，首先是基于客流分配技术求解运行线之间衔接约束，其次进行多条列车运行线衔接关系协调优化，最后以2016年全国高速铁路网络为例，验证模型和算法的有效性。

本书的内容是编者从事高速铁路运营组织领域工作近10年的成果，基于高速铁路物理网络、列车服务网络、复杂列车时空服务网络的客流分配方法是本书的重点及核心内容，其他章节为该核心内容在高速铁路运营组织领域中的相关应用性研究。

本书由佟璐主编（第一章、第二章、第三章、第四章、第五章、第六章、第八章），参与本书编写的还有聂磊教授、贺振欢副教授、童佳楠（第七章），同时还要感谢对高速铁路客流分配理论与应用研究做出贡献的其他研究人员，包括：胡小风、胡必松、魏巍、江政杰等，感谢他们的大力支持。另外，本书的出版和相关研究工作得到北京交通大学基本科研业务费“需求导向的闭环型高速铁路客流分配方法研究”（2019JBM037）的支持。

由于水平有限，书中难免有不妥之处，敬请批评指正。

作　者

2019年4月

目　录

CONTENTS

第一章
国内外客流分配理论研究综述

国内外在城市交通和铁路运营规划中都进行了深入的交通分配研究，尤其对城市公共交通客流分配和道路交通流分配理论的研究比较成熟。以下按研究的时间顺序分别对国外、国内城市交通配流、铁路客流分配、铁路车流分配不同方面进行总结及评述。

第一节　国外客流分配理论研究综述

国外学者对交通分配的研究较早，理论体系较强，在各种交通方式的规划领域应用也很广泛。本节首先基于国外城市公共交通配流、铁路客流分配、铁路货流分配的模型算法及其在各个领域的应用进行了全面、系统的总结，最后，对国外交通流分配及其应用进行了评述。

一、国外城市交通客流分配研究

交通分配理论的发展源于 Wardrop 在 1952 年提出的道路网络平衡的概念和定义。此后，如何求解网络平衡成为学者们研究的重要课题。直到 1956 年，Beckmann等学者提出了求解平衡交通分配问题的一种数学规划模型[1]。1975 年，LeBlanc 等将 Frank-Wolf 算法用于求解 Beckmann 模型并获得成功，从而形成了现在比较实用的解法。这三点突破是交通分配问题研究的重大进步。20 世纪 80 年代以来，以 Beckmann 交通模型为基本的数学模型，发展到随机交通分配、动态交通分配的研究领域。同时，交通分配理论也在城市道路交通、城市公交、城市轨道交通的规划方面有着广泛的应用。

Dial(1971 年)提出 Logit 模型，这个模型的显著优点是不用全部枚举客流之间的有效路径，加快了算法的运算效率。但是，该模型比较适用于机动车客流分配。同年，Dial 在 Logit 模型的基础上，为了解决共线问题，把共线的交通线路视为一个物理路段，将所有共线的原有线路发车频率之和作为合并之后线路的开行频率。Dial 将该模型称为 Logit 递推模型，此模型为解决城市公共交通分配中的共线问题奠定了理论研究基础[2]。

Robillared(1975 年)最早提出吸引路径集合的概念,指出在公交客流分配网络中,能够被客流吸引或者被选择的线路集是所有连通路径集的子集合。Robillared 深入地研究了基于给定出行起始节点和换乘节点条件下,被客流吸引线路集的生成方法[3]。

Daganzo(1977 年)和 Sheffi(1979 年)提出概率分配模型[4],该模型需要枚举客流起讫点之间所有的出行路径,这种方法计算量大,不适合用于求解大规模的交通分配网络[5]。之后,Hasselstrom(1982 年)将专家经验加入到生成客流起讫点之间吸引路径集合的算法中,改进了具有经验策略的客流分配方法,在实际操作中,首先按照专家经验建立路径搜索的规则集合,在经验规则集合下生成可能被客流选择的吸引路径集合,这种方法的缺点是不能保证计算结果最优[6]。

随着公交客流分配方法的研究深入,为了更加符合公交乘客的出行选择行为特征,公交客流分配的研究有两方面的显著突破:一是乘客出行策略理论的提出,二是改进适合机动车平衡交通分配模型。

Spiess(1984 年)从乘客的最优出行策略出发,建立公共交通客流分配模型,设计相应的求解算法。指出乘客的等待时间与公交线路的发车频率以及与选择该公交线路的乘客数量有关,并建立这种关系的数学函数。Spiess 提出的这种分配方法,代表了以旅客出行选择策略为基础的客流分配方法理论研究的开始[7]。

随着乘客最优出行策略理论研究的深入,学者们发现采用传统公交分配网络表达方法的缺陷,极大地影响客流分配算法的效率,从这个角度入手,Nguyen 和 Pallottino(1988 年)提出超级路径概念[8],在此基础上,Gallo(1993 年)进行了大量的科研工作,研究了以超级路径为基础的乘客出行最短路径问题,并给出相应的求解算法流程。超级路径的研究发展使公交客流分配技术又进一步地得到了突破。

Spiess 和 Florsan(1989 年)假设整个公交网络有足够的运输能力,保证满足任何数量的公交出行需求,乘客出行时间包括步行到站点的时间、不舒适程度等诸多方面的广义出行时间[9]。在此基础上,De Cea 和 Fernandez(1993 年)提出了"有效频率"的概念,说明了乘客等待时间是公交线路有效频率的函数,但它独立于公交网络上的流量,因而,仍是对拥挤公交网络的不太符合实际的简化[10]。

Wu Jiahao(1994 年)将 Spiess 和 Florian 的工作扩展为非对称问题,以策略(Strategy)或超级路径(Hyper—path)的概念为基础,假设乘客的等车时间、车内乘车时间均为乘客流量的一个非线性函数,用此函数来描述公交车站发生的拥挤现象,考虑到计算的方便性,给出了公交平衡分配模型的简化分解算法,该算法分配客流到拥挤的公交网络上,其中:公交网络的阻抗函数具有不对称性;公交分配的 OD 矩阵是给定的。简化算法分配模型的网络基础是超级路径,该算法的收敛性较好[11]。

Cea(1993 年)研究了公交拥挤网络的客流分配技术,认为线路容量不足造成拥挤主要表现在站点上,乘客的等车时间与站点的客流量相关。Cea(1996 年)以智利的圣地亚哥实际网络为例比较研究了三种公交客流分配方法:①全有全无客流分配方法,将客流分配到连接两个交通小区形心的最短线路上;②多路径的客流分配方法;③用户平衡的客流分配方法。前两者都属于在道路网上的树搜索算法,而用户平衡分配模型规则是基于变分不等式理论,其求解是通过对角化方法逐步求解[10]。

Wu Jiahao(1994 年)进一步研究了公交平衡分配模型,采用超级路径表示公交网络,将公交分配模型转化为变分不等式问题,并给出了两种求解方法[11]。基于超级路径和策略优化理论的最新研究成果是 Nguyen(1998 年)提出的基于有效超级路径的 Logit 分配模型。该模型的基础是 Dial 在 1971 年提出的 Logit 模型,通过引入出行策略优化和超级路径理论,大大提高了模型的精度和效率。该模型是非平衡分配模型,不仅充分地表达了乘客出行选择行为,而且适于计算机实现[12]。Pattnaik(1998 年)提出运用遗传算法设计公交线网。该模型以公交乘客出行费用和运营费用总和最小为目标,首先生成线路备选集,然后通过遗传算法进行优选[13]。

Lam 和 Gao(1999 年)提出了一种适用于拥挤公交网络的随机用户平衡分配模型,并给出了相应算法。该方法首先建立与拥挤公交网络随机平衡分配模型等价的数学规划模型。证明当线路流量达到容量限制时,该规划模型的拉格朗日乘子同乘客在网络过载下产生的延误是等价的。模型能较为准确地模拟乘客在拥挤公交网络下的最优线路的行为和估计总的出行耗时[14]。

二、国外铁路客流分配研究

国外学者对铁路运营产品规划的研究,从仅仅考虑铁路收益发展到结合旅客选择特性。国外铁路运输组织模式灵活多样,方便旅客出行选择。欧洲和日本由于客流密集,高速线和既有线主要开行周期性的列车。在一个运行周期中,列车在车站的接续方案都一样,极大地方便了旅客的换乘和出行路径的选择。另外,采用高速线下既有线运行的组合模式,扩展了高速列车的直达范围,实现路网一体化运营。针对国外铁路运输的背景,学者们以不同角度对客流分配的方法展开了研究。

Claessens et al.(1998 年)研究运营成本最小的列车开行方案优化方法。首先建立了一个整数非线性规划模型,包含列车服务频率 F_{ij}^{rt}、列车编组辆数 C_{ij}^{rt} 的整数变量,目标函数中有 F_{ij}^{rt} 与 C_{ij}^{rt} 相乘的二次项(其中 i 和 j 为车站、r 为列车运行路径、t 为列车类型)。由于整数非线性模型在计算机求解方面存在问题,作者对模型作了线性转化，将列车服务频率和列车编组组合在一个 0—1 变量中，即设置变量 x_{ij}^{rtfc}，当类型为 t 的列车运行在 r 路径上、服务频率为 f、列车编组辆数为 c 时，$x_{ij}^{rtfc}=1$，否则为 0。模型包含区间通过能力和客流条件约束，通过设置区间列车服务频率下限来保证列车服务水平，设置区间列车服务频率上限来保证行车安全。这篇文章中列车开行方案备选集的生成采用了直达化客流的方法；模型运用分支—定界(branch-and-bound)算法，应用一些预处理技术后，可以用 ILP 解算器求解。Claessens et al. (1998 年)在模型中综合考虑了 IC、IR 和 AR 路网，许多学者大都在单一种类路网(或单一种类列车)条件下对列车开行方案进行优化，没有考虑旅客对编制出来的列车开行方案可能做出的反应，后来学者们逐渐开展了一些加入旅客路径选择行为的列车开行方案研究[15]。

Yu-Hern Chang(2000 年)建立列车开行方案优化的多目标线性规划模型，目标函数为铁路运营成本和旅客总时间损失最小化，采用模糊数学规划方法求解，模型应用于台湾高速铁路，表现出实际可操作性及高效性等优点。模型能够求解的指标包括最佳列车开行方案集合(包括停站方案)、列车开行频率、可以满足客运需求的动车组数量、每个方案各站之间的旅客数量[16]。

Chi-Kang LEE 和 Wen-Jin HSIEH(2001 年)关注了旅客对运输服务的自主选择行为。台湾高速铁路运输组织模式相对简单，模型变量规模较小，因此，一些常规算法能较为容易地求解这些模型。对运输服务计划制定中的客流预测、列车开行方案编制、客流分配及运行图结构优化一系列过程进行研究，分别对列车需求预测、列车开行方案设计、运行图结构设计不同过程建立数学模型，也应用于台湾高速铁路系统[17]。作者针对列车开行方案设计建立了双层规划模型，我国学者史峰等(2008 年)的研究思路与本文有很大的相似之处。上层规划为列车开行方案优化模型，目标函数为运输企业成本的最小化或利润的最大化，以一些运输能力作为约束条件，采用代表列车服务频率的连续型整数变量和某一列车是否被选择开行的 0—1 变量，是一个混合整数线性规划模型；下层规划的目标函数是旅客的旅行时间最短或花费最节省，旅客对列车服务的选择问题应用 Nash 平衡原理，根据效用函数将旅客分配到服务网络(由进出车站弧、换乘弧、列车运行弧构成)中，被描述为非线性规划问题。对上层的混合整数线性规划模型，作者采用分支—定界算法求解，对下层的非线性规划问题，采用 Frank-Wolfe 算法求解[18]。

Goossens 等(2004 年)和 Goossens 等(2005 年)取消了以往研究中先利用“system split”在物理路网上细致地把各类型客流分配好的假设条件，他的研究与以往研究最大的不同点在于，以往研究大都将路网划分为不同的等级，如荷兰划分为 IC 网、IR 网和 AR 网(IC 列车只在 IC 等级车站停车、IR 列车在 IC 和 IR 等级车站停车、AR 列车为站站停列车)，然后对每类路网、根据已经分配的对应类型的客流，分别优化 IC、IR 和 AR 列车开行方案；而此文将三类路网叠加在一起考虑，通过列车开行方案备选集构造“模式路网”（type graph），建立多类型路网的列车开行方案优化模型，将旅客的路径选择行为描述为多商品流问题（multi-commodity flow formulation），这样就允许将旅客分配到不同类型的列车上。模型中用模式路网的“边能力（edge capacity）”变量表示铁路能提供的运输能力，把不同 OD 的旅客看作不同种类的商品，商品流量则是模型中另外的变量。为了减少模型中的决策变量数，对客流 OD 进行合并。事实表明在他的研究中只关注了铁路运营成本最小化而没有考虑旅客的换乘，并且在模型中没有车站或线路能力约束，实用性有待加强[19~22]。

Scholl（2005 年）和 Schöbel & Scholl（2006 年）研究了旅客换乘次数最少的列车开行方案优化方法。最小化换乘次数的研究比直达旅客最大化要复杂得多，因为对于每个 OD 对间的所有列车运行路径都要考虑[23,24]。Scholl（2005 年）基于列车开行方案备选集，建立了一个叫作“change & go” 的网络，通过为“change & go”网络每条边赋权值的方法，描述旅客在“change & go”网络中的最短路径选择行为，并建立了四个整数规划模型，使用了两个双重决策变量：y_l（列车开行方案备选集中的第 l 列列车是否被选择）和 x_{st}^{e}（区间 e 是否包含在从 s 站到 t 站的最短路径中）。对于实际中的例子，这样的网络十分庞大，作者分别研究了模型的三种求解方法：一是运用启发式的方法，二是运用 Dantzig-Wolfe 分解的方法，三是运用分支—定界方法，并分析了这些算法之间的联系。

Marc E. Pfetsch 和 Ralf Borndörfer（2005 年）针对城市公共交通网的交通工具运行方案，进一步建立了三类多商品流模型，描述旅客不同的路径选择方式。第一类多商品流模型允许旅客任意选择路径，第二类多商品流模型只允许旅客选择不可分割的路径，第三类多商品流模型只允许旅客选择路网中的最短路径[25]。作者从理论和算法上，基于 Ralf Borndörfer 等（2005 年）所描述的列生成算法做一些变化，以德国波茨坦市作为实例进行了三类模型对比和分析[26]。

中国香港 J. F. Guan（2006 年），Hai Yang 和加拿大的 S. C. Wirasinghe 重点研究了地铁运行线布局和客流分配的综合优化理论及方法。他们的研究总体分为两类，另一类是以旅客旅行时间最小化为目标研究运行线布局，另一类是以网络总运营成本最小化为目标研究运行线布局。提出了在普通运输网络中的运行线布局和客流分配的综合优化模型，对运行线的合理布局以及旅客换乘时间进行了研究。将运行线布局成本最小化目标转化为线路总长度最小化问题，并且在不考虑旅客拥挤度条件下，将旅客换乘次数最少化问题转化为旅客总在途旅行时间最小化和旅客总换乘次数最小化问题。最后将三个最小化目标函数通过赋予合理的权重转化为一个目标函数。模型的约束条件包括线路成网约束、旅客选择线路构成路径约束、旅客选择路径约束、线路最大运输能力约束、每个 OD 对间换乘的最大次数约束、路径长度约束。该模型是线性约束整数规划模型,采用了标准的分支定界法进行求解[27]。

Ralf Borndörfer 等(2006 年)用多商品流模型(multi-commodity flow model)描述了客流在不同路径上的分配问题。在借鉴铁路列车开行方案优化方法研究的基础上,研究城市公共交通网的交通工具运行方案。首先分析了以往铁路列车开行方案研究遵循的假设条件,主要包括:①在列车开行方案产生之前用“system split”事先在路网或线路上分配好客流,这样每一条路径上的客流是固定值;②以往模型基本是从一个列车开行方案备选集中优选出一些方案,即优化的列车开行方案并不是通过模型自动求解的;③目标函数中不考虑旅客换乘的等待时间。松弛掉这些假设条件,作者针对城市公共交通(包括公交、有轨电车、航空等多种交通方式)的交通工具运行方案,建立了多商品流模型,这种方法使得旅客的旅行路径能随意且自动地产生,模型运用列生成法求解[28]。

第二节 国内客流分配理论研究综述

国内对客流分配理论的研究虽然晚于国外,但客流分配理论在城市交通规划中的应用十分广泛,主要应用在城市交通中的线网规划、公共交通服务网络指标评价等领域。近些年,一些学者也将客流分配理论引入铁路客运服务产品的规划中,从铁路旅客选择行为的角度,研究铁路客运服务产品规划的各个阶段的优化问题。如:在铁路开行模式选择、列车开行方案优化、运行图优化阶段等。以下主要从国内城市交通配流、铁路客流分配、编组站车流分配问题的研究进行总结。

一、国内城市交通客流分配研究

国内在城市交通客流分配的研究主要用于公交线网站点优化技术领域,一般通过乘客的选择分布对现有的或规划中的公交线路进行评价,改进现有的公交网络存在的问题。对于公交客流分配模型的研究,主要集中在 3 个方面:基于公共运输系统的客流分配;基于发车频率的客流分配;基于时刻表的客流分配[29~32]。以下对城市交通客流分配理论研究进行简要总结。

张启人(1986 年)以城市公交的直达乘客为主要对象研究了线网优化模型,在公交开行线路距离、线路共线率等约束条件下,建立以乘客出行效益最大化为目标的公交开行线网优化模型[33,34]。

魏恒(1990 年)以分析乘客出行特性为基础,提出了公共交通客流分配的方法,建立了城市公交网络客流分配模型;针对混合交通中机动车与公共交通相互影响的特征,建立起网络联线上客流时间费用函数;并运用迭代的方法,实现了多路径网络客流分配[35]。

刘清(1992 年)提出启发式的 A-Star 算法,主要解决各个公交出行起讫点间存在约束条件下乘客有效出行路径的搜索问题,实现了乘客总出行时间最小化,直达率最大化的公交线网优化模型求解[36]。

王志栋(1997 年)主要对公交线网的优化模型进行了深入研究,既考虑了公交乘客的出行效益,也考虑了城市公交企业的运营收益。在公交开行线路距离、线路及道路的能力、乘客换乘次数等约束条件下,寻求公交乘客的总出行时间花费最少、开行线路层叠率低、公交企业的运营效益最大化、公交线网服务面积大、乘客直达出行比率高等[37]。

夏志浩(1997 年)主要研究了公交出行 OD 反推方法,通过公交线网中实际的公交路段客流量以及各个站点的交换乘客量,推算网络中公交乘客出行的分布矩阵。采用的方法主要来源于道路交通的出行 OD 反推方法[38]。

四兵锋(1998 年)首先分析了公交网络与城市道路交通网络的复杂性,在城市交通道路均衡配流模型和算法的基础上,探讨了公交网络的均衡原则,提出一种降低网络复杂度的城市公共交通网络描述方法,并给出公交网络配流问题的一个均衡模型及求解算法[39]。

四兵峰(1998 年)和宋一凡、高自友(1999 年)研究了考虑拥挤效应的公交 UE 模型和算法,提出了基于路段影响的非对称的阻抗函数和变分不等式模型,用对角化算法进行求解,但对网络的处理过于简单[40,41]。

林柏梁(1999 年)在考虑公交乘客出行效益的前提下,结合公交网络的资金投入,公交站点的客流容量限制,建立了公交线网 0—1 规划模型[42]。

高自友(2000 年)提出了公交网络中具有弹性需求和能力限制条件下的随机用户平衡配流模型(SUE)[41]。

牛学勤(2002 年)对基于最短路径搜索技术的多路径公交客流分配模型和算法进行了深入的研究。为了体现公交乘客出行最小费用的选择行为以及公交出行多路径情况,提出首先采用最短路径算法搜索有效路径集,该集合以各个起讫点间出行乘客换乘次数最少为相应规则进行搜索,再根据有效路径的广义费用,判断乘客对该有效路径的选择概率,该选择概率由改进的 Logit 模型进行计算,最后,算法输出每条公交开行线路的乘客流量[43]。

汤可夫(2004 年)主要对拥挤城市公交网络配流模型和客流分配算法进行了研究。首先在用户平衡模型的基础上,提出拥挤网络的配流模型,然后采用变分不等式对该模型进行分析。最后设计遗传学客流分配算法,通过对算法的性能分析,验证该配流算法在公交规划领域实际应用的可行性[44,45]。

陈义华(2005 年)提出了交通方式划分与分配一体化模型,该模型主要应用在城市轨道交通和公交混合网络下的交通方式划分与交通分配。采用惩罚系数法表达公交乘客的选择行为,根据乘客的选择行为影响因素,构建乘客出行的广义费用函数。最终,采用多路径增量分配进行了公交线网的交通分配[46]。

于滨(2006 年)提出优化公交线路发车频率的双层规划模型。该模型以整个公交系统总成本最小、直达率最大化为目标,同时考虑出行者的选择行为。上层模型通过客流分配的结果优化发车频率;下层模型基于优化的发车频率进行公交客流分配。采用一种迭代的算法,分别使用标号法和启发式算法 SCE-UA 对下层和上层模型进行求解[47,48]。

高岩(2007 年)提出城市公交线网优化模型与算法,线网的优化主要通过客流分配的反馈结果进行分步优化。该模型以公交线路的发车频率、公交车辆数量、公交开行线路的距离等为约束条件,分别提出公交乘客出行成本函数与公交企业运营成本函数,构建以两个成本函数之和最小化为目标的优化模型,设计模拟退火算法进行求解[49]。

孔繁玉(2008 年)主要对轨道交通客流分配方法进行研究,提出弹性需求下客流分配的平衡条件,构建了拥挤阻抗函数下弹性需求轨道交通客流分配模型,并改进了 Frank-wolfe 算法进行配流[50]。

刘志谦(2010 年)提出基于城市公交时刻表客流分配模型与算法,根据公交客流的特点,建立各个起讫点间的独立出行路径系统,消除了配流网络中相互影响的路径,从而采用改进的 Logit 模型进行出行路径选择概率的计算。考虑公交车辆客流容量限制,提出具有容量限制的 SUE 客流分配模型。为了验证改进模型和算法的有效性,基于实际的公交时刻表形成的配流网络下,进行了两种模型改进前后的对比分析,最终,提出改进后模型在实际应用中的有效性[51]。

二、国内铁路客流分配研究

国内铁路客流分配的理论基础主要借鉴于城市交通配流领域。近年,学者们根据铁路客流分配的特点,对铁路客流分配的理论和方法进行了研究。

赵鹏、杨浩(2006 年)结合京沪高速铁路客流分配结果,以高速客运专线跨线客流输送问题为核心,设计了中速列车上高速线路运行模式;高速铁路列车下高速线路运行模式;高速列车下高速线路运行与中速列车上高速线路混合运行模式。在 3 种运行模式的情况下,对客流选择的情况进行了对比分析,提出不同的运营模式对铁路客流分配结果的影响[52,53]。

黄鉴(2005 年)建立了客流分配与列车开行方案优化的联合模型。研究了体现旅客具有选择主动性的客流分配方法。提出分层求解算法,首先,根据区间铁路客流量，确定旅客列车开行方案。然后，进行客流分配，根据分配结果进行列车的停站设计。最后，以武广客运专线旅客列车开行方案的编制以及客流分配结果验证算法的有效性[54,55]。

何宇强（2006年）考虑旅客的出行方便度，基于旅客最大效用的不同类型列车的客流量分配问题，建立非线性混合整数多目标双层规划模型，采用混沌算法求解。通过客流分析得出不同发车时间段旅客的方便度、各种旅客列车的广义出行费用。通过客流均衡状态下旅客列车的广义出行费用优化各种类型旅客列车的发车时间段、各个时间段的开行频率以及客流分配的情况。在上层规划中以最大化铁路收益、旅客最大方便性为目标值。以发车能力、运输需求为约束条件。下层规划以旅客费用最小为目标值[56]。

曾鸣凯（2006年）从旅客需求出发，分析客流分配主要因素，根据开行方案列车运行区段及停站，构造列车运行网络。根据旅客出行心理，建立客流分配多目标线性模型。其中考虑了各类客流量（高速客流量、中速客流量、普速客流量）在不同的列车等级（高速列车、中速列车、普速列车）、不同停站方案下旅客的出行成本（票价支出、旅行时间消耗）、旅客的满意度。通过形成的旅客乘车方案，最终得出某乘车方案的某类客流量及列车开行方案的优化结果[57]。

霍亮（2006年）分析了铁路旅客乘车选择行为的影响因素及铁路客流分配的规律，采用广义交通行为理论对铁路旅客乘车行为进行分析。将其分为主观、客观和随机影响因素。设计了时间、费用和舒适度的关系图直观描述出了三者的关系，建立了个体旅客乘车选择的层次结构模型。随后，给出旅客广义出行费用函数，将旅行时间、出行舒适度转换成出行成本。建立了拥挤条件下的随机用户平衡配流模型及算法[58]。

史峰（2007年）分析了开行方案的相关费用和优化目标，均衡企业利益和旅客需求，将开行方案与旅客换乘方案结合，以客流在铁路换乘网络上分配为下层规划，建立双层规划模型。将开行方案优化、换乘网络设计、客流分配等问题结合，设计模拟退火算法并开发铁路旅客列车开行方案优化系统。采用模拟退火算法的步骤为：初始化→生成初始解→客流分配→开行方案综合评价→调整开行方案→客流分配→函数值比较→Metroplics 准则检验→迭代次数检验→调整模拟退火温度→收敛性检验。下层规划的配流问题，采用 GP 配流算法进行客流在换乘网络上的分配[59]。

邓连波（2007年）首先对列车开行方案的费用进行了详尽的分析，包括客运专线的运营成本分析、列车开行方案的费用计算及旅客换乘方案费用计算。提出客运专线列车开行方案多目标规划模型与求解方法、客流分配和旅客中转换乘问题、旅客列车开行方案的评价方法等问题。建立3个模型，模型一：列车开行方案优化的多目标优化模型。模型二：旅客列车开行方案的多类用户平衡客流分配模型，模型求解方法采用 GP 配流算法，对每一对 OD，生成初始路径→列生成→平衡配流→收敛判断。模型三：旅客列车开行方案双层规划模型和求解算法，达到旅客列车开行方案与客流分配的迭代优化过程[60]。

聂磊(2008 年)主要分析了国外高速铁路客流及运营规划的特点：国外高速列车开行种类与直达较少、停站规律、开行密度大、接续良好、编组灵活、开行方案与列车运行图紧密结合、直达与中转换乘方案相结合、客流预测与列车开行方案设计一体化，提出了国外客流预测与开行方案设计一体化的编制流程[61]，如图 1-1 所示。

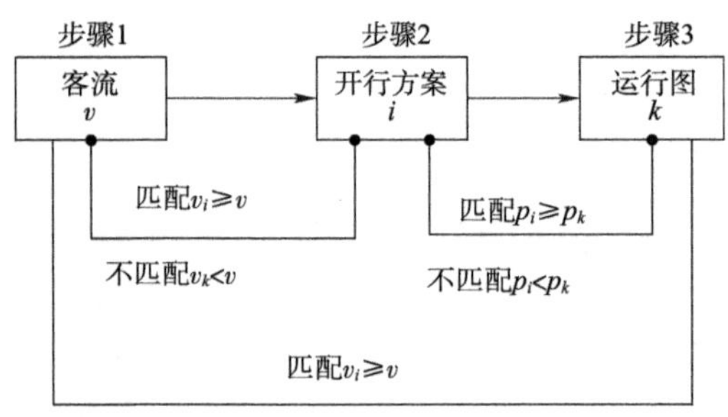

图 1-1　客流预测与开行方案一体化编制流程

注：v 为预测客流；v_i 为开行方案 i 吸引的客流；v_k 为运行图 k 吸引的客流；p_i 为开行方案 i 的效益；p_k 为运行图 k 的效益。

史峰(2008 年)考虑了铁路客运需求的变化，确定铁路客运需求量与其影响因素的函数关系，将旅客换乘方案的选择归结为弹性需求下的用户平衡分配问题。结合旅客开行方案相关费用，建立弹性需求下旅客列车开行方案的双层规划模型[62]，如图 1-2 所示。

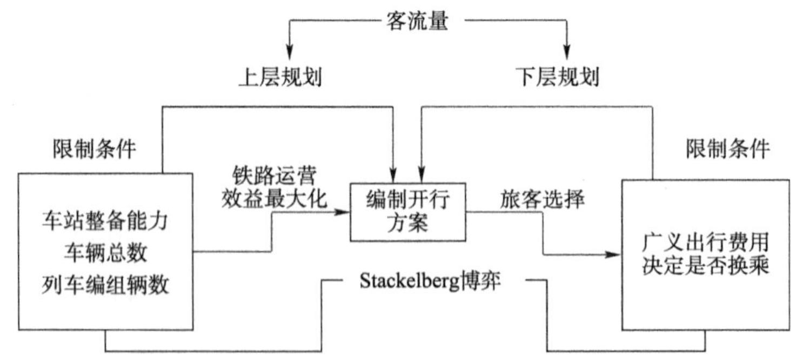

图 1-2　弹性需求下旅客列车开行方案的双层规划流程

上层规划目标：铁路运营效益最大化。下层规划目标：求解上层规划中流量，基于弹性需求的用户平衡分配，上层规划中流量是在给定旅客开行方案条件下旅客决定是否出行及选择换乘方案所形成的路径流量，是一个基于弹性需求的用户平衡分配问题。最后设计模拟退火求解算法。

国内学者对基于铁路物理运营网络系统和基于发车频率的客流分配模型研究较多,对基于运行图的客流分配模型研究较少。基于铁路运行图的服务网络中,客流分配模型需要考虑精确的时刻表信息,对铁路供给的时空服务网络结构进行建模,分配结果可以分析每一车次上的客流选择情况,作为一个重要的指标来评价列车时空服务网络的服务性能。

三、国内铁路车流分配研究

铁路货物配流问题,所要解决的是车流的合理选择和配搭问题。配流的优化可以使规划阶段中所有出发的列车都可以正点、满轴发车。研究的思路是将配流视为一个不确定的资源分配问题,将不确定问题转为确定问题处理[63]。首先,在给定解体方案的前提下,进行分配车流,如果评价指标不符合预期值,则调整方案,再次配流。多次迭代,直至逼近最优解。目前:编组站车流分配流问题可以分为两个子问题来解决:①运输资源确定情况下,如何进行合理配流;②如何根据评价指标体系,进行方案的调整。

王慈光(2002 年)假定解体方案已经确定的前提下,研究“静态配流”的问题。没有考虑解体顺序可变的“动态配流”。提出“代价”概念,把配流问题转化为运输问题,解决了在资源确定的条件下,如何进行合理配流的问题。指出简单配流问题具有下列特点:①所有到达列车和出发列车都只包含一个编组去向的车流;②任一列到达列车可以为任一列出发列车提供车流来源;③总车流量供求平衡。模型为线性规划,基本目标为车辆在站总停留时间最少,简单配流问题与运输问题相似,可以用表上作业法求解。将求解方法简化,转化为运用西北角法寻找初始方案,该方案即为最优配流方案。一般配流问题:到达列车和出发列车都可能包含两个或多个去向的车流,总车流量供求不平衡,除了基本约束以外还有附加约束:如:编组去向约束、接续约束、满轴约束。将一般配流问题转化为简单配流问题的 4 条办法:①供求不平衡转化为供求平衡的办法:增加虚拟收发点。②多个编组去向转化为单一编组去向的办法。③控制编组去向不符车流和接续时间不够车流的办法。提出“代价”的概念,判断车流分配的合理性。④尽量保证满轴的办法。将列车按等级排序,保证等级较高列车满轴出发。将一般配流问题转化为总代价最小的运输问题。算法步骤:将全部出发列车按等级排序并编号→确定收发点总数及供需量→检查是否平衡,选择转化策略→确定代价,编制平衡表→用表上作业法求最优方案[63,64]。

马苏德 · 雅基尼(2003 年)对于列车编组计划与运行图的复合优化问题做了研究,设计了一个列车路径、编组计划和列车运行图的动态服务网络模型,并给出了求解该模型的禁忌搜索算法,但是只适合求解规模较小的路网[65]。

王慈光(2004 年)构建了动态配流的树状模型,给出了解体方案树的构造方法,首先生成对全体出发列车都相容的方案树,如果在相容方案树上找不到满意解,再考虑不相容方案。然后,在方案树的基础上计算方案值,根据配流的约束条件值排除显然不可行的方案,选出满足约束条件可能性很大的有利方案。最终提出相应的回溯算法搜索有利方案,此方法不要求把方案树全部构造出来,而是利用方案值作为判断条件,控制方案树生长,排除不可行方案,选出可行性较大的方案。此算法解决了解体方案的选择问题。但回溯算法在复杂情况下的搜索时间较长,影响算法的实用性[66]。

营美英(2006 年)建立了以货运需求为导向的列车编组计划与运行图一体化编制的数学模型和基于 MAS 的一体化模型框架,给出了相应的算法,最后用算例进行了验证。通过分析货运需求以及目前铁路货物运输中存在的不足,以铁路运输企业经济效益最大化为目标,建立了列车编组计划与运行图一体化编制的数学模型,来阐述两者之间的协调机理[67]。

薛锋(2008 年)以路网性编组站为研究对象,探讨了配流计划与调机运用的关系。将编组站描述为“加工工厂”,车流加工具有流水性和时效性。配流优化的目的是要确保整个列车加工过程合理、高效化。指出编组站配流问题的本质是确定满足时间和车流约束的到达列车解体顺序和出发列车编组顺序排列,以及到达和出发车流之间的搭配组合,因此该问题为组合优化问题。用双层规划模型描述了编组站配流问题[68]。

薛锋(2008 年)突破先前对单一系统配流问题的研究,考虑具有两套独立改编作业系统的双向编组站配流协调优化问题,定义了配流时间间隔和有效交换配流列车等概念。建立了双向编组站静态配流的双层多目标决策模型,目标函数是车辆在站总停留时间最短,且产生的交换车最少。上层规划为考虑列车到达接入场方案的配流决策模型,上层模型中的配流方案为下层模型中的解,在下层模型中用代价控制编组去向不符的车流和接续时间不够的车流,用代价衡量某去向车流配入某出发列车的合理程度。如果到达列车中同一编组去向车流分配给出发列车较为合理,则代价取小值;反之,代价取大值。以总代价最小为下层规划模型的目标。用禁忌搜索策略和配流网络相结合的算法求解,算法的步骤为:①用表上作业法精确配流,从配流方案集中分别找出两个理想向量,并记录两个理想向量的值。②选定初始可行解,进行迭代,禁忌表为空集。③记录当前最优值。④构造模型进行配流,评价指标满足时,输出配流结果,算法结束,否则转⑤。⑤从可行解集合中选出满足禁忌要求的候选集,从中选出目标值最好的解作为新的基础解,更新禁忌表。最后算例证明,通过调整到达列车的接入场,可找出有效配流方案,从而实现双向编组站两个解编系统的配流优化,使除摘挂列车外的所有出发列车满轴和正点发车。当配流问题的规模不大时,可用禁忌搜索算法求解;但当问题规模较大时,搜索时间过长[69]。

荆世明(2008 年)在论述铁路编组站作业过程的基础上,确定配流的基本思路和约束条件。以及配流的原则,使车辆在编组站总停留时间最小作为配流问题的基本目标。提出配流的基本方法,采取从始发列车约束条件反推解体列车的解体顺序,最终求得车流接续时间最短的最优解[70]。

景云(2009 年)对带有时间约束、销量不确定的产销不平衡运输问题进行了研究。通过构建网络模型,将静态配流问题转化为固定费用的产销平衡运输问题,并将目标函数转化为求最小虚拟到达列车车辆数。首先设定虚拟到达列车并对其赋初值,把出发列车分为可欠轴与不可欠轴两类,在计算过程中调用学习规则保证出发列车满轴,最后求出虚拟到达列车的最小值,得到配流方案[71]。

申永生(2009 年)对编组站阶段计划配流问题构建了优化模型,以解编顺序为优化对象,在考虑解、编调机资源约束的情况下,以在正点出发列车数最大基础上考虑总停留车小时最小的解编顺序为目标建立数学模型。并设计了免疫算法中自适应克隆选择算法对非线性的解编顺序问题进行求解,对于确定编组顺序下的配流问题,将其转化为简单配流线性规划问题,利用 lingo8.0 软件的编程进行求解[72]。

第三节　国内外研究总结

前述内容从国内外城市交通分配、铁路客流分配、铁路编组站车流分配 3 个领域进行了介绍。国内外学者做了大量而深入的理论研究,国外客流分配理论的研究较早,客流分配理论的模型和算法都比较成熟,在实际的交通规划中都起到了关键的作用,下面从国内外的研究内容与方法、数学模型、软件工具、应用领域等方面进行简要总结。

一、研究内容方面

国内外学者对城市公交客流分配的理论研究非常深入,而且大量的研究成果应用到了公交运营规划的各个阶段,指导了城市公共交通各阶段运营计划的实施工作的完成。主要进行 3 个方面的研究:基于公共运输系统的客流分配;基于发车频率的客流分配;基于时刻表的客流分配。在公共交通网络优化的客流分配中,公交服务网络的构建方法与铁路开行方案规划阶段服务网络的构建方法相类似,尤其超级网络和超级路径概念也可用于铁路服务网络分析;基于公交时刻表形成的服务网络中,引入了等待时间的惩罚值以及其详细分析旅客的选择行为因素,加入了时间的信息,这样使客流分配的技术难度加大。

国内外学者对铁路客流分配也进行了深入的研究,主要集中在开行方案前期基于物理路网的客流分配与开行方案优化迭代的客流分配理论研究,这些研究对铁路客运产品的运营规划奠定了理论基础,学者们的研究也从仅仅考虑铁路效益发展到考虑铁路与旅客的双方效益的协同优化。

在铁路编组站车流分配的研究中,学者从静态车流分配到动态车流分配进行了相关的理论研究。铁路静态车流分配为线性规划,动态车流分配为非线性规划。对动态车流分配的算法设计进行了大量的研究,并将其应用到实际的相关系统中。

二、数学模型方面

客流分配的模型主要为静态分配和动态分配模型,通常采用精确算法和启发式算法对模型进行求解。

在公交客流分配研究中,一般采用多路径网络均衡客流分配模型、基于路段影响非对称的阻抗函数和变分不等式模型、FLAPT(Frog Leaping and Permeating Transfer)模型、具有弹性需求和能力限制条件下的随机用户平衡配流模型(SUE)、基于公交线路发车频率的双层规划模型等。

在列车开行方案与客流分配迭代优化数学建模方面,基本采用非线性规划的方法,优化目标大致可以归为面向铁路企业的、面向旅客的以及综合考虑企业和旅客的三大类。近期文献中提出的双层规划模型,其上层规划的列车开行方案模型是线性规划,下层规划借鉴了道路交通中应用较为成熟的路网平衡配流技术,描述旅客对不同列车的选择行为,为非线性规划。目前,铁路客流分配技术主要集中在基于开行频率的客流分配模型与算法研究。

三、软件工具方面

CPLEX 软件、TRANSCAD 软件、EMME 软件等。利用计算机语言编制的 Gradient Projection 算法、相继平均法、Frank-Wolf 算法、启发式算法等。

四、应用领域方面

用于运输系统的网络设计、发车频率、停站、时刻表、旅客换乘优化等。

五、尚存在问题

从国内外的研究总体情况来看,客流分配理论与方法在道路交通、公共交通规划中比较成熟,而在铁路客运产品规划中,对于适合铁路特点的客流分配理论与方法较少,尤其适合我国高速铁路客流分配方法较少。要将客流分配理论融入我国高速铁路客运产品的各个规划阶段,辅助客运产品规划的制定,使客运产品规划达到一体化的标准,提高旅客运输服务质量。高速铁路客运产品规划中的客流分配模型、算法都亟待解决。将在以下几个方面还有待深入研究:

(1)在铁路客运产品规划中,如何从宏观层的产品结构规划到微观层的客运产品实施方案的一体化配流理论与方法研究较少。通过客流分配结果,实现各环节的反馈调整理论体系尚未形成。

(2)客运产品结构设计阶段,通常用定性的方法进行分析,缺少用定量的方法对路网条件下铁路客运产品结构进行合理的组配。同时,在大多数的研究中,没有将客运需求的动态性和运输资源的合理利用及资源的定量评估等加以考虑,然而,这两者都是影响产品设计宏观战略层的重要因素。

(3)旅客列车开行方案优化阶段,旅客的选择行为及分布大多都是采用道路乘客选择行为的思想和客流分配的方法,应结合基于开行方案的铁路客流分配的特点来考虑问题的实质,例如:如何构建列车服务网络、分析多层次客流对旅客运输产品的选择行为及换乘对旅客乘车的影响,在分配策略中体现不同出行距离客流之间的相互影响关系及旅客运输组织对旅客乘车选择的影响等。同时,如何通过客流分配的方法使列车开行方案优化能够和动态的运输需求相互匹配,达到供需平衡的状态,使列车开行方案与运行图一体化编制。

(4)在客运产品的微观实施层规划中,基于旅客列车时刻表的客流分配方法较少。然而,旅客列车运行图是旅客真正选择的客运产品,此阶段规划的质量直接影响旅客出行效益和铁路企业的收益,对客流的合理组织、指导票额的合理分配等都有重要的作用。目前,分析基于时间因素的旅客出行选择行为、构建具有时刻信息的服务网络及客流分配模型等方面都有待进行深入研究。

(5)铁路客运产品设计是一项复杂的系统工程,具有开放性和动态性,任何阶段的产品规划设计的质量都会影响铁路决策、旅客选择、其他运输系统决策的变化。所以,通过客流的分配方法,描述客运产品3个规划阶段与其他运输系统交互的动态性,这将突破了一些研究将系统视为封闭不变的假设。

第四节　本章小结

本章首先较为系统地总结了国内外学者对城市交通分配与铁路客流分配的理论及应用研究现状。按照时间顺序分析了有代表性的客流分配理论方法特点。然后,从国内外城市交通客流分配、铁路客流分配、铁路编组站车流分配3个领域进行了介绍。最后,从国内外的研究内容与方法、数学模型、软件工具、应用领域等方面进行了简要总结。从而引出高速铁路客运产品规划中客流分配将要解决的实际问题。本章的内容对要解决的核心问题研究提供了整体思路。

第二章

旅客出行选择特性及客流分配问题研究

本章首先从旅客出行选择的多样性、差异性及可控性方面分析旅客出行选择特性。然后,结合实际的调研数据,分析旅客出行选择行为影响因素。针对旅客出行选择特性以及客运产品不同规划阶段的内容,重点对高速铁路客运产品不同层次规划中的客流分配问题进行研究。最后,提出基于客流分配方法的客运产品一体化规划流程以及解决客运产品一体化规划的数学建模思路。

第一节　旅客出行选择特性及影响因素分析

旅客的出行选择特性是客运产品设计的基础。随着社会经济发展,旅客出行需求发生了质的改变,从简单地完成位移需求,转变到安全、快捷、舒适等高质量的出行时间链和空间链的全程客运服务需求,尤其是高速铁路旅客,对客运产品的安全、快捷、舒适等基础性需求以外,还呈现了出行选择多样性、差异性等新的出行需求特性。

一、旅客出行选择的多样性

随着我国铁路基础设施和运输组织等方面的发展,旅客出行选择多样化。我国已经建成超过 9 万 km 铁路运营线路,其中:包括设计时速 350km/h、250km/h 的高速铁路线路和 200km/h 的快速线路等。在铁路运营网络上,旅客列车有 4000 多列,年旅客发送人数达 18 亿人次。由于同一条铁路运营线路上可以同时开行旅行速度、列车等级、停站方案、票价不同的列车,同一列车也可以跨线运行在不同等级的线路上,这就决定了同一客流 OD 之间,存在多种乘车出行选择方案,不同的出行选择方案不仅影响旅客的出发、到达时间,同时还影响旅客的旅行时间、旅行费用、舒适性、方便性等。旅客出行将在列车等级、席别、票价等方面进行多样化的选择。

1. 旅客出行选择的列车等级多样性

目前,我国铁路线路上开行的列车等级多样,主要包括:最高时速 300km/h 的高速动车、最高时速300km/h的城际动车、最高时速250km/h的动车组等。同一等级的旅客列车停站设置差别也较大。旅客列车席别情况主要有：商务座、动卧、一等座、二等座、高级软卧、软卧、硬卧、软座、硬座、动车卧铺等。根据文献[73]对2012年4月份列车时刻表统计得到的不同等级列车开行情况如表2-1所示，铁路线路上运行的列车等级众多，不同等级之间的开行比例不同。

列车开行数量 表2-1

列车等级	车次字头	开行列数	百分比(%)
高速动车	G	522	13.2
城际动车	C	115	2.9
动车组	D	887	22.5
其他	Z、T、K	2418	61.4

不同等级的旅客列车，旅客发送情况和列车服务范围不同。如表2-2为不同等级旅客列车的客流分布情况。动车主要服务短途客流，旅客平均运距在200～300km，旅客发送量大；直达车主要服务长途客流，旅客平均运距在1200km以上，旅客发送量相对较小；特快列车由于其速度和停站的特点，旅客平均运距在800～900km，客座利用率较高。

不同等级旅客列车旅客输送情况 表2-2

列车类型	旅客人数（万人次/年）	旅客周转量（亿人km）	列车周转量（亿席km）	平均运距（km）	客座率（%）
动车组	1420	38.3	44.4	270	86.4
直达列车	83	10.7	10.9	1291	98.4
特快列车	804	70.0	64.3	870	108.8
快速列车	2559	134.6	151.6	526	88.8
普速列车	2318	94.0	108.7	406	86.5
临时列车	124	4.4	7.0	357	63.3
合计	7308	352.0	386.8	482	91.0

2.旅客出行选择的票价多样性

随着铁路列车等级的多样化，票价也逐渐朝着多样化方向发展。目前计算250km/h动车组票价时，一般在基本票价基础上上浮10%，部分线路的票价可能上浮幅度有所不同。250km/h的动车组基本票价率是一等座0.3366元/km、二等座0.2885元/km，计算票价时按照旅程范围进行票价折扣。250km/h的京津城际、武广高铁、郑西高铁、沪宁城际、沪杭高铁、京沪高铁的票价率按照目前公布的票价统计分析，其票价率有一定的差别，二等座的票价率约为：京津城际0.458元/km、武广高铁0.435元/km、郑西高铁0.455元/km、沪宁城际0.465元/km、沪杭高铁

0.463元/km、京沪高铁0.421 元/km。表2-3 为根据铁路运输部门公布的票价估算得到的部分等级旅客列车票价率情况。

不同等级旅客列车票价率(元/km)　　表2-3

列车种类	高速动车(G)	城际动车(C)	直达特别快速列车(Z)			
			硬座	硬卧	软座	软卧
票价率	0.39～0.47	0.46	0.12	0.21～0.23	0.2	0.33～0.34

高铁线路上运行的高速动车,即使票价支出相同,但是由于中间停站方案不同,造成的旅行时间也不完全相同。因此,旅客出行选择具有多样性。

二、旅客出行选择的差异性

不同空间的不同消费层次的旅客对其选择服务产品的服务水平存在差异性需求,高速铁路旅客的显著需求特性将是追求客运服务产品的整体服务水平的提升,而不仅仅追求出行时间、出行空间特性等某些单项服务指标的改善。消费层次高的旅客对客运服务产品的整体服务水平的要求高于消费层次低的旅客,而其对服务水平中的列车等级、旅行时间和换乘次数等单项服务指标有较高要求,在票价方面的单项服务指标要求较低。旅客出行选择的差异性除了由旅客主观因素决定以外,还与客运服务产品的供给差异性有关。

不同等级的旅客列车旅行速度、停站时间、停站次数等都不相同,即使同一类型的旅客列车也具有较大的差异性:既有中间不停站直达旅客列车,也有一站直达、多站直达旅客列车;既有大站停的特快、快速旅客列车,也有停站较多的快速旅客列车;即使在同一区段、同一类型的旅客列车,在票价相同的情况下,列车的运行时间也不同;即使在同一起讫点之间,同一类型的列车,运行路径不同,票价、运行时间也不同。因此,客运产品供给上也呈现出差异性,影响旅客出行选择。

三、旅客出行选择的引导性

旅客出行选择要受到运输组织方式的引导,例如:票额分配、车票销售、乘车换乘组织等都会影响旅客的出行选择,表现出可以引导性。

1.通过票额分配引导旅客出行选择

目前,我国铁路旅客票额分配方案主要是优先满足始发和中转换乘旅客的需求,提供少量票额给中途上车旅客[74]。当前铁路售票系统中采用先始发,后中间;先有座,后无座;先长途后短途的票额分配制度。票额分配时,首先根据预测的OD客流先确定始发站的票额,然后根据预测客流比率,按照中间站的停站顺序依次确定中间各站票额;先分配有座的车票,再分配无座车票;先进行长途车票的分配,然后再进行短途车票的分配;分配过程中,遇到分配给下一中间站的票额低于要求时,可用始发站的剩余票额进行补充;分配过程中,如果分配给下一中间站的票额有剩余时,则将剩余的票额分配给相邻的下一站[75]。

2. 通过车票销售引导旅客出行选择

根据铁路车票销售时间与旅客乘车时间的先后关系可以将车票销售形式归纳为预售和非预售。我国铁路旅客运输采用的主要是预售票的方式。预售主要是在旅客上车前,提前进行车票的销售工作,车上采用补票的形式。这种形式的运输组织方式从运输部门的角度来讲,可以有利于掌握最近的客流需求情况,有利于进行客运需求管理;从旅客的角度来讲可以便于旅客提前进行行程规划。

根据是否对号入座可将车票归纳为三类:对号入座票、车次自由入座、非定期车票等形式。我国铁路旅客运输采用的主要车票形式是对号入座。持有对号入座车票的旅客在乘车过程中需根据票面指定的车次、车厢、座位号入座。这种形式可以较好地掌握客运需求状况,进行运输需求管理。持有车次自由入座车票的旅客根据票面指定的车次号码可以自由选择座位。这种形式同样有利于运输部门掌握运输需求,但是不便于运输组织。非定期车票是旅客购买的车票不指定车次、车厢和席位号码,旅客可以在指定的时间内,选择指定范围内的任意车次乘车。

3. 通过乘车组织引导旅客出行选择

在我国铁路旅客运输过程中提供旅客乘车服务的地点主要是客运站。旅客乘车组织主要采用的是提前候车、检票上车的形式。旅客一般都提前到达车站,进候车室或者候车大厅候车,在接近开车时间时,旅客才能检票进站台上车。候车过程和检票过程一般都是按照车次进行,同一检票口一般只放行一个车次的客流,在较小的车站可以放行多个车次客流,但是只能是检票口当前放行的车次。有时为了保证车站候车能力,可能还会采用站外检票的方式引导进站客流的大小。

4. 通过换乘组织引导旅客出行选择

换乘组织主要包括换乘节点的选择、换乘车次的衔接设计、换乘客流的乘降组织、换乘客流的车票销售组织等。我国铁路旅客运输过程中对于换乘客流的组织工作主要采用的是提前告知候车区域,对于涉及换乘客流组织的联程票销售和异地车票销售工作并不是十分普及,对于涉及换乘的列车衔接方案设计还有待进一步的加强。在换乘客流的乘降组织方面,由于目前我国铁路换乘衔接方面设计还较为薄弱,因此,换乘客流换乘过程中一般都是要依次经历下车、出站、进站、候车、上车的一个站外换乘过程,还没有实现方便旅客换乘的站内换乘或同站台换乘。

四、旅客出行选择行为影响因素

由于旅客的出行选择行为受到的众多因素的影响,不同旅客的出行选择行为不同。要实现对每个旅客的出行选择行为进行分析是一个相当困难的问题,实际当中一般是根据旅客的出行选择结果或客流特性对客流进行归类分析。进行客流分类并不是将客流进行等级划分,而是根据旅客自身的特性和旅客的出行情况,将具有相似选择行为的旅客进行归类。铁路旅客出行选择行为的影响因素归纳为5个方面,分别是:出行主体特性、出行需求特性、运输供给特性、运输组织措施和其他影响因素[76]。

1. 出行主体特性

出行主体特性主要包括出行者的性别、年龄、职业、经济收入水平、消费支出观念、出行方式偏好等。如图2-1、图2-2分别为根据出行意愿调查(数据来源:铁道部科技司项目“高速铁路客运管理与服务技术研究——高速铁路客运服务延伸与服务质量保障技术研究”)得到的不同性别和不同收入水平客流选择铁路不同列车的情况。从图中可以看出旅客的出行选择行为与旅客自身的属性有很大关系,不同性别、不同收入水平的客流对列车的选择情况有所不同。

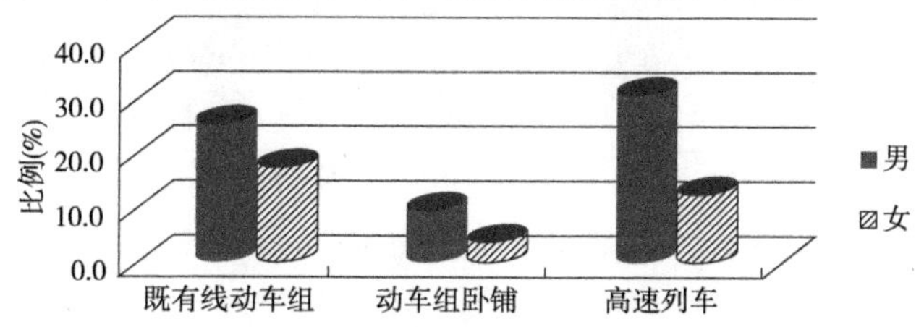

图2-1 不同性别客流列车选择情况

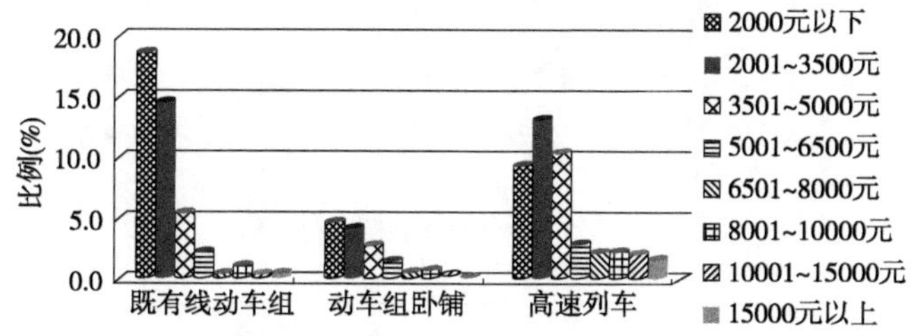

图2-2 不同收入客流列车选择情况

2. 出行需求特性

出行需求特性主要是出行者本次出行的目的、旅行时间、出发到达时间点、出行起讫点、旅费来源等基本情况。如图2-3、图2-4分别为不同出行目的和不同旅费来源的选择结果。从图中可以看出,不同出行目的和不同旅费来源客流在不同列车、席别间的分布不完全相同,旅客的出行选择行为跟本次出行的需求特性有关。

3. 运输供给特性

运输供给特性主要是旅客列车的始发终到情况、旅行时间、票价、上座率等方面的特性。如图2-5、图2-6分别为根据北京—上海间运行列车情况统计得到的不同等级列车旅行速度和停站次数情况。从图中可以看出列车等级不同,其速度不同,即使同一等级的旅客列车旅行速度也可能不同;不同等级列车的停站设置不同,等级越高,列车停站次数波动范围越大。

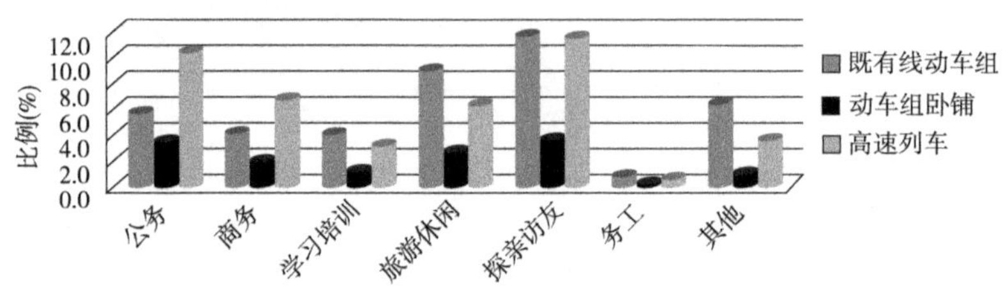

图 2-3　不同出行目的客流对列车选择结果

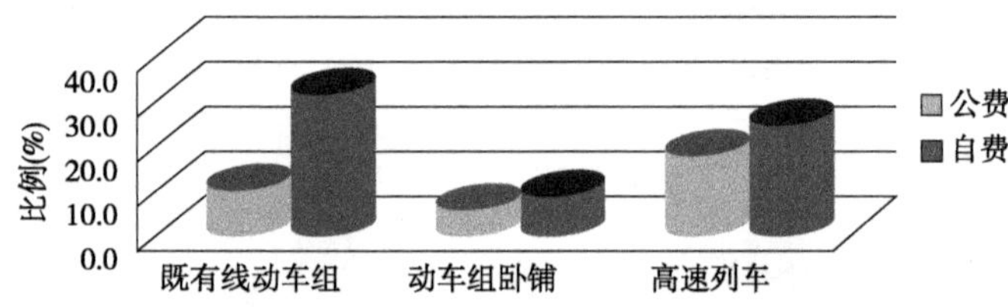

图 2-4　不同旅费来源客流对列车的选择结果

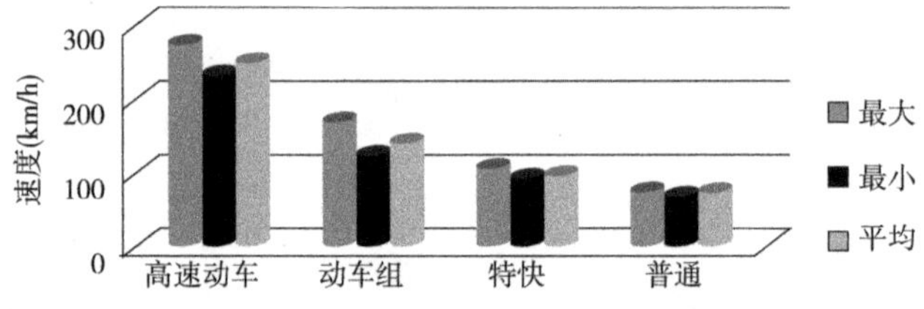

图 2-5　京沪间不同等级列车速度情况

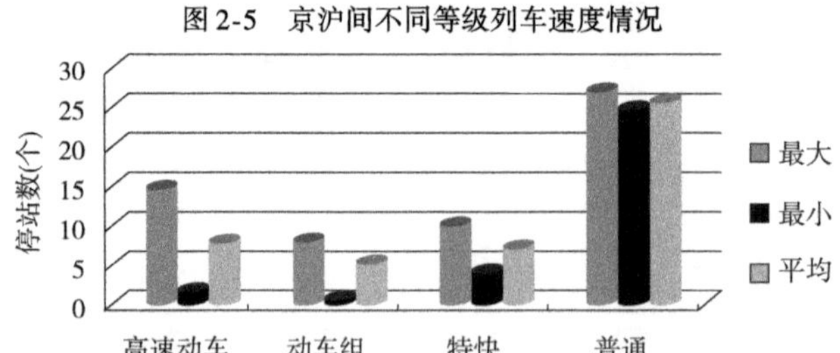

图 2-6　京沪间不同等级列车停站数量情况

4. 运输组织措施

在旅客的出行选择过程中,由于铁路旅客运输可以进行较强的客运需求管理,通过车票销售、票额分配、旅客乘降、换乘等方面的工作组织,可以对旅客的出行选择行为产生较大的影响。这也是铁路旅客运输与公路、公交、城市轨道交通相比的一个较大不同点之一。

5. 其他影响因素

其他影响因素主要包括气候、温度、天气、自然灾害等可能对旅客出行选择行为产生影响的因素。

第二节　不同层次客运产品规划中的客流分配问题

高速铁路客运产品是以高速铁路的需求为基础,充分利用高速铁路运输资源,通过铁路规划部门不同规划阶段优化后可以供旅客出行选择的服务性产品。另外,高速铁路客运产品作为铁路客运服务产品的一部分,既要做到高速铁路客运产品的一体化规划,又要与既有线路客运产品规划有机结合[77]。

客流分配的理论与方法是实现客运产品一体化规划的关键技术。在客运产品的不同规划层次中,客流将在不同性质的复杂网络上进行分配,使客运产品的设计具有结构的动态性、方案的针对性、产品的可实施性,从而提高铁路的客运组织水平和客运服务水平。由于不同层次的规划内容不同,所以各层次的客流分配方法不同,主要体现在客流分配的网络、效用函数构成、评价指标的不同。

一、“宏观战略层”规划中的客流分配问题

“宏观战略层”的客运产品结构设计,主要是进行规划年某区域高速路网下的客运产品的服务结构设计,不同的客运产品结构组合将给铁路企业和旅客带来不同的效益,在高速铁路客运产品的结构设计时要以资源合理利用最大化为目标,以满足旅客多元需求为约束,达到适用需求波动条件下,服务产品结构设计的动态性。“宏观战略层”规划将决定“中观策略层”的旅客列车开行方案的优化结果。

客流分配的理论与方法使“宏观战略层”的客运产品结构设计能够与多元客运需求、运输资源配置之间形成动态、优化匹配的关系。通过建立以客运需求、运输资源为约束或目标的运输产品数量、种类组合优化模型与客流分配算法。实现客运产品的“速、密、重”的组合优化问题,准确定位目标市场。

“宏观战略层”的客流分配网络是在铁路物理路网基础上由不同的客运产品结构组合方案形成的列车速度组合网络,如图 2-7 所示为基于铁路物理路网客流分配结果(2020 年高速路网),结合物理路网客流分配结果和列车开行起讫点确定原则确定列车运行径路。

“宏观战略层”的效用函数主要由旅客出行时间决定(与区间物理距离和列车在不同区间的运行速度有关)。“宏观战略层”评价主要是对铁路线路流量、枢纽节点流量、旅客出行路径进行分析评价。

图 2-7　基于铁路物理路网客流分配(2020 年高速铁路网)

二、“中观策略层”规划中的客流分配问题

“中观策略层”的旅客列车开行方案是十分重要的基础性运输组织计划,确定列车起讫点、运行区段、列车等级与编组、服务频率等内容,其编制质量的高低直接影响列车运行图、列车车底和乘务员运用等后续“微观操作层”计划的实施效果。在路网条件下旅客列车开行方案设计阶段,要做到满足各种类型节点间旅客出行需求的多样性,通过客流分配的理论与方法达到客运产品服务方案具有针对性的要求。此阶段客流分配是将客流分配到旅客列车上的过程,能够体现多层次客流在空间出行的动态需求,是评价列车开行方案编制质量、掌握铁路运输资源利用水平及提供服务水平的重要手段,为“中观策略层”与“微观操作层”的紧密衔接及规划效应反馈起到关键作用,并为列车开行方案优化及调整提供可量化的依据。

“中观策略层”的客流分配网络由列车开行方案形成的复杂列车服务网络,是由服务节点和服务弧段构成的可以提供旅客有序组合选择的有向连通出行网络。服务节点由列车的起点站、中间停站、终点站组成,服务弧段由列车运行弧段、列车衔接弧段、停站弧段组合而成。如图 2-8,为 6 个车站和 6 个区间构成的铁路物理路网和其网络下的旅客列车开行方案。如图 2-9，为图 2-8 形成的复杂列车服务网络 $G(V,E)$，旅客的出行链由网络节点 V 和服务弧段 E 组成，其中 $V=(n,i,j,k)$，n 代表节点编号、i 代表节点所属车站、j 代表节点类型(0、1、2、3 分别代表进出站节点、列车始发节点、列车停站节点、列车终到节点)、k 代表列车编号(0 表示进出站节点的列车编号)，其中 $E=(o,d,p,c)$，o 代表弧段起点、d 代表弧段终点、p 代表弧段类型(0、1、2、3、4 分别代表进出站弧段、乘车弧段、停站等待弧段、同站换乘弧段，异站换乘弧段)、c 代表弧段阻抗(用弧段的广义费用表示)。如 n_1—n_6 出行的客流 OD 对，出行方案的列车选择集 $S^K=\{(l_1,l_4),(l_1,l_5),(l_2,l_4),(l_2,l_4,l_5),(l_2,l_3)\}$(此选择集没有考虑铁路旅客可以选择其他交通方式异站换乘的情况)，其中出行方案的列车选择集 S^1 的旅客出行路径为 $R^1=\{(1,7,0,c_{1,7}),(7,8,1,c_{7,8}),(8,19,3,c_{8,19}),(19,20,1,c_{19,20}),(20,6,0,c_{20,6})\}$(考虑旅客可以在不同站台间的换乘的旅客出行路径)，$R^1=\{(1,7,0,c_{1,7}),(7,8,1,c_{7,8}),(8,4,0,c_{8,4}),(4,19,0,c_{4,19}),(19,20,1,c_{19,20}),(20,6,0,c_{20,6})\}$(同站换乘的旅客不准许站台间换乘的旅客出行路径)。在具体客流分配时，根据建立的旅客出行路径规则(如换乘次数、换乘距离、选择异站换乘范围等规则)基础上缩小基于复杂列车服务网络的旅客出行路径搜索范围，从而减少问题的规模。

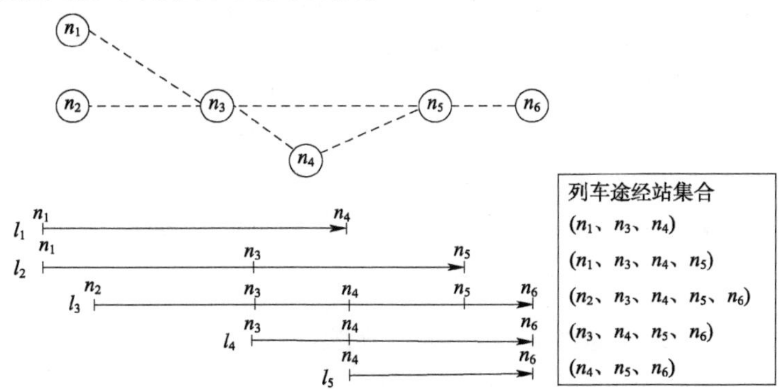

图 2-8　铁路网络及其列车开行方案示意图

其中，复杂列车服务网络中服务节点与服务弧段的关系[60]如表 2-4 所示：

服务节点与服务弧段关系　　表 2-4

服务弧段	起始服务节点	终止服务节点
进站弧段	进出站节点	列车发车节点
乘车弧段	列车发车节点	列车停站节点
停站等待弧段	列车停站节点	列车发车节点
同站换乘弧段	列车停站节点(列车终到节点)	列车发车节点
异站换乘弧段	列车停站节点(列车终到节点)	其他车站列车发车节点
出站弧段	列车终到节点	进出站节点

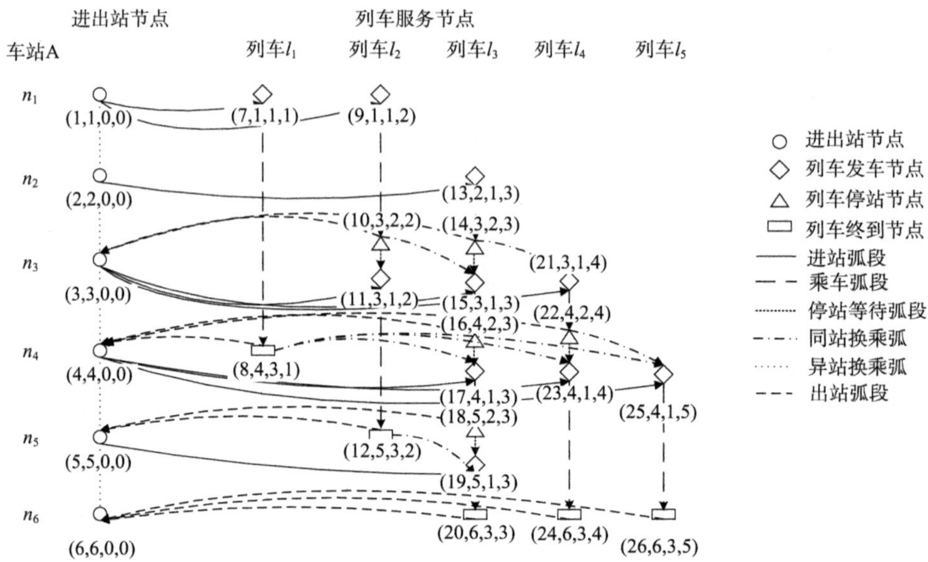

图 2-9　复杂列车服务网络示意图

"中观策略层"的效用函数由旅客选择不同列车组合的出行时间、费用、舒适度决定(与列车在不同区间的运行时间、旅客在异站的换乘时间、旅客的票价费用、换乘费用、所选择列车舒适度以及换乘拥挤度有关)。"中观策略层"主要是对列车开行情况、提供服务水平及旅客出行选择情况进行评价,主要包括:旅客发送量(万人次/日)、旅客周转量(万人 km/日)、旅客平均运距(km)、客座率、列车运行区段平均上座率、列车运行区段最大上座率、列车运行区段最小上座率、换乘客流比、换乘旅客平均运距(km)、换乘旅客最小运距(km)、换乘旅客平均换乘次数(次)等。

三、"微观操作层"规划中的客流分配问题

"微观操作层"的高速铁路旅客列车运行图优化,是客运产品设计的具体实施阶段,是旅客真正选择的出行网络,直接反映旅客的出行效益。此阶段要结合旅客出行时间特征为约束,以最大限度满足不同种类旅客时间、空间出行的需求,通过客流分配方法达到服务产品具有可实现性的要求。基于此阶段的客流分配可以辅助旅客列车运行图的优化,评价旅客出行时间需求的满足水平、旅客列车方向与时间衔接等方面有重要作用。通过此阶段的客流分配结果及时调整"中观策略层"和"宏观战略层"规划阶段的偏差,实现客运产品一体化规划。

"微观操作层"的旅客列车运行图优化是客运产品最终形成阶段,此阶段的客流分配网络是在"中观策略层"形成的复杂列车服务网络基础上,加入列车开行时间信息构成复杂列车时空服务网络。"中观策略层"的服务网络规划和客流分配

方法主要以一日为周期,优化各个起讫点间列车开行频率,没有体现一日之内客流高峰期与非高峰期选择的不同。由于"中观策略层"列车服务网络并不是旅客实际出行选择的列车服务网络,客流分配不能真实的反映旅客出行选择结果。所以,"宏观战略层"和"中观策略层"的客流分配仅仅对本阶段规划起到辅助优化调整及评价优化结果的作用,不能精确体现旅客的出行选择行为。如图 2-10 为复杂列车时空服务网络,从旅客列车时刻表中读取相应信息,得出三维带时间约束的网络。复杂列车时空服务网络 $G'(V',E')$,旅客的出行链由网络节点 V' 和服务弧段 E' 组成,其中 $V'=(n',i',j',k',t)$,n' 代表时空服务节点编号,i' 代表列车时空服务节点所属车站、j' 代表时空服务节点类型(0、1、2、3、4 分别代表进出站节点、列车始发节点、列车停站节点、列车终到节点、旅客出站节点),k' 代表列车编号、t 代表时空服务节点开始时间。$E'=(o',d',p',c')$,o' 代表时空服务弧段起点、d' 代表时空服务弧段终点、p' 代表时空服务弧段类型(0、1、2、3、4、5 分别代表进站弧段、乘车弧段、停站等待弧段、同站换乘弧段、异站换乘弧段、出站弧段)、c' 代表时空服务弧段阻抗。每支客流 OD 对出行方案的列车选择集 $S^{K'}\subseteq S^{K}$,即"微观操作层"的旅客出行选择集属于"中观策略层"的子集。

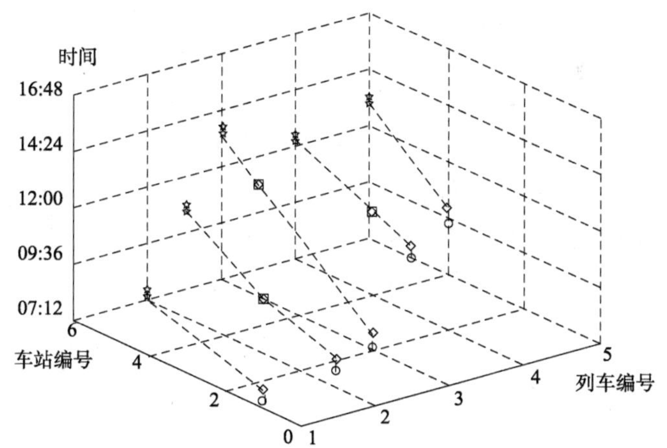

图 2-10 复杂列车时空服务网络示意图

"微观操作"的效用函数最接近旅客出行选择行为,由旅客选择不同列车和出行节点的时刻组成。主要由出行时间、费用、舒适度、方便度决定(与列车的始发终到时间、停站时间、旅客出行的时间分布、不同车次列车的票价、同站换乘以及异站换乘的时间和费用等因素有关)。"微观操作层"评价指标包括了"宏观战略层"和"中观策略层"的评价指标,另外,还包括对列车有效衔接性、旅客出行方便性、提供服务多样性、旅客出行时间期望满足程度等方面的评价。

第三节　基于客流分配方法的客运产品一体化规划流程设计

通过分析不同层次客运产品规划的内容及各个层次的客流分配问题，提出基于客流分配方法的客运产品一体化规划流程，如图 2-11 所示。其中，基于客流分配客运产品一体化规划流程的关键技术包括 3 个方面：①如何实现不同规划层次之间的有效衔接即规划效应反馈；②如何建立客运产品一体化规划的分层次评价指标体系；③如何建立多层次多目标规划模型进行此问题的数学描述。

高速铁路客运产品一体化规划的数学模型可以用多层次规划描述客运产品规划中企业效益与旅客效益间的 Stackelberg 博弈关系，多层次规划主要研究分布式的决策问题。假设铁路的决策者及其旅客都有各自的决策变量和目标函数，铁路决策者通过其决策方案对旅客出行选择施加一定的影响，而旅客有充分权限决定如何对其各自的目标进行选择决策，这些决策又将对铁路决策者和其他旅客的选择造成影响。数学建模思想如下：

一个具有多层次结构的高速铁路客运产品规划决策系统[78]：假设有高速铁路规划部门决策者和 m 类旅客，x 和 y_i 分别是高速铁路规划决策向量和第 i 类旅客的出行决策向量，而 $F(x,y_1,y_2,\cdots y_m)$和$f_i(x,y_1,y_2,\cdots y_m)$分别为其目标函数，其中 $i=1,2,\cdots m$。令 S 表示高速铁路决策者的决策变量 x 的可行集，$S=\{x\mid G(x)\leqslant 0\}$。对于高速铁路决策者的每一个决策 x 对第 i 类旅客的出行形成影响。第 i 类旅客的控制向量 y_i 不仅依赖于 x，还依赖于 $y_1,y_{i-1},y_{i+1},\cdots y_m$ 的影响，这样对第 i 类出行的旅客来说，就有约束条件：$g_i(x,y_1,y_2,\cdots y_m)\leqslant 0$。假定高速铁路决策者首先在其可行集中选择决策 x，而各类旅客根据这个决策制定了相应的出行决策$(y_1,y_2,\cdots y_m)\in Y(x)$，得到如下形式的多层次规划模型：

$$
\begin{cases}
\max\limits_{x} F(x,y_1,y_2,\cdots y_m) \\
s.t. \\
\quad G(x)\leqslant 0 \\
\quad \text{其中每类客流出行决策 } y_i(i=1,2,\cdots m)\text{是如下规划的解} \\
\quad \begin{cases}
\max\limits_{y_i} f_i(x,y_1,y_2,\cdots y_m) \\
s.t. \\
\quad g_i(x,y_1,y_2,\cdots y_m)\leqslant 0 \\
\quad \text{其中每类客流出行决策 } y_i(i=1,2,\cdots m)\text{是如下规划的解} \\
\quad \begin{cases}
\max\limits_{y_i} f'_i(x,y_1,y_2,\cdots y_m) \\
s.t. \\
\quad g'_i(x,y_1,y_2,\cdots y_m)\leqslant 0
\end{cases}
\end{cases}
\end{cases}
$$

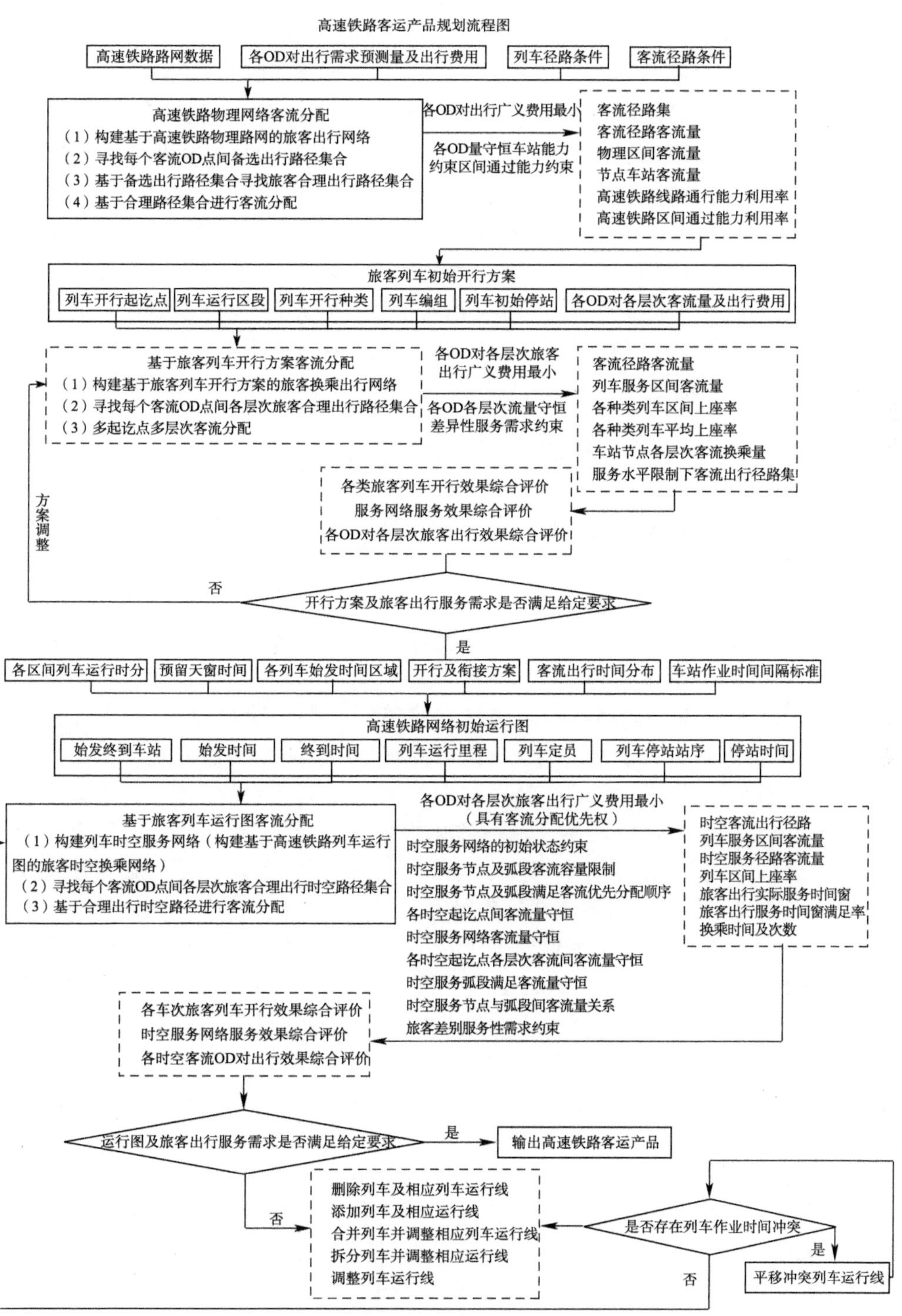

图 2-11　基于客流分配方法的客运产品一体化规划流程

对于高速铁路规划决策 x,各类客流的 Nash 均衡解定义为 $(y^*_1, y^*_2, \cdots y^*_m) \in Y(x)$ 使得 $f_i(x, y_i) \leqslant f_i(x, y_i^*) \quad \forall y_i \in Y(x) \quad i=1, \cdots m$ 均成立。令 x^* 为一可行规划方案决策向量,$(y^*_1, y^*_2, \cdots y^*_m)$ 为相应的一个 Nash 均衡解,称序列 $(x^*, y^*_1, y_2^*, \cdots y^*_m)$ 为多层规划的一个均衡解,当且仅当对于任何的 $\bar{x} \in S$ 及其对应的 Nash 均衡解 $(\overline{y_1}, \overline{y_2}, \cdots \overline{y_m})$ 有以下不等式成立 $F(\bar{x}, \overline{y_i}) \leqslant F(x^*, y_i^*)$,Nash 平衡,又称为非合作赛局平衡,是博弈论的一个重要概念,以约翰·纳什(John. Nash)命名。如果某种情况下所有旅客不能通过自身的选择增加自身的出行效益,则此选择策略组合被称为纳什均衡点。该建模的思想能够考虑客流动态需求的理想化情况下,高速铁路规划方案的一体化优化流程。然而在现实中,如图 2-11 所示,结合客流分配可以将客运产品规划人为地划分为不同规划阶段。

第四节　本章小结

本章主要对旅客出行选择特性及不同层次客流分配问题展开了研究工作,主要的工作如下:

(1)对旅客出行选择特性进行研究。首先,分别从旅客出行选择的多样性、差异性及可控性方面分析了旅客出行选择的性质。然后,结合实际的调研数据,提出旅客出行选择行为影响因素。

(2)针对旅客出行选择特性及客运产品不同规划阶段的内容,提出高速铁路客运产品的概念并分析了不同层次客运产品规划中的客流分配问题。

(3)根据对不同层次客运产品规划中的客流分配问题的分析,本章提出基于客流分配方法的高速铁路客运产品一体化规划流程。结合博弈理论,给出了理想状态下,通过建立多层次规划模型描述客运产品规划中企业效益与旅客效益间的 Stackelberg 博弈关系,从而解决高速铁路客运产品一体化规划。

(4)在多层次客运产品规划模型中,不同层次规划模型的下层规划都是由客流分配子模型构成,优化旅客的出行选择策略。从而引出全文将要研究的重点内容,即:在不同层次高速铁路客运产品规划中客流分配方法的研究。

通过本章研究内容,得出铁路客流分配理论是高速铁路客运产品系统规划理论的重要组成部分,是实现客运产品一体化规划的关键技术。基于客流分配客运产品一体化规划的目标是在有效利用运输资源、实现不同服务水平的前提下,对已制定的客运产品规划方案进行调整或未制定的规划方案进行优化,更好地满足旅客的多种出行需求,指导旅客出行、铁路售票工作以及实际运营组织工作。所以,分别对基于高速铁路物理路网客流分配方法、基于列车服务网络客流分配方法、复杂列车时空服务网络客流分配方法进行重点研究,解决各个阶段客流分配方法的核心问题,为高速铁路客运产品一体化规划提供理论支撑。

第三章 基于高速铁路物理路网的客流分配方法

高速铁路物理路网客流分配是客运产品“宏观战略层”规划的基础，为了掌握研究范围内高速铁路网络客流的分布情况，从而，确定“中观策略层”旅客列车开行方案优化的列车开行起讫点以及列车运行路径。该阶段主要是对合理路径搜索算法、客流分配模型和算法的研究，该研究主要目的是在给定高速铁路线路、客运设备使用条件、线路运输能力、远期预测客流等条件下，对客流 OD 的选择分布优化结果进行分析评价。

第一节 基于物理路网的客流分配流程

高速铁路和客运专线未建设之前，“中观策略层”旅客列车开行方案主要是根

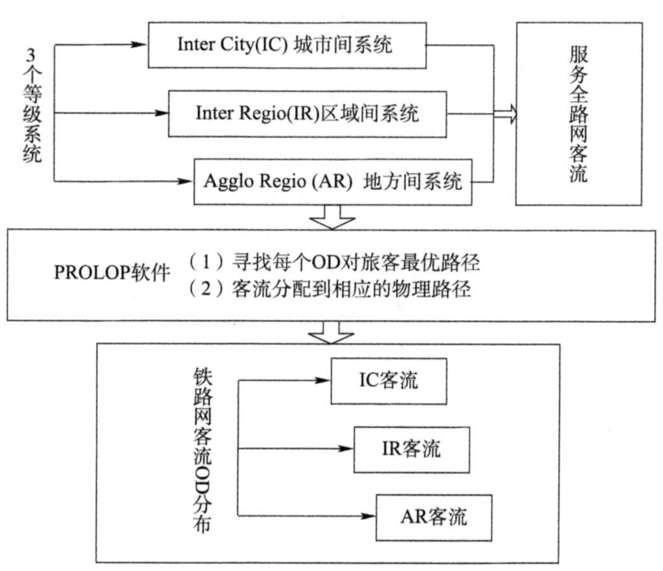

图 3-1 国外铁路物理路网客流分配流程

据客流 OD 矩阵进行设计,对单条铁路线路或路网规模不大的条件下,采用此方法可行。但是,随着高速铁路的大力建设,铁路物理路网的车站间并行路径增多,列车可以走行多条物理路径,这种情况下,两节点间的客流量将在多路径上进行分配,单一的客流 OD 矩阵不能体现客流 OD 在铁路物理路网上的具体分布情况。国外铁路网主要采用客流分布预处理方法,将路网划分为分级节点系统,然后再进行客流分配。具体流程如图 3-1 所示。

结合这种思想,根据我国铁路网络特点,本章提出适应我国大规模路网条件下的客流分配流程,如图 3-2 所示。

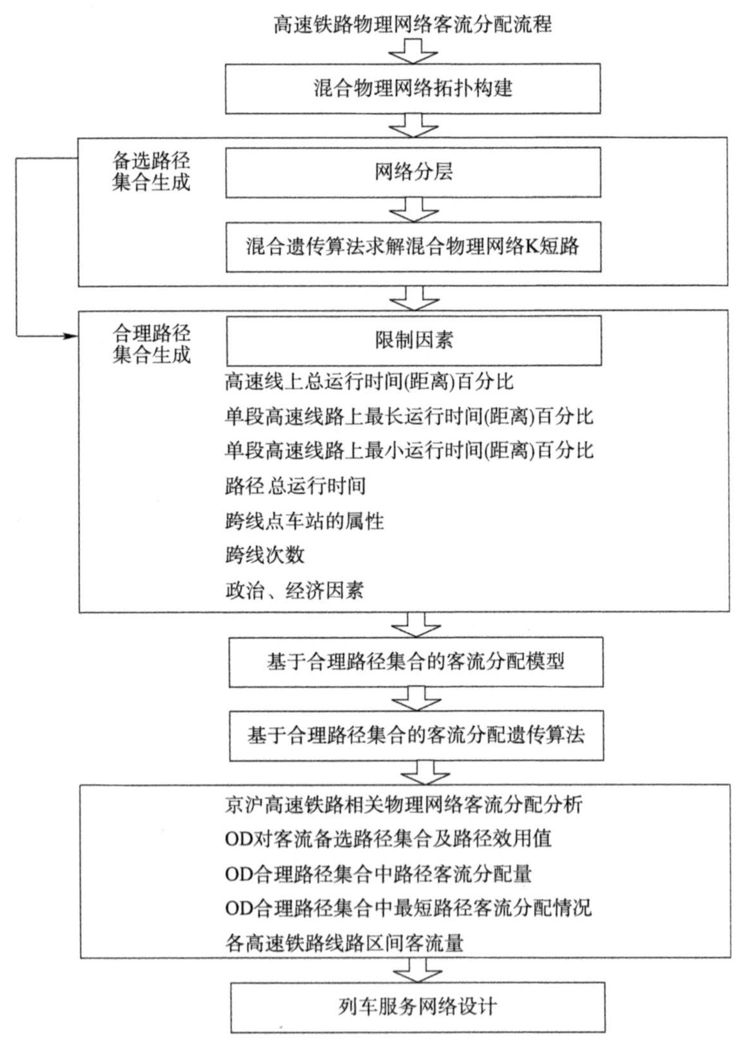

图 3-2　高速铁路物理路网客流分配流程

第二节　基于物理路网的客流分配合理路径集合生成

一、混合网络拓扑构建

铁路混合物理路网构建是列车服务网络优化的基础,该网络包括:车站、区间、线路、城市、动车段所、枢纽、路局等信息构成,用图来表达物理路网。车站对应图的节点,关联两个车站的关系对应图的边或弧(可以由区间、枢纽内联络线或者枢纽内两个车站的换乘虚拟线构成)。边或弧的量化属性为权值,由于同一节点的不同边的属性不同,所以节点集合和边集合构成了一个赋权有向图,又由于物理路网的组成线路具有多种设计速度等级,所以,称为混合物理路网。

将铁路混合物理路网抽象为赋权有向图 $G=(N,E)$,N 为节点集,E 为边集,通过图中点、边的关系表示铁路物理路网中的拓扑关系。其中:

n:车站节点,$n \in N$,其中 N 为网络节点集合;

$\kappa(n)$:为车站节点等级;

e:路段编号,$e \in E$,其中 E 为网络边的集合;

$\psi(e)$:组成网络边的线路类型,其中 $\psi=1,2,3$ 分别代表铁路区间线路、枢纽内联线、枢纽内车站虚拟换乘线;

$d(e)$:组成网络边的长度;

$c(e)$:边的权值,表示铁路物理路段的特性函数(时间、距离等);

r:网络节点间路径,$r \in R$,其中 R 为两节点间的互不相同的路径组成的集合,称为物理路径集合;

$d'(r)$:两节点间物理路径的长度;

$st(r)$:物理路径 r 所经过的起始节点;

$dt(r)$:物理路径 r 所经过的终止节点;

$c'(r)$:物理路径 r 的权重;

$QN^{\max}(n)$:节点容量,为车站通过能力;

$QE^{\max}(e)$:边的容量,为区间通过能力;

l:铁路线路,$l \in L$,其中 L 为网络节点集合。

二、路径相关概念

(一)物理路径

铁路物理路网中,每一个客流 OD 节点间的物理路径很多,但合理路径只占全部枚举路径的小部分,所以,寻找合理路径集合是物理路网客流分配的关键问题,采用先生成备选路径集合,然后,通过相应的铁路运输组织规则筛选生成合理路径集合,将其作为客流分配的路径集合。

1. 备选路径集合概念

备选路径集合,是一个包含大部分合理路径的集合。采用相关的规则和算法,缩小备选路径集,通过对基础物理路网的简化处理,达到缩小备选路径集合的目的,使备选路径集合更加接近合理路径集合[79]。

备选路径的组成路段要符合三个基础条件限制:满足路径逻辑搜索条件、满足列车运行路径逻辑搜索条件、满足旅客出行路径逻辑搜索条件。其中:

(1)路径逻辑搜索的基本条件包括:备选路径必须是正确的路径,定义 $r(i)$ 为 O 点至 i 点的最短距离,$s(i)$ 为 i 点至 D 点的最短距离,计算 $r(i)$、$s(i)$ 保证它们存在。

(2)列车运行路径逻辑搜索条件:根据铁路运输组织原则,列车的运行路径基本上是由设计速度在同一等级的铁路路段组成,既有线列车和高速列车是分线运行,不排除高速铁路列车下线或者是既有线列车上线的运输组织模式。但是,在备选路径搜索阶段不可能出现高速铁路线和既有线之间多次交替的路段。所以,在路径搜索中根据列车运行路径逻辑搜索原则删除一些不合理的路径,使之不会成为备选路径。

(3)旅客出行路径逻辑搜索条件:旅客不会选择环形路径以及重复路段,对于路段 $e(i,j) \in E$,出行者选择这条路段是因为从 i 到 j 可以离 O 点越远,离 D 点越近。因此,符合旅客出行的逻辑基础为其中每条路段 $e(i,j)$ 满足条件:$r(i) < r(j)$,$s(i) > s(j)$。

2. 合理路径集合概念

合理路径集合是在备选路径集合优化生成以后,通过计算满足一些约束条件(包括线路速度等级、列车速度等级、换乘次数、总里程等方面)要求的路径集合,每条路径相对于其他路径而言,都有一定的优势。

(二)客流路径相关概念

铁路客流路径是确定每支客流 OD 走向以及旅客列车运行路径的基础,优化列车开行起讫点和运行路径要掌握客流在路网上的分布情况。客流路径的相关概念如下:

1. 客流 OD

客流产生的起点、终点车站简称;在高速铁路成网条件下,基本覆盖了全国的区域性中心、省会等重要城市。

2. 客流路径

旅客在出行起点至出行终点,综合考虑多种因素,在各条运输通道的运输能力约束下,进行最佳出行路径的选择。(或在运输能力约束下,每一支客流 OD 分配到的铁路线路)。客流路径产生在物理路径和列车运行路径基础之上。

3. 客流路径的种类

单一路径:由于铁路运输组织特点,铁路客流分配的路径不同于道路运输路径,一般情况下,铁路每一支客流 OD 只选择一条路径,主要源于同起讫点的列车具有相同运行路径,即列车在两站之间的运行路径相同。将客流 OD 间具有唯一一条路径称为单一路径。里程(时间、费用或其他综合因素等效值)最短通常是物理路网条件下客流路径选择的规则,称这种路径为最短路径。

多路径:随着高速铁路的建设,路网节点间平行路径增多,客流从出行起点至出行终点存在两条或两条以上的路径,由于受到运输能力约束,每一支客流 OD 量分配在不同的合理路径上,形成多路径。

特定路径:一般情况下,运输部门无法直接指定客流按照某条路径出行,但可以规定某些旅客列车走行特定路径,间接地影响了这些客流选择该路径。

三、备选路径集合生成

OD 间备选路径集合生成的方法主要包括路段删除、路段惩罚、K 最短路径等方法。采用 K 最短路径的方法生成客流 OD 间备选路径集合,因为在能力约束下,或其他条件限制下(例如:出行路径费用最短、出行时间小于某一常数、换乘次数有一定限制等),OD 间的客流不仅仅考虑最短路也要考虑次短路、次次短路、…即 K 短路径问题。K 短路径算法可以求出长度从小到大排列的 K 条最短路径。其含义根据研究对象的不同而不同。在基础物理路网中,边的权值可以代表距离,对应前 K 条最短路径为距离最短,也可以代表时间,对应前 K 条最短路径为时间最短。

由于传统的 K 条最短路径算法主要基于数学观点,虽然能求出多条路径,但求解结果往往与实际不符,如路径可能包含环路或求出的多路径相互间重叠使用相同路段太多,或者太相似,很难说明是不同的选择方案。基础物理路网是有向图,每条边的权值都为正数,网络中存在着环和圈,两点之间存在着多重边(弧段),网络节点多,结构极其复杂。对于如此大规模的网络,进行求解 K 最短路径,需要设计一种复杂度较低、思路简洁,容易实行的算法。K 最短路径问题常用的算法是 Dijkstra 算法极其改进算法,但随着计算网络规模的增加,一些智能的启发式算法也逐渐被人们应用。

(一)网络分层

在物理路网中,由于铁路线路等级不同,备选路径搜索采用分层搜索算法。基本思路就是根据铁路线路的等级,将铁路网络分为多个层次,也就是将整个铁路网络分成多个子网络,每个子网络是原铁路网的抽象表达。在高级子网络中忽略不重要的节点，随之，包含的物理路段也将变少。子网络节点是原路网节点的子集或子区域。网络分层可以达到缩小路径的搜索空间。

网络层次的构建可以根据实际中的需求、已知数据规模、网络运营模式等特性来确定网络的层次等级，如对我国全国铁路网络的客流分配阶段，可以将高速铁路子网络确定为最高等级的网络层次，同时依次可以划分为既有线子网络和城际铁路子网络。每个划分的子网络必须保证其连通性与可达性[80]。

网络分层的具体思路如下：$G_i=(N_i,E_i)$为第 i 级子网络，$G_i=(G_1,G_2,\cdots G_n)=[(N_1,E_1),(N_2,E_2),\cdots(N_n,E_n)]$；假设网络共分为 M 个层次级别，那么从起点 s 到第 i 个($i<M$)子网络的第 j 个节点的 K 短路径为 $D^k(n_{ij})=S^k(n_{i-1})+d^k(n_{ij})$，其中：

$S^k(n_{i-1})$：表示从第一个子网路到第 $i-1$ 个子网络得到的第 k 短路径的长度(或阻抗)，其中 $S^k(n_{i-1})=\sum_{m=1}^{i-1}d^k(n_m)$；

$d^k(n_m)$：表示第 m 个子网络中第 k 短路径的长度(或阻抗)；

$d^k(n_{ij})$：表示第 j 个节点在第 i 个子网络中的第 k 短路径的长度(或阻抗)；

S'_i：终点 S 在第 i 级子网络中最近的连通节点；

D'_i：终点 D 在第 i 级子网络中最近的连通节点；

多层次网路 K 短路径问题可以分解成多个子网络的路径搜索问题[81]，算法如下：

*Step*1 在子网络 G_1 中搜索从起点 S 到 D 的 K 短路径，在该网络中寻找距起点 S 最近的连通节点 S'_1，距终点 D 最近的连通节点 D'_1，通过路径搜索算法，得到路径：$\Pi^k{}_{1S'_1D'_1}=(s'_1,v_{11},v_{12},\cdots v_{1k'},d'_1)$。

*Step*2 判断是否存在子网路 G_2，如果存在，则在 G_2 中分别寻找距离起点 S'_2 最近的跨线节点 S'_2，和距离终点 D'_2 最近的跨线节点 D'_2。通过路径搜索算法，得到路径：

$\Pi^k{}_{2S'_2S'_1}=(s'_2,v_{2s_1},v_{2s_2},\cdots v_{2sk'},s'_1)$，$\Pi^k{}_{2D'_2D'_1}=(d'_2,v_{2d_1},v_{2d_2},\cdots v_{2dk'},d'_1)$。

*Step*3 将子网路 G_2 路径 $\Pi^k{}_{2S'_2D'_2}$和子网络 G_1 路径 $\Pi^k{}_{1S'_1D'_1}$合并，生成完整的路径 $\Pi^k{}_{2S'_2D'_2}$：

$\Pi^k{}_{2S'_2D'_2}=[(s'_2,v_{2s1},\cdots v_{2sk'},s'_1),(s'_1,v_{11},\cdots v_{1k'},d'_1),(d'_1,v_{2dk'},\cdots v_{2d1},d'_2)]$。

*Step*4 判断是否存在子网络 G_i，如果存在，继续在第 i 子网络中进行 *Step*2、*Step*3 的路径搜索和路径合并。直到第 M 级子网络查找完毕，则最优路径搜索结束。

（二）混合遗传算法求解物理路网 K 短路径

由于全国铁路网络是由既有线路和高速线路组成的多模式多等级网络，该网络中包含成千上万个车站节点,网络规模非常复杂庞大,所以有必要考虑大规模网络条件下路径的搜索问题。在实际应用中并不一定要求出最优解,如果在较小的时间和空间代价下求出满意解,算法也可行[82],并具有实际应用价值。采用启发式算法进行 K 短路径的生成,设计混合遗传算法进行问题的求解,该算法可以在短时间内收敛,得出问题的满意解。

1. 染色体的编码方法

编码是将问题的解空间中可行解表示成遗传空间的基因型串结构数据(一个可行解映射成一个字符串),编码的方法影响算法运行时间和解空间大小,同时也是适应度函数设计的依据[83,84]。

设赋权有向图 $G=(N,E)$,N 为顶点集,E 为边集,$c(e)$ 为边的权值。采用自然数代表图中的节点,染色体的基因值是网络中的节点编号,节点的排列顺序代表从节点 $n_0 \to n_t$ 的路径,用染色体 $P=(n_1,n_2,\cdots n_t)$ 表示图中节点 $n_0 \to n_t$ 的一条路径。由于不同路径所经过节点不同,所以,染色体的长度可变。如果从节点编号为 1 到节点编号为 20 的路径所经过的节点编号为 1→2→4→11→17→19→20,则染色体的编码为 1 2 4 11 17 19 20。

2. 初始种群

整个种群表示一个问题的解,种群中染色体的数量不确定,主要取决于种群中路径的数目。采用随机增加一条染色体的方法,使计算时随机增加染色体数量。如果当前解中有 k 条路径,种群中有 $k+1$ 条染色体,随机初始化种群[85]。

3. 遗传进化算子

(1)选择:采用随机的方法,从种群里选择两条不同的染色体作为两个父代染色体 $P1$ 和 $P2$。

(2)交换:从父代染色体 $P1$ 和 $P2$ 中选择 n 个连续基因位并交换。n 为随机生成的整数,n 值小于染色体长度。例如:$n=4$;

$$\begin{cases} P1:1\ 2\ |4\ 11\ 17\ 19|20 \\ P2:3\ 5|6\ 8\ 9\ 10|21 \end{cases} \Rightarrow \begin{cases} Q1:1\ 2\ |6\ 8\ 9\ 10|20 \\ Q2:3\ 5|4\ 11\ 17\ 19|21 \end{cases}$$

(3)移动:随机从父代染色体 $P1$ 中选择 m 个连续的基因位,从 $P2$ 中选取一个基因位 m',m 和 m'值必须小于父代染色体的长度。例如:$m=4$,$m'=3$;

$$\begin{cases} P1:1\ 2|4\ 5\ 7\ 9|20 \\ P2:3\ 6\ 11\ 15 \end{cases} \Rightarrow \begin{cases} Q1:1\ 2\ 20 \\ Q2:3\ 6|4\ 5\ 7\ 9|11\ 15 \end{cases}$$

(4)交叉:交叉操作是由一对父代染色体通过交换部分基因生成子代染色体。交叉的方法一般有单点交叉、多点交叉和均匀交叉等方法。采用部分匹配交叉(PMX, Partially Matched Crossover),具体交叉方法如下:

①选择交叉点。分别从父代染色体 $P1$ 和 $P2$ 中选择一个基因位,将这两个基

因位作为交叉点,以交叉点为起点,互换两个父代染色体的交叉点后的基因位生成子代染色体:

$$\begin{cases} P1:1\ 2\ 4\,|\,5\ 7\ 9\ 20 \\ P2:3\ 6\,|\,5\ 7\ 9\ 11\ 15 \end{cases} \Rightarrow \begin{cases} Q1:1\ 2\ 4\ \ |\,57\ 9\ 11\ 15 \\ Q2:3\ 6\,|\,5\ 7\ 9\ 20 \end{cases}$$

假设交叉点选 $P1$ 中 4 的基因位,那么 $P1$ 父代染色体中 4 及其前面的基因与父代染色体 $P2$ 中 5 及其后面的所有基因组成子代染色体 $Q1$,若相互交叉的基因位不能相互连接,则按照基因位的顺序向后搜索可以连接的基因位。同理,生成子代染色体 $Q2$,如果两者都没有可以相互连接的基因,则代表两父代染色体 $P1$ 和 $P2$ 交叉不成功,再选择其他父代染色体进行交叉。

②覆盖重复基因。交叉生成的子代染色体中,如果出现重复基因,则采用覆盖方法予以消除,代表消除出现环路。例如:父代染色体交叉后生成的子代染色体为:

$Q1$:2 4 5 6 9 11 5 19 26;

可见交叉后生成的子染色体出现了重复基因 5,则把后面重复基因 5 及 5 后的所有基因 5 19 26 移动到前面重复基因座,则新的子染色体为:$Q1$:2 4 5 19 26。

(5)变异算子:基本变异算子,用于生产新的基因个体。采用基本变异算子,对父代染色体编码串以变异概率随机指定某一位或某几位基因座的基因进行变异操作,交换两个基因元素位生成新的染色体,使种群具有多样性。由于采用染色体表示路径,所以变异算子可以把由节点组成的路径段作为基因块,达到基因块的变异,变异后染色体中也可能产生的重复基因采取覆盖的方法消除[86]。例如:

$$\begin{cases} P1:1\ 2\ 4\,|\,5\ 7\ 9\ 20 \\ P2:3\ 6\,|\,5\ 7\ 9\ 11\ 15 \end{cases} \Rightarrow \begin{cases} Q1:1\ 2\ 4\,|\,57\ 9\ 11\ 15 \\ Q2:3\ 6\,|\,5\ 7\ 9\ 20 \end{cases}$$

(6)最佳基因个体保留算子。由于每代群体更新过程中都会有最优基因个体存在,为了使其不受到交叉、变异算子的破坏,采用最佳基因个体保留算子[87]。具体操作是在交叉、变异等操作前,将最佳基因拷贝,不参与遗传运算,除非有更优的基因个体出现[88]。

(7)更新操作。采用排序的方法选择新种群,根据公式:

$Q'(i+1)=Rank[Q(i)+J(i+1)+B(i+1)]$进行每一代染色体的更新操作。$Q'$为新产生的种群,$Q$ 为更新前一代染色体种群,J 是经过交叉操作的染色体,B 是经过变异操作的染色体。

(8)适应度函数及退火约束处理技术。遗传算法解决有约束的优化问题的方法有两种,①如果染色体的群体中不可行解相对于可行解较少时,可以排除不可行解,只允许可行解存在。②如果染色体的群体中不可行解占很大的比例,易采用惩罚函数法,也就是对群体中违反约束条件的染色体个体施加惩罚。在求解物理路

网 K 短路中问题中，不可行解占有相当大的比例，因而采用惩罚函数法。

惩罚函数法的关键问题是如何设定惩罚项[89]，为了克服惩罚项的设定与问题无关，采用退火罚函数法[90]，通过对温度的动态调节达到控制不可行解的罚值，具体表达如下：

$F(x)=e^{-M/T}f(x)$

$F(x)$：染色体 x 适应度；

$e^{-M/T}$：惩罚项；

$f(x)$：问题的目标函数值；

M：不满足约束条件的数量（满足约束条件时，$M=0$）；

T：温度；

算法开始时，T 值设为较大值，M 值变化较小，所以对不可行解的惩罚值较小，等价与不考虑约束条件，通过这种方法提高算法遍历性。随着 T 值增大，使不满足约束条件解的适应值降至 0，这类个体不会出现在进化群体中，而对于不可行解，由于 $M=0$，不论 T 怎样变化，适应度函数总等于目标函数。适应度函数定义为 $F(x)=e^{-M/T}\dfrac{1}{f(x)}$，$T(n)=\alpha T(n-1)\quad(0<\alpha<1)$，当满足约束条件时，$M=0$；否则，$M=1$。式中：$n$ 为迭代次数；α 为常数。从公式中可以看出适应度函数值为正，并且是满足约束条件的路径，其适应度较大。相反，不满足约束条件的路径，其适应度较小[89]。

（9）评价算子（适应度函数）：适应度是描述每条染色体具有竞争力的度量，适应度函数提供了染色体的竞争环境。适应度函数定义为：$F(i)=\dfrac{1}{\sum_{n}C(i)}$，其中，$n$ 为 $n_0 \to n_t$ 所经过的节点数，$C(i)$ 为经过的相邻节点间边的权值。

混合遗传算法求解物理路网 K 短路具体步骤如图 3-3 所示。

混合遗传算法求解物理路网 K 短路与生物遗传学基本概念的作用关系如表 3-1所示。

混合遗传算法与生物遗传学基本概念关系 表 3-1

生物遗传学概念	混合遗传算法求物理路网 K 短路径	遗传算法中的作用
适者生存	OD 节点间 K 条最优路径	在算法停止时，最优目标值的解有最大可能性被留住解
个体	OD 节点间一条可行路径	问题的解
染色体	OD 节点间路径的节点排列顺序，经过节点不同，染色体长度不同	解的编码（字符串、向量等）
基因	网络中的节点编号（自然数代表图中的节点）	解中的每一分量的特征（如各分量的值）

续上表

生物遗传学概念	混合遗传算法求物理路网 K 短路径	遗传算法中的作用
适应性	与目标函数值成正比	适应函数值
群体	OD 节点间可行路径集	选定的一组解(解的个数为群体的规模)
种群	初始种群(问题初始解),种群中染色体数量不确定,取决于路径数	根据适应函数选取一组解
交配	选两不同染色体(路径),交换路径段	根据交配原则产生一组新解的过程
变异	随机选取某一节点或某几个节点进行变异	编码的某一个分量发生变化的过程

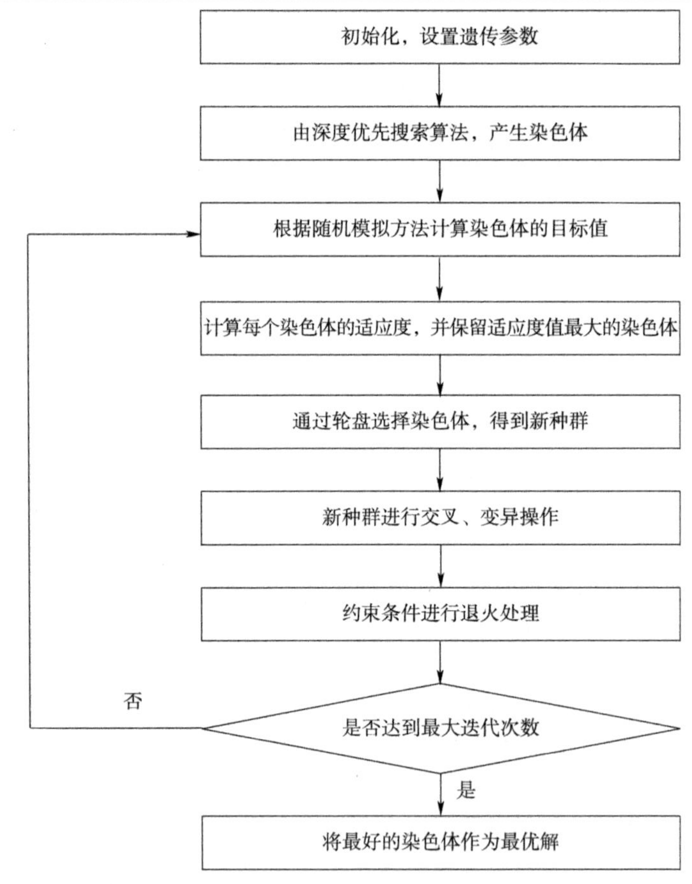

图 3-3　混合遗传算法

四、合理路径集合生成

在城市公共交通网络优化领域中,通常采用 K 最短路径的方法求解合理路径[91]，但是，这种方法仅从数学角度考虑问题，没有结合铁路运输网络特点，例如：没有考虑车站间的特殊路径以及换乘情况，不能直接用于铁路物理路网搜索，采用以备选路径集合为基础生成合理路径集合。

采用 K 最短路径算法生成备选集后，并不是每条备选路径都是合理路径，需要对备选路径进行再次优选[92]。合理路径集合要求每条路径相对其他路径而言，具有差异性。应根据实际情况的需要，从备选路径集合中选择认为合理的路径。

合理的路径影响因素很多，实际应用中，主要的几个因素必须加以考虑，如物理路网路径选择时考虑的因素主要有路径总长度及总运行时间、跨线次数、高速线上总运行时间（距离）百分比、单段高速线路上最小运行时间（距离）百分比、单段高速线路上最长运行时间（距离）百分比和跨线点车站的属性。这些因素都会影响从备选路径集合中选择合理的路径。

另外，合理的路径选择还要考虑政治、经济等因素，在实际当中，有些特定的城市或车站要求有列车通过，所以必须考虑特定路径的存在。然而在采用 K 最短路径求解备选路径集合时，特定路径不存在该集合中，那么在合理路径集合中应该加入指定的特定路径，得出完备的合理路径集合。

第三节　基于合理路径集的客流分配方法研究

一、运输能力约束下物理路网客流分配模型

在高速铁路客运产品的"宏观规划战略层"，假设每位旅客从自身的利益出发寻找阻抗较小的路径，每位旅客之间互不协商，经过不断的系统内部调整后，达成系统平衡状态，系统最优原则假设旅客能接受统一的调度，目的是使系统的总阻抗最小[93~96]。其中：

m：OD 对编号，第 m 支 OD 客流，$m \in M$，其中 M 为 OD 客流集合；

$Q(m)$：第 m 支 OD 客流的流量；

h：第 h 条合理路径，$h \in \Phi(m)$，其中 $\Phi(m)$ 为第 m 支客流 OD 对选择的合理路径集；

$E(m,h)$：第 m 支 OD 客流选择第 h 条合理路径的所有组成的网络边的集合；

$$\varphi(m,h) = \begin{cases} 1 & \text{表示第 } m \text{ 支 OD 客流选择第 h 条路径} \\ 0 & \text{否则} \end{cases}$$

$q(m,h,e)$：选择第 h 合理路径的第 m 支 OD 客流在网路边 e 上的流量；

$E(n)$：与 n 节点衔接的全部网络边的集合。

在混合物理路网中，边的权重可以直接选取路段属性中的路段长度 $c_1(e) =$

$d(e)$,也可以选取路段的平均行程时间 $c_2(e)=\dfrac{d(e)}{v(l)}, e\in l$,为了综合评价路段的服务水平常采用广义费用作为边的权重 $c_3(e)=w_1\dfrac{d(e)}{v(l)}+w_2 d(e)$,$w_1$,$w_2$ 路段平均行程时间和距离的权重,或 $c_4(e)=\alpha\dfrac{d(e)}{v(l)}+(1-\alpha)\rho(e)d(e)$,$0\leqslant\alpha\leqslant1$ 为权重系数。在考虑运输能力约束条件下,基于合理路径集客流分配模型的目标函数为使所有客流 OD 对的广义费用之和最小,达到整个系统最优的状态:

$$\min Z=\sum_{m\in M}\sum_{h\in\Phi(m)}\sum_{e\in E(m,h)}q(m,h,e)\times c(e) \tag{3-1}$$

模型的约束条件:

(1)各 OD 对客流量守恒约束:

$$q(m,h,e)=\varphi(m,h)\times Q(m) \quad \forall m\in M,\forall h\in\Phi(m),e\in E(m,h) \tag{3-2}$$

(2)网络边容量约束:

$$\sum_{m\in M}\sum_{h\in\Phi(m)}q(m,h,e)\leqslant QE^{\max}(e) \quad \forall e\in E(m,h) \tag{3-3}$$

(3)网络节点容量约束:

$$\sum_{m\in M}\sum_{h\in\Phi(m)}\sum_{e\in E(n)}q(m,h,e)\leqslant QN^{\max}(n) \tag{3-4}$$

(4)变量取值约束:

$$q(m,h,e)\geqslant0,\varphi(m,h)\in\{0,1\} \quad \forall m\in M,\forall h\in\Phi(m) \tag{3-5}$$

二、基于合理路径集的客流分配遗传算法

基于合理路径集的确定性客流分配问题属于大规模混合 0—1 整数规划模型,采用遗传算法求解[97]。

基于合理路径集的客流分配遗传算法的关键步骤如下:

(1)初始化,生成初始种群:根据遗传算法群体操作特点,随机产生 *pop_size* 个初始染色体,用 $v_i\,|\,i=1,\cdots pop\_size$ 表示,其代表按 OD 编号顺序的客流在合理路径集合中选择路径方案的一个组合,所有 OD 对的路径数量之和等于染色体长度。生成染色体的同时,获取每个染色体对应的最优客流量分配方案,如果无法获得可行的流量分配方案,则重新生成染色体,直至可行染色体达到一定数量[98]。

(2)染色体编码:采用 0—1 编码方式,染色体的每一个基因代表一条合理路径,基因座的值用 0 或 1 表示。OD 对选择该路径时,取 1;不选该路径时,取 0。

例如:染色体 0010,01001,…111 表示编号为 1 的客流 OD 有 4 条合理路径,该 OD 对所有客流选择了编号为 3 的路径,编号为 2 的客流 OD 有 5 条合理路径,该 OD 对客流分别选择了编号为 2 和 5 的两条合理路径,最后一支客流 OD 有 3 条合理路径。实际上,每个染色体都表示所有客流 OD 路径选择的一个组合方案,而

一个组合方案可以有多种客流的分配方式,具体算法步骤如下:

*Step*1 各 OD 对客流根据染色体选择一条合理路径,如果合理路径集合中有多条路径可以选择,先选择广义费用较小的路径,然后计算各条弧上的客流量,如果满足能力约束,则该客流分配方案是该染色体对应的最优结果,客流分配结束,否则转 *Step*2;

*Step*2 获取客流量分配超过限制能力的弧段编号,并按照超过能力的量大小由高到低排序;

*Step*3 按照由高到低排序结果,调整超过弧段客流的路径。如果某支客流有多条路径可以选择,则可根据超过能力限制量的大小对其进行分流调整。客流分流有两种方法[99][100]:

方法一:首先在合理路径中按广义最短路进行客流分配,舍弃超出能力限制的部分客流,此种情形下,就需要决定优先满足哪部分客流,即确定选择标准的问题。

①按照待分配客流 OD 编号的先后顺序,达到能力限制之后就停止分配。

②按照每个 OD 对间客流量的大小,优先分配客流量大或是客流量小的客流 OD。

③按照 OD 对地域重要程度,赋予每对 OD 一个权重值,按照重要性来决定客流的取舍。

方法二:在合理路径中按广义最短路进行客流分配,对于超过能力限制的部分进行调整,调整能力紧张弧段的惩罚系数,使得部分客流流转移到其余弧段。

惩罚系数法是对能力紧张区段加入惩罚系数 Δ_r,则该区段的阻抗变为原来的 Δ_r 倍,从而改变原有最短路径,使 OD 流量重新分配到其他能力剩余的区段。具体步骤如图 3-4 所示。

每调整超限弧上的客流之后,要重新检查各弧的能力限制,以免进行不必要的调整。如果调整后仍不能满足所有弧的能力约束,则说明该染色体不可行。

(3)染色体交叉操作。

P_c:交叉操作概率参数,每次种群中平均有 $P_c \times pop\_size$ 个染色体进行交叉操作。

采用部分匹配交叉方法,为了保证交叉操作后的染色体可行,匹配点应该是客流选择路径的衔接处,随机分配交叉的个体,由于染色体的基因段按照客流 OD 的编号顺序进行排序,具体步骤如下:

*Step*1 从$[1,M+1)$中生成一个随机整数 r,其中 M 为客流 OD 对数量;

*Step*2 父代的两个染色体交换从客流编号为 r 的基因段到末尾基因段的所有基因段。

(4)染色体基因变异操作。

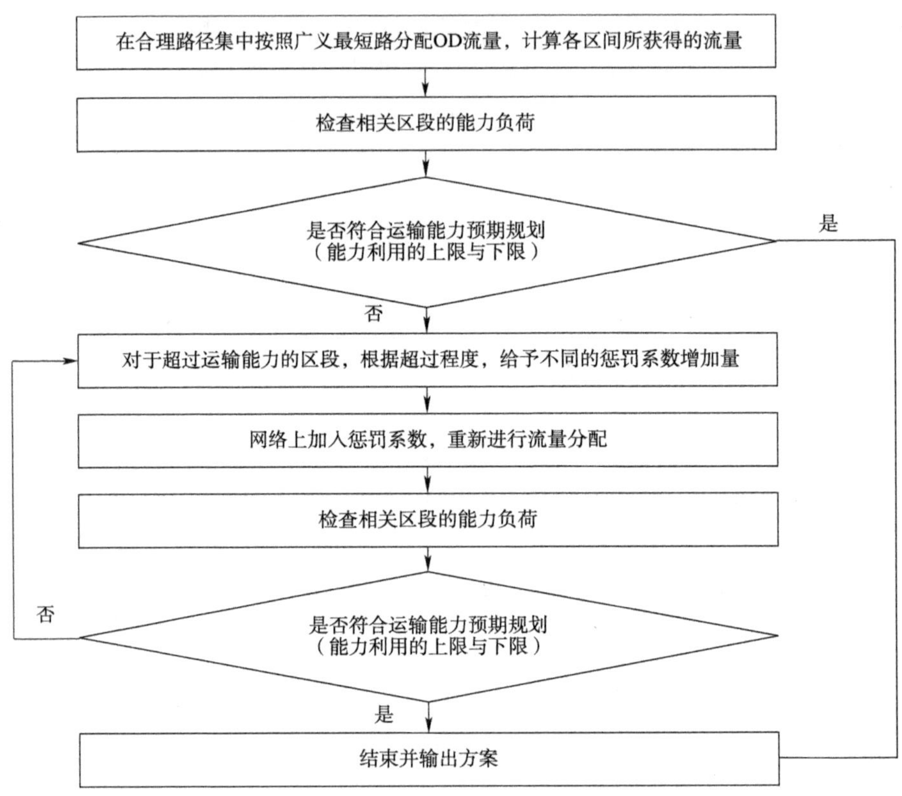

图 3-4　惩罚系数法客流分配流程

P_m:变异操作概率参数,每次进化中平均有 $P_m \times pop\_size$ 个染色体进行变异操作。

为保证变异后染色体可行,采用多位点变异方法[101],对个体编码串以变异概率、随机指定的某几位基因座上的值进行变异,具体步骤为:

*Step*1 确定变异位置,在$[1,M+1)$中生成随机数 r_1;

*Step*2 在$[1,K+1)$中生成随机数 r_2,其中 K 为合理路径数;

*Step*3 改变 r_1 和 r_2 的基因值;如果 r_2 的基因值为1,则在$[1,K+1)$再次生成随机数 r_1,确定变异的位置。

(5)每个染色体适应度计算。通过客流分配模型中的目标函数,计算每个染色体的函数值,得出每个染色体的适应度。

$f_i \mid i=1,\cdots pop\_size)$:种群中每个染色体的目标函数值;

$eval(v_i) \mid i=1,\cdots pop\_size)$:种群中每个染色体的评价函数;

$f'_i \mid i=1,\cdots pop\_size)$:种群中每个染色体标定后的适应度;

a、b:待定参数。

为了克服早熟和停滞进化,使用线性适应度标定方法[102],

$f'_i = af_i + b, i = 1, 2, \cdots pop\_size$:种群中每个染色体的标定后的适应度;

$eval(v_i) = \frac{f'_i}{\sum_{j=1}^{pop\_size} f'_j}, i = 1, \cdots pop\_size$:标定后的每个染色体的评价函数。

(6)染色体选择操作。采用旋转赌轮方法,旋转赌轮 *pop_size* 次,如果染色体的适应度越大,其在赌轮上所占面积越大,则被选择概率就大,每次选择为下一代种群选择一个染色体。具体流程如下:

*Step*1 对每个染色体 $v_i \mid i \in (1, pop\_size)$,计算累计概率 $q_i \mid i \in (1, pop\_size)$,

$q_i = \sum_{j=1}^{i} eval(v_i), i = 1, \cdots pop\_size$;

*Step*2 从区间$(0, pop_size]$中产生一个随机数 r;

*Step*3 若 $q_{i-1} < r \leqslant q_i$,则选择第 i 个染色体 $v_i \mid i \in (1, pop\_size)$;

*Step*4 重复 *Step*2 和 *Step*3 共 *pop_size* 次,得到 *pop_size* 个复制的染色体。

遗传算法求基于合理路径集的客流分配与生物遗传学基本概念的作用关系如表 3-2。

客流分配遗传算法与生物遗传学基本概念关系 表 3-2

生物遗传学概念	基于合理路径集的客流分配遗传算法
适者生存	所有客流 OD 路径选择的最优组合方案及客流最优分配方案
个体	表示所有客流 OD 路径选择的一个组合方案
染色体	0—1 编码,每个染色体表示所有客流 OD 路径选择的一个组合方案编码序列(每个组合方案对应多种客流分配方案),长度为所有 OD 对合理路径数量之和
基因	一个基因代表选择的一条合理路径,基因座值为 0 或 1,表示 OD 对是否选择该路径
适应性	与目标函数值成正比
群体	所有客流 OD 路径选择的多个组合方案
种群	初始种群(问题初始解),种群中染色体数量随机生成
交配	选两不同染色体,交换基因段
变异	基因座的值在 0、1 改变

第四节 京沪高速铁路相关路网客流分配案例

一、京沪高速铁路相关路网构建

构建远期年度京沪高速铁路相关物理路网,读入高速铁路路网基础数据库,包括线路名称、设计速度、线路设计通过能力(万人次/年)、线路开通日期、区间起点车站名称、区间起点车站所属城市、区间终点车站名称、区间终点车站所属城市、区间运行距离。其中,选择设计速度大于等于 250km/h 的铁路线路。

选取与京沪高速铁路相关路网的城市节点,根据远期年度全国铁路网高速铁路客流需求预测(数据来源:铁道部科技研究开发计划项目"京沪高速铁路运营管理技术体系")以及目前既有线列车开行情况,统计其列车开行路径与京沪既有线相关(包括既有线中本线列车、一端跨既有线、两端跨既有线)的列车,记录这些列车的起讫点、停站所属城市,选择其中 41 个主要城市的 601 个铁路区间构成远期年度京沪高速铁路相关路网。该网络中节点间铁路线路包括:武广、广深、津秦、秦沈、京沈、哈大、盘营、沪杭、杭南长、长昆、杭甬、甬台温、温福、福厦、厦深、徐郑、郑西、西宝、胶济、石济、石太、合宁、合武、汉宜、宜万、武九、杭黄、大西、西成、成昆、成贵、哈齐、沈丹、宝兰、成渝、合福、贵广、哈牡、渝昆、郑万、商杭、重长、兰新、渝黔、太中银、宁启、向莆、湘桂复线衡柳段、云桂、张家口-大同等 50 条客运专线;石邯、成都都江堰、京唐、哈佳、京津、成绵乐、池九、沪宁、宁安、昌九、昌吉赣、渝万、柳南、长吉、保津、京张、青烟、威荣等 17 条城际线路以及 1 条京沪高速铁路线路。京沪高速铁路相关路网中城市节点如图 3-5 所示。

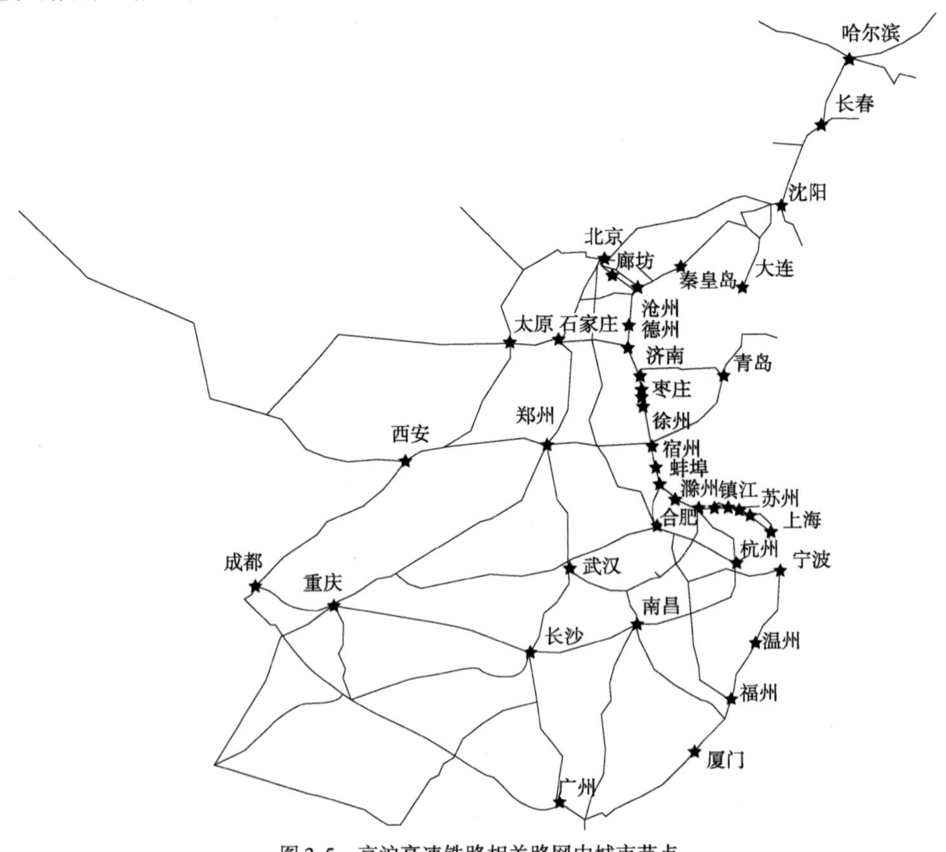

图 3-5 京沪高速铁路相关路网中城市节点

通过 MATLAB 编程实现,读入选择京沪高速铁路线路的相关 589 个 OD 对的远期预测日均客流量,见附录 A。

二、合理路径集合生成及客流分配结果分析

根据本章提出的混合遗传求解高速铁路网络 K 最短路径,即优化备选路径。混合遗传算法的主要参数取值为:基因个数:GAnum =10;变异概率:mutation$P$ =0.5;更新概率:update$P$ =0.5。

备选路径优化之后,生成合理路径集合。根据本章提出的基于合理路径集的客流分配遗传算法进行计算,主要参数取值为:基因个数:GAnum =6;变异概率:mutation$P$ =0.3;更新概率:update$P$ =0.3,其中:广义费用函数中的 α 取值为 0.8。图 3-6 为算法迭代 100 次适应函数适应值的变化曲线,3min 内完成了算法的收敛,在较小的时间和空间代价下完成了问题的求解。

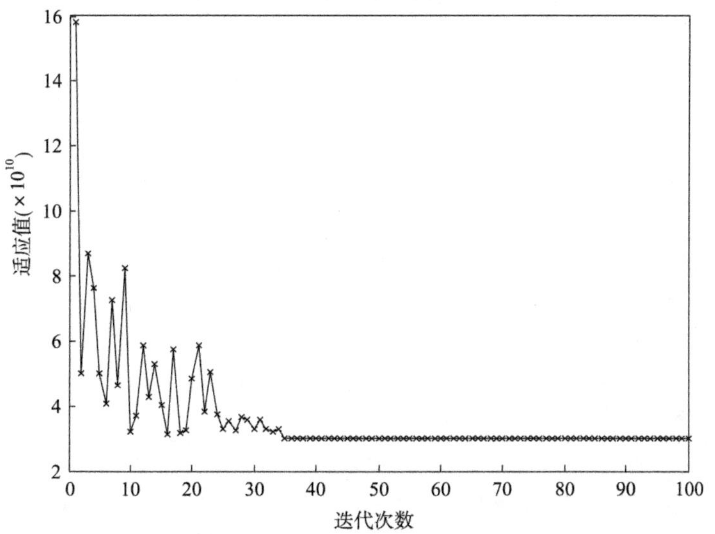

图 3-6 适应值迭代曲线

通过遗传算法的计算,采用三种效用函数分别输出每一个 OD 对客流备选路径集合,在备选客流路径的基础上,可以通过本章中提出的合理路径的确定方法,确定合理路径。最后,在 OD 对合理路径集合的基础上进行客流分配,得出路网条件下客流的最优分配结果。表 3-3 列出部分 OD 对合理路径集合中最短路径客流分配情况。根据客流分配结果,可以确定列车开行的起讫点,列车的运行路径和列车的初始停站,如果规划的列车起讫点不在客流路径的起点上,旅客将通过其他运输方式的换乘完成出行。图 3-7 为 $c(e) = c_3(e)$ 条件下,京沪高速铁路区间能力利用率(图 3-7 中区间 1 ~ 19 分别为北京南—廊坊、廊坊—天津南、天津南—沧州西、沧州西—德州东、德州东—济南西、济南西—泰安、泰安—曲阜东、曲阜东—枣庄、

枣庄—徐州东、徐州东—宿州东、宿州东—蚌埠南、蚌埠南—滁州南、滁州南—南京南、南京南—镇江西、镇江西—常州北、常州北—无锡东、无锡东—苏州北、苏州北—昆山南、昆山南—虹桥)。经研究发现,由于沪宁城际高速铁路承担了通道的大部分客流,使京沪高速铁路在南京至上海之间运输能力得到了进一步的缓解。

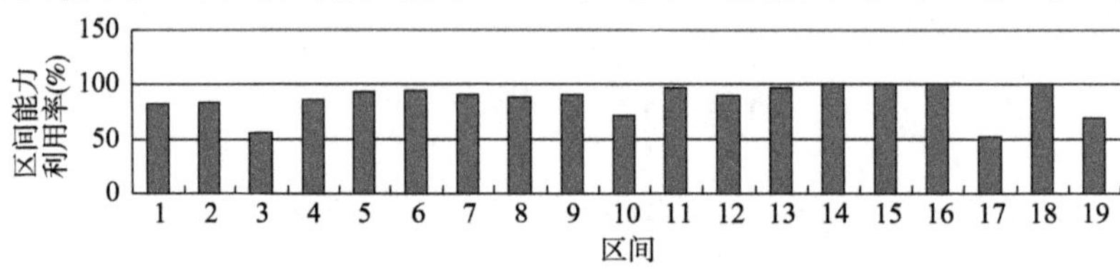

图 3-7 $c(e)=c_3(e)$条件下京沪高速铁路区间能力利用率

部分 OD 合理路径集合中最短路径客流分配情况(人次/天) 表 3-3

客流量	客 流 路 径
7044	北京南→廊坊
7276	北京南→武清→天津
6432	北京南→廊坊→天津南→沧州西→德州东
197	北京南→廊坊→天津南→沧州西→德州东→禹城线路所→济南西→崔马庄线路所→泰安→曲阜东→滕州东→枣庄→徐州东→宿州东→蚌埠南→定远→滁州南→小汪郢线路所→南京南→南京南东线路所→镇江西
56	天津南→沧州西→德州东→齐河→济南西→崔马庄线路所→泰安→曲阜东→滕州东→枣庄→徐州东→宿州东→蚌埠南→定远→滁州南
1097	天津西→天津南→沧州西→德州东→禹城线路所→济南西→崔马庄线路所→泰安→曲阜东→滕州东→枣庄→徐州东→宿州东→蚌埠南→定远→滁州南→小汪郢线路所→南京南
4848	天津南→沧州西→德州东→禹城线路所→济南西→崔马庄线路所→泰安→曲阜东→滕州东→枣庄→徐州东→宿州东→蚌埠南→定远→滁州南→小汪郢线路所→南京南→南京南东线路所→镇江西→丹阳北→常州北→无锡东→苏州北→昆山南→黄渡线路所→虹桥
972	德州东→禹城线路所→济南西→崔马庄线路所→泰安→曲阜东
50	德州东→禹城线路所→济南西→崔马庄线路所→泰安→曲阜东→滕州东→枣庄→徐州东→宿州东→蚌埠南→定远→滁州南→小汪郢线路所→南京南→南京南东线路所→镇江西→丹阳北→常州北
10734	北京南→廊坊→天津南→沧州西→德州东→齐河→济南东→章丘→周村东→淄博→青州北→昌乐→潍坊→昌邑→高密→胶州北→青岛
8131	北京西→衡水北→德州东→禹城线路所→济南西→崔马庄线路所→泰安→曲阜东→滕州东→枣庄→徐州东→宿州东→蚌埠南→定远→滁州南→小汪郢线路所→南京南→马鞍山→芜湖→宣城→杭州东→杭州

续上表

客流量	客 流 路 径
483	德州东→沧州西→天津南→廊坊→北京南→北京→怀柔南→密云东→承德南→新朝阳→新阜新→新民→皇姑屯→沈阳
502	德州东→沧州西→天津南→廊坊→北京南→北京→怀柔南→密云东→承德南→新朝阳→新阜新→新民→皇姑屯→沈阳→沈阳北→新铁岭→新开原→新昌图→新四平→新公主岭→长春西→新德惠→新扶余→新双城→哈尔滨西
1858	济南西→崔马庄线路所→泰安→曲阜东→滕州东→枣庄→徐州东→商丘→民权→兰考南→开封北→郑州东
3841	南京南→小汪郢线路所→滁州南→定远→蚌埠南→宿州东→徐州东→枣庄→滕州东→曲阜东→泰安→崔马庄线路所→济南西→禹城线路所→德州东→沧州西→天津南→廊坊→北京南→北京→怀柔南→密云东→承德南→新朝阳→新阜新→新民→皇姑屯→沈阳
3679	南京南→小汪郢线路所→滁州南→定远→蚌埠南→宿州东→徐州东→商丘→菏泽→聊城→衡水北→石家庄东→石家庄→新岩峰→孤山→盂县→解愁→东黄水→太原东
1599	无锡东→常州北→丹阳北→镇江西→南京南东线路所→南京南→全椒→肥东→合肥→六安→新麻城→红安→横店东→汉口
1155	镇江西→丹阳北→常州北→无锡东→苏州北→昆山南→黄渡线路所→虹桥→松江南→枫泾南→嘉兴南→桐乡→余杭南→杭州东
257	常州北→丹阳北→镇江西→南京南东线路所→南京南→全椒→肥东→合肥→六安→新麻城→红安→横店东→汉口
2906	无锡东→苏州北→昆山南→黄渡线路所→虹桥→松江南→枫泾南→嘉兴南→桐乡→余杭南→杭州东
1896	苏州北→无锡东→常州北→丹阳北→镇江西→南京南东线路所→南京南→全椒→肥东→合肥→淮南西→阜阳→亳州→商丘→民权→兰考南→开封北→郑州东
2114	苏州北→无锡东→常州北→丹阳北→镇江西→南京南东线路所→南京南→全椒→肥东→合肥

通过客流路径客流量的分配,可以统计高速铁路网络601个区间客流量情况,其中:图3-8、3-9、3-10为京沪高速铁路线路任选8个区间在三种效用函数下的客流总量(包括本线客流量和跨线客流量),区间分别为济南西—泰安、泰安—曲阜东、曲阜东—滕州东、滕州东—枣庄、枣庄—徐州东、徐州东—宿州东、宿州东—蚌埠南、蚌埠南—滁州南。

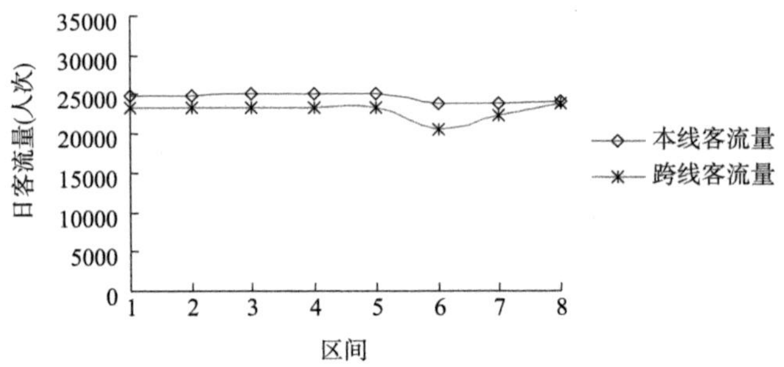

图 3-8 $c(e)=c_1(e)$条件下，京沪高速铁路 8 个区间客流量（人次/日）

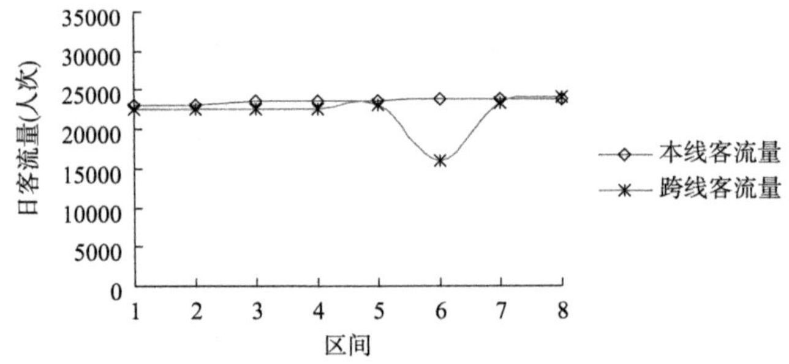

图 3-9 $c(e)=c_2(e)$条件下，京沪高速铁路 8 个区间客流量（人次/日）

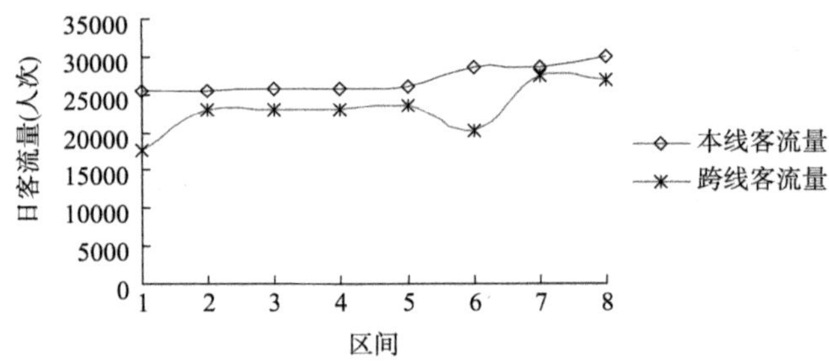

图 3-10 $c(e)=c_3(e)$条件下，京沪高速铁路 8 个区间客流量（人次/日）

从图 3-8 至图 3-10 可以得出，三种效用函数下改变了部分客流路径的选择，同时引起各条铁路区间线路客流量的改变。从编号为 6 的徐州东—宿州东区间的客流量来看，不同的效用函数下，跨线客流量的波动较为明显，尤其发生在跨线节点处。根据物理路网进行列车径路优化时，列车不同跨线节点的选择将会带来客流量分布的改变，所以，物理路网的客流分配可以确定列车开行起讫点和初始运行径路，要研究开行列车与客流的匹配关系，需要在物理路网基础上，构建列车的服务网络，进行基于列车服务网络的客流分配。

第五节　本 章 小 结

本章对铁路物理路网客流分配理论及方法进行了研究,主要工作如下:

(1)构建高速铁路物理路网的混合拓扑结构,提出采用 K 短路径的方法生成客流 OD 间备选路径集合。由于备选路径集合具有能力约束和其他条件的限制,基于数学观点的 K 短路传统 Dijkstra 算法,虽然能求出多条路径,但求解结果往往与实际不符,如路径可能包含环路或求出的多路径相互间重叠使用相同路段太多或者太相似,很难说明是不同的选择方案。另外,对于多模式多等级的混合网络,网络规模复杂庞大,实际应用中并不一定要求出最优解,如果在较小的时间和空间代价下求出满意的解,算法是可行的。所以,本章设计混合遗传算法生成客流 OD 间备选路径集合。最后,在由 521 个车站构成的铁路物理路网中,该算法可以在 2min 内实现 589 个客流 OD 备选路径集合的搜索,完成算法的收敛。

(2)在备选路径集合的基础上,结合铁路运输网络的特点,提出生成合理路径集合的方法。合理路径集合的因素主要有路径总长度及总运行时间、跨线次数、高速线上总运行时间(距离)百分比、单段高速线路上最小运行时间(距离)百分比、单段高速线路上最长运行时间(距离)百分比和跨线点车站的属性、车站间的特殊路径。

(3)在合理路径集合的基础上,本章建立了具有运输能力约束的物理路网客流分配模型,该模型属于大规模混合 0—1 整数规划问题,提出遗传算法进行大规模网络下的客流分配。根据客流分配的特点,主要对初始化种群,遗传算法编码以及惩罚系数法客流分配流程进行了研究,利用 MATLAB 语言编程,在三种效用函数下,实现由 521 个车站构成的京沪相关高速铁路网络,3min 内完成 589 个 OD 的客流分配。

本章对高速铁路物理路网客流分配方法的研究,针对大规模网络及铁路运营特点,首先创新地提出了多约束条件下备选路径集合生成方法,以及提出基于客流出行备选路径集合的合理路径集合生成方法,然后在合理路径集合基础之上进行网络下多起讫节点间客流分配。该研究内容是列车服务网络以及列车时空服务网络客流分配方法研究的基础。

第四章 基于客流分配技术的高速铁路枢纽布局优化

根据我国中长期铁路网规划,高速铁路将逐步实现网络化运营,同时 800 多座现代化客运站和路网性枢纽将投入使用。铁路运能将快速扩充,装备水平将快速提高,为铁路旅客运输全面提高服务水平、开展市场化运作提供了强大的运力支撑。由于我国国土面积大,旅客出行的 OD 点多,直达列车只能覆盖客流较大的主要 OD 点,而针对高速列车接续方案的研究目前还处于起步阶段。随着"四纵四横"高速铁路逐步建成,各条高速铁路间换乘客流的组织问题更为突出,研究以整个高速铁路网为背景的列车接续方案,进一步优化枢纽分工方案,尽可能保证换乘客流最便捷、最快速换乘,实现全国主要的枢纽城市间开行直达列车时,中小城市间的旅客也具有优良的服务,就成为提高铁路服务水平、市场竞争力的关键问题。

第一节　铁路换乘枢纽布局优化国内外综述

铁路开行旅客列车的时空衔接性是评价客运产品服务水平的重要指标,在中国高速铁路成网条件下,保证规划开行的高速列车之间优化地衔接尤为重要。目前,由于中国铁路客运服务产品规划中,较少地考虑了换乘旅客的出行利益,在列车开行方案和运行图优化阶段缺少列车衔接性的约束和列车衔接方案优化理论,使实际开行的旅客列车之间衔接性较低。要实现高速铁路开行列车的衔接优化,需要解决的首要问题是网络条件下高速铁路旅客换乘枢纽的优化布局。

换乘枢纽的选择属于选址问题,最早的选址问题是 Alfred Weber 于 1909 年提出来的,他所提出的选址问题如下:有一个仓库为多个客户服务,确定这个仓库的位置,使该仓库与多个客户之间的总运输距离最短。对于这一问题 lsard 于 1956 年在结合工业选址、土地使用及相关问题的基础上进行了深入研究。另一个较早的选址问题是由 Hotelling 于 1929 年提出的,Hotelling 是一个经济学家,他所研究的问题是在一条直线上两个竞争性供应商的选址,随后 Smithies(1941)和 Stevens(1961)对这一问题进行了更深入的研究。

20 世纪 50 年代和 60 年代初,多数研究集中于设施布置和设计上。其中,

Losch 和 Moses 认为生产中心选址与经济因素有关。Miehle 则研究使网络内的连接长度最小化的问题。在 20 世纪 60 年代中期以前,选址理论的研究领域互不相关,因此未形成统一理论。直到 1964 年,Hakimi 出版了一本有关选址理论的著作,主要研究通信网络中转换中心的选择和公路系统中检查点的选择,标志着选址理论获得了"新生"。

Klose(2005)分析总结了外国学者关于建立枢纽换乘选址的各种模型,该文详细地介绍了连续选址模型、网络选址模型和混合整数规划模型。并从目标函数、有无约束条件、需求有无弹性、静动态模型等 9 个方面说明各种模型之间的差异性。其中,介绍最为详细的是混合整数规划,介绍了 9 种分类的模型,并简要说明了选址模型在 7 个方面的应用[103]。

李凤玲(2007)研究了关于城市轨道交通枢纽换乘方案的选择问题,采用了层次分析法建立了城市轨道交通换乘枢纽的综合评价指标体系,并对该指标体系进行量化,对各评价指标赋予不同的权重。提出了对城市轨道交通换乘枢纽进行综合评价的广义效用函数法,以广义效用函数值的大小对各换乘方案进行比较,并举例说明方案的优选过程[104]。

郭瑾(2011)在综合考虑国内外综合枢纽换乘衔接发展现状的基础上,从高速铁路换乘客流、枢纽自身换乘条件两方面分析了影响高速铁路综合枢纽换乘条件的主要因素,包括枢纽所在城市特性、枢纽路网属性、输送能力、换乘衔接方式、换乘设施、地理位置等多个方面。并在此基础上建立了评价指标,对主要的铁路枢纽进行了研究与分类[105]。

铁路列车衔接和客流换乘组织是旅客运输的重要环节,它关系到旅客运输的质量和效率问题。客流换乘组织水平的高低直接影响到旅客能否良好的换乘衔接,而高速铁路换乘枢纽布局又会直接影响到客流换乘组织的好坏,因此,客流换乘组织与换乘枢纽布局是相互影响、相互协调的关系[106~108]。

胡小风(2010)提出铁路客流分配是交通流分配的一个子问题。1952 年 Wardrop提出道路网络平衡的概念和定义。随后,Frank-Wolfe 算法、Logit 模型等多种客流分配理论相继产生[109]。

由于铁路的特殊性,因此其客流分配也与道路客流分配有较大的差别。铁路客流分配包括三个层次,依次是基于物理网络的客流分配、基于列车开行方案的客流分配和基于运行图的客流分配。

佟璐(2013)针对铁路客流分配的三个层次分别建立了不同的客流分配模型,并以京沪高速铁路相关路网为例进行客流分配,验证了模型和算法的有效性。在基于物理网络客流分配的层次上,该文提出客流起讫点间的备选路径集合和合理路径集合的生成方法,采用混合遗传算法进行物理节点间的 K 短路生成,并设计遗传算法对模型进行求解[110]。

Zou(2014)基于2013年1月京广高铁客票数据,分析了京广高铁的客流特点。包括不同OD客流的不同选择行为、周末与工作日的客流选择行为。得出的结果不仅对于旅客运输组织具有很大的指导意义,而且为客流分配技术提供了指导原则,使得客流分配结果更贴近实际[111]。

从研究现状来看,目前针对换乘枢纽布局优化方面,学者研究了连续选址模型、网络选址模型、混合整数规划模型等多种模型,应用层次分析法对换乘枢纽进行综合评价。主要基于对枢纽的换乘条件进行分析,较少考虑换乘旅客的出行效益,导致车站枢纽实际开行的旅客列车之间衔接性较低,换乘旅客出行效益降低。客流分配技术主要基于Wardrop提出的系统最优和用户最优两套基本理论,目前应用比较成熟,应用比较多的算法为Logit算法、Frank-Wolfe算法等。列车衔接方案设计方面,日本、西欧等国家在铺画运行图时已考虑了列车衔接约束,其形成的周期运行图服务频率高、旅客换乘次数有限、旅客换乘等待时间少。

第二节 铁路换乘枢纽布局优化原则及流程

一、优化原则和目标

换乘枢纽布局方案的定义:根据换乘客流对高速铁路换乘枢纽的选择情况,保证换乘枢纽之间的协调配合前提下,确定换乘枢纽的服务范围、换乘规模以及服务水平。换乘枢纽布局要依据各枢纽换乘条件、能力限制、旅客出行选择行为、列车开行方案编制原则等进行规划。根据旅客出行路径选取换乘枢纽,根据客流量大小确定换乘次数,根据旅客出行选择行为,优先选择路网属性较高的枢纽,选择具有多种交通方式的综合性换乘枢纽;根据列车开行起讫点设置,尽量将换乘安排在列车的起讫点车站,跨线客流尽量安排在两条线路的交点处换乘;要考虑各枢纽的换乘能力,保证路网能力利用的均衡。

换乘枢纽布局规划的主要目标:从网络的角度考虑换乘枢纽的布局方案,结合各个枢纽的换乘条件、换乘能力,从整体优化的角度选出各个OD适合的换乘衔接枢纽。为列车开行方案及运行图的编制提供合理的换乘约束和建议,使开行方案和运行图的编制结果能够充分考虑旅客换乘的各项因素。提高旅客换乘的效率和满意度。

二、优化流程

高速铁路换乘枢纽布局优化的关键是确定换乘客流,因为换乘客流的分布和枢纽的布局相互影响,该问题可以用双层规划模型来求解,简要的流程如图4-1。

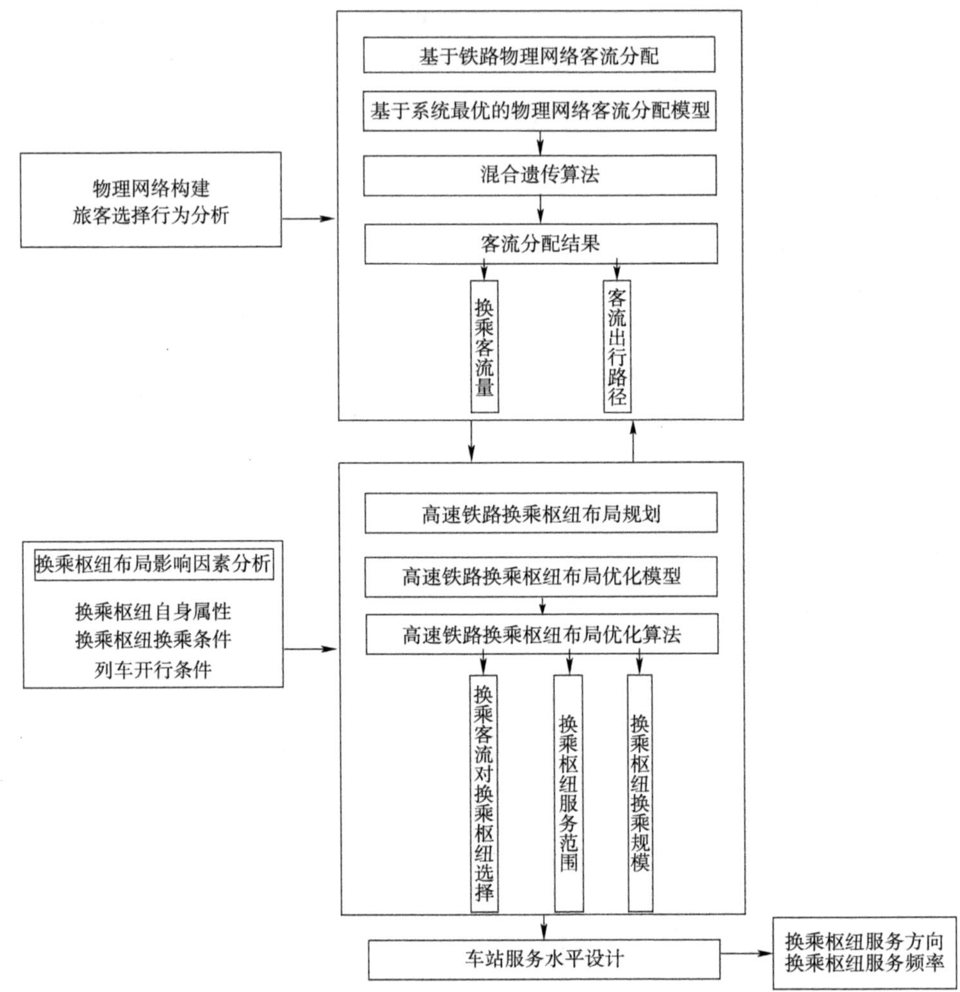

图4-1 高速铁路换乘枢纽布局优化流程

第三节 铁路换乘枢纽布局优化双层规划模型与算法

一、铁路换乘枢纽选址模型

换乘枢纽选址模型中使用到的相关符号如下所示：

U:旅客换乘站换乘总效用值；

s:物理网中的车站节点,$s \in S$,其中S为所有车站的集合；

n:第n支OD客流,$n \in N$,其中N为所有客流OD的集合；

w_d:换乘车站离起讫点距离远近对旅客换乘所产生的效用值的权重系数;

U_d:换乘车站离起讫点距离远近对旅客换乘所产生的效用值;

w_{gs}:s 车站换乘车站重要度(由车站换乘条件等决定)对旅客换乘的效用值的权重系数;

U_{gs}:s 车站换乘车站重要度(由车站换乘条件等决定)对旅客换乘的效用值;

l_{OD}^n:第 n 支客流 OD 选择的径路长度;

m_n:第 n 支客流 OD 的换乘次数;

$l_{Os}^{n'}$:$l_{Os}^{n'}$是 l_{Os}^n与 $l_{OD}^n/[2(1+m_n)]$的和对 $l_{OD}^n/(1+m_n)$求余数的结果,其中 l_{Os}^n指第 n 支客流选择的路径中第 s 个车站到起点站之间的距离;

C_1、C_2:模型的两个常量,取值较为随意,它们使得换乘站离起点站的距离对旅客产生的换乘效益值在$[C_2, C_1/2]$这个区间内变化;

$q(n,s)$:第 n 支客流在 s 车站的换乘量;

q_{str}:s 车站的最大允许换乘量;

$m_{,\max}^n$:第 n 支客流的最小换乘次数;

$m_{\max}^n$:第 n 支客流的最大换乘次数;

$q(n)$:第 n 支客流的客流量。

模型的目标函数定义为:

$$\max U = \sum_{n \in N}\sum_{s \in S}(w_d U_d + w_{gs} U_{gs}) \tag{4-1}$$

式中,U_{gs}表示换乘枢纽等级给旅客带来的换乘效用,该效用值由换乘枢纽重要度来决定;U_d 表示换乘距离给旅客带来的换乘效用,该值通过拟合的一个与换乘站到起点站之间的距离相关的一元二次函数来决定,用式 4-2 表示:

$$U_d = -\frac{C_1}{[l_{OD}^n/(m_n+1)]^2} l_{Os}^{n'2} + \frac{C_1}{l_{OD}^n/(m_n+1)} l_{Os}^{n'} + C_2 \tag{4-2}$$

模型的约束条件包括:

(1)车站换乘能力约束:

$$\sum_{n \in N} q(n,s) \leqslant Q_{str}, \forall s \in S \tag{4-3}$$

(2)OD 客流换乘次数约束:

$$m_{\min}^n \leqslant m_n \leqslant m_{\max}^n \tag{4-4}$$

其中,$m_{\min}^n$和 $m_{\max}^n$由第 n 支客流的 OD 距离决定。

(3)变量取值约束:

$$\sum_{s \in S} q(n,s) \leqslant m_n q(n), \forall n \in N \tag{4-5}$$

$$q(n,s) \geqslant 0, \forall n \in N \tag{4-6}$$

利用基于物理网络客流分配模型作为铁路换乘枢纽布局优化双层规划模型的下层模型。

二、上层换乘枢纽选址算法

上层枢纽选址模型主要确立了在给定某支换乘客流的前提下如何为该支换乘客流选择换乘枢纽的方法,而对于什么样的客流需要换乘、其对换乘的需求程度如何并未给出说明。因此,在为换乘客流选择换乘枢纽时,首先要确定客流的换乘需求。

根据 OD 客流量、OD 距离以及服务频率等条件,将需要换乘的客流分为三类:第一类为必然换乘客流,这部分客流是由于技术经济条件铁路无法为其提供直达服务;第二类为建议换乘客流,这部分客流虽然铁路提供了直达服务,但提供的最大服务频率无法满足旅客对服务频率的最低需求;第三类为推荐换乘客流,这部分客流的形成是由于铁路提供的一直达服务的最小服务频率无法满足旅客对服务频率的最低需求。这三类客流对换乘需求的程度依次降低,其在程序中的具体划分流程如图 4-2 所示。

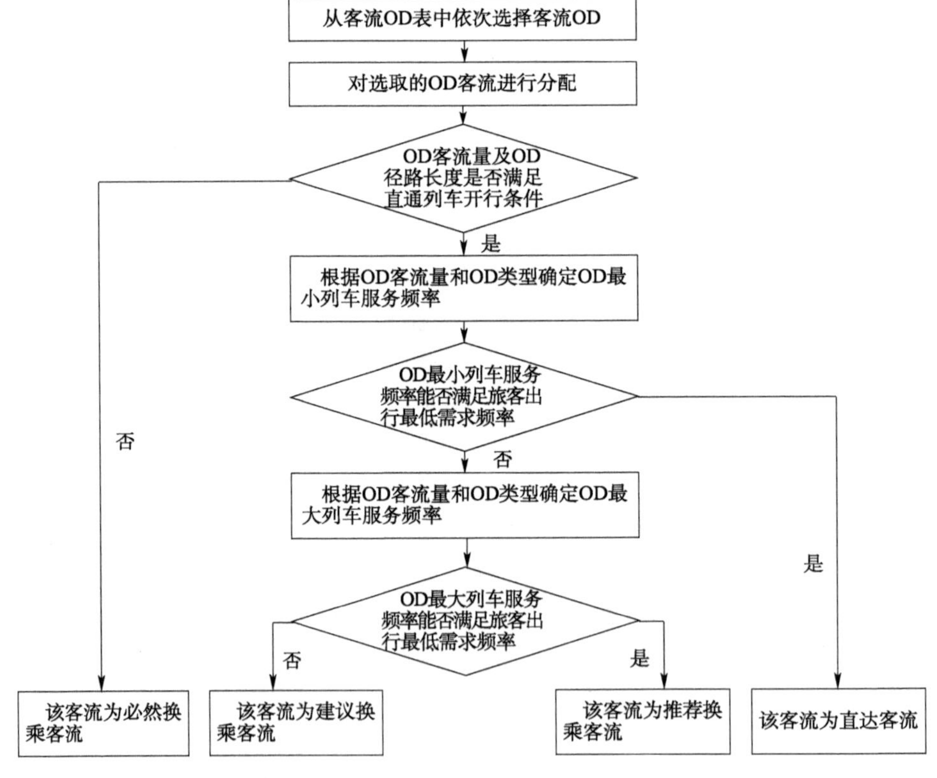

图 4-2 换乘客流分类流程

以上流程图将每一支客流 OD 划分为必然换乘客流、建议换乘客流、推荐换乘客流和直达客流四种类型。对于前三种类型的客流,需要为其规划合理的换乘枢纽,具体流程图如图 4-3 所示。

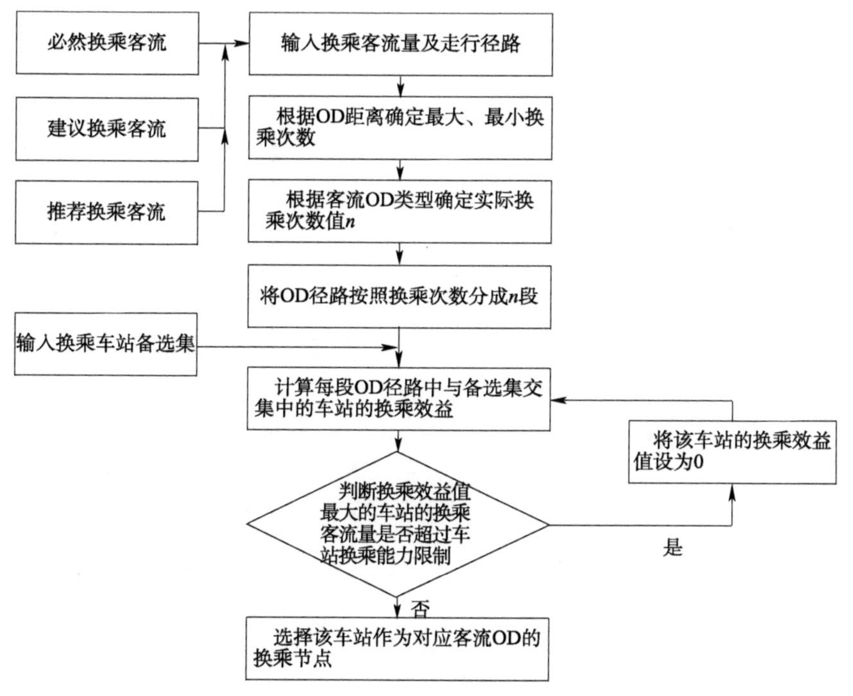

图 4-3　换乘枢纽选择算法流程

下层规划模型是基于合理路径集的确定性客流分配问题,属于大规模混合0—1 整数规划模型,应用混合遗传算法求解。

第四节　基于客流分配技术的铁路换乘枢纽布局优化案例

一、案例背景

根据 2016 年客流预测结果进行高速铁路物理网络客流分配,主要以京沪高速铁路为主,选取与京沪高速铁路相关的客流 OD,涉及的线路构成网络如图 4-4 所示。

二、换乘枢纽备选集生成

换乘车站在路网中的位置越重要,车站等级越高,车站对应各个衔接方向的服务频率越高。因此,旅客会偏向于选择路网中的一些重要车站作为换乘车站。选取以下车站作为旅客换乘枢纽选择的一个备选集合,并确定每个车站的等级及换乘效用,如表 4-1 所示。

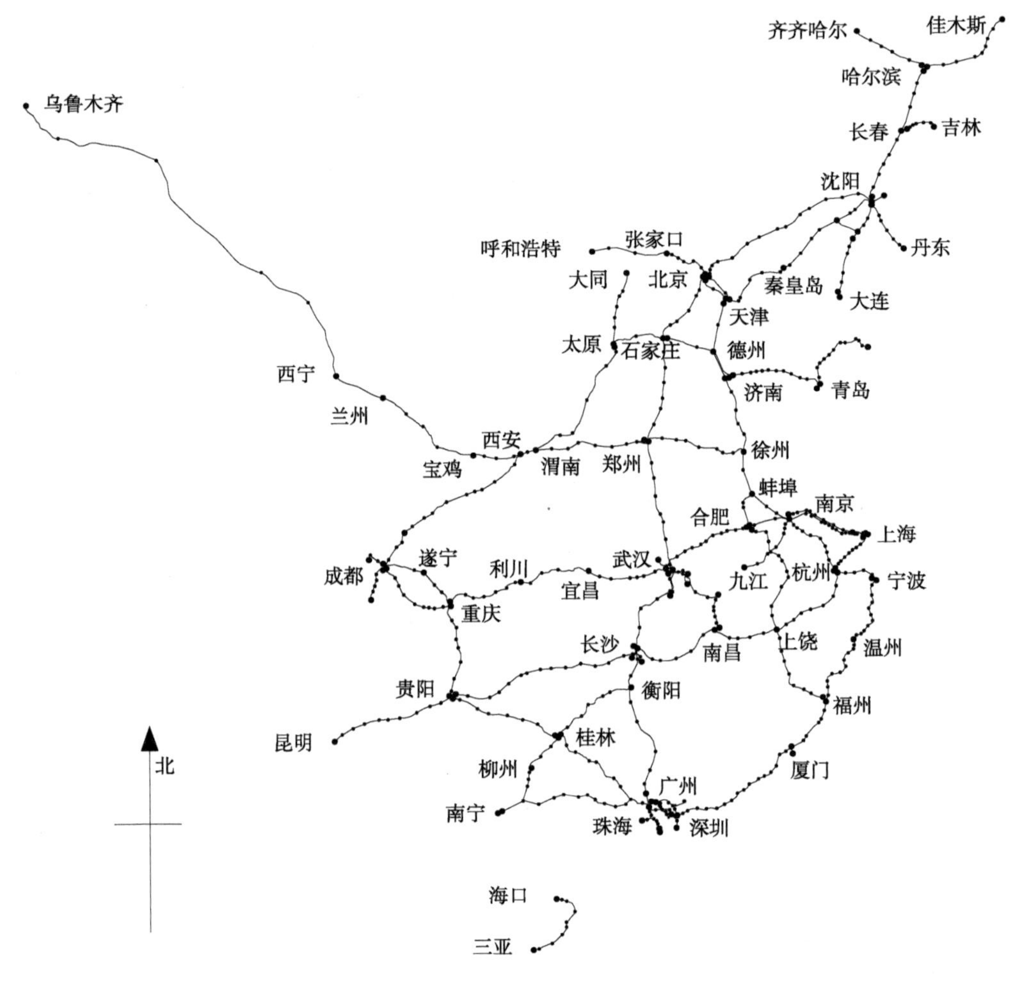

图 4-4　案例分析路网

车站换乘等级及换乘效用　　表 4-1

车站名称	车站等级	换乘效用	日均最大换乘量(人次)
武汉	1	7	18101
上海虹桥	1	7	18101
杭州东	2	5	15775
济南西	2	5	15775
沈阳北	2	5	15775

续上表

车站名称	车站等级	换乘效用	日均最大换乘量(人次)
南京南	2	5	15775
徐州东	2	5	15775
宁波	2	5	15775
温州南	2	5	15775
天津西	2	5	15775
天津南	2	5	15775
济南	2	5	15775
合肥	2	5	15775
南京	2	5	15775
秦皇岛	3	4	10434
蚌埠南	3	4	10434

在表4-1中,车站等级根据车站所在的城市等级确定;换乘效用值根据车站等级的下降依次降低;最大换乘量根据该等级中车站发送量确定,并规定换乘客流量不超过发送量的50%。

三、换乘枢纽求解结果

运用MATLAB软件对双层规划模型进行求解,见表4-2。

换乘客流出行路径及换乘枢纽选择结果　　表4-2

客流类型	OD名称	客流量(人次/天)	物理路径	换乘枢纽
必然换乘客流	吉林—无锡东	27	吉林→龙嘉→长春→长春西→公主岭南→四平东→昌图西→开原西→铁岭西→沈阳北→辽中→台安→盘锦北→锦州南→葫芦岛北→绥中北→山海关→秦皇岛→北戴河→滦河→唐山→滨海北→滨海→军粮城北→天津→天津西→天津南→沧州西→德州东→济南西→泰安→曲阜东→滕州东→枣庄→徐州东→宿州东→蚌埠南→定远→滁州→南京南→镇江南→丹阳北→常州北→无锡东	沈阳北、济南西

续上表

客流类型	OD 名称	客流量（人次/天）	物理路径	换乘枢纽
必然换乘客流	郑州—锦州南	49	郑州→开封→商丘→徐州→徐州东→枣庄→滕州东→曲阜东→泰安→济南西→德州东→沧州西→天津南→天津西→天津→军粮城北→滨海→滨海北→唐山→滦河→北戴河→秦皇岛→山海关→绥中北→葫芦岛北→锦州南	济南西
	温州南—德州东	23	温州南→永嘉→乐清→绅坊→雁荡山→温岭→台州→临海→三门县→宁海→奉化→宁波→庄桥→余姚北→上虞北→绍兴北→杭州东→德清→湖州→长兴→宜兴→溧阳→瓦屋山→溧水→句容西→江宁→南京南→滁州→定远→蚌埠南→宿州东→徐州东→枣庄→滕州东→曲阜东→泰安→济南西→德州东	南京南
	常州北—郑州	52	常州北→丹阳北→镇江南→南京南→滁州→定远→蚌埠南→宿州东→徐州东→徐州→商丘→开封→郑州	徐州东
	杭州东—唐山	25	杭州东→德清→湖州→长兴→宜兴→溧阳→瓦屋山→溧水→句容西→江宁→南京南→滁州→定远→蚌埠南→宿州东→徐州东→枣庄→滕州东→曲阜东→泰安→济南西→德州东→沧州西→天津南→天津西→天津→军粮城北→滨海→滨海北→唐山	蚌埠南、济南西
建议换乘客流	嘉兴南—昆山南	45	嘉兴南→嘉善南→金山北→松江南→上海虹桥→昆山南	上海虹桥
	济南—开封	53	济南→泰安→曲阜东→滕州东→枣庄→徐州东→徐州→商丘→开封	徐州东
	宿州东—苏州北	247	宿州东→蚌埠南→定远→滁州→南京南→镇江南→丹阳北→常州北→无锡东→苏州北	南京南
	昆山南—台州	25	昆山南→上海虹桥→松江南→金山北→嘉善南→嘉兴南→桐乡→海宁西→余杭→杭州东→绍兴北→上虞北→余姚北→庄桥→宁波→奉化→宁海→三门县→临海→台州	杭州东
	滕州东—商丘	22	滕州东→枣庄→徐州东→徐州→商丘	徐州东

续上表

客流类型	OD 名称	客流量（人次/天）	物理路径	换乘枢纽
推荐换乘客流	北京南—南京南	875	北京南→廊坊→天津南→沧州西→德州东→济南西→泰安→曲阜东→滕州东→枣庄→徐州东→宿州东→蚌埠南→定远→滁州→南京南	济南西、徐州东
	上海虹桥—北京南	1089	上海虹桥→昆山南→苏州北→无锡东→常州北→丹阳北→镇江南→南京南→滁州→定远→蚌埠南→宿州东→徐州东→枣庄→滕州东→曲阜东→泰安→济南西→德州东→沧州西→天津南→廊坊→北京南	蚌埠南、济南西
	镇江南—徐州东	319	镇江南→南京南→滁州→定远→蚌埠南→宿州东→徐州东	蚌埠南
	合肥—昆山南	447	合肥→肥东→全椒→南京南→镇江南→丹阳北→常州北→无锡东→苏州北→昆山南	南京南
	潍坊—泰安	353	潍坊→昌乐→青州市→淄博→章丘→济南→泰安	济南西

四、换乘枢纽服务范围

1. 换乘枢纽的换乘客流量

在给定的换乘枢纽备选集的基础上，运用双层规划模型对需要换乘的客流 OD 的换乘枢纽进行选择。对于不同的客流 OD，同一个换乘枢纽对其换乘的重要度是不同的。换乘枢纽对三类换乘客流的重要度如表 4-3。

换乘枢纽对换乘客流的重要度 表 4-3

重要度	程度	含义
A	最高	必然换乘
B	中等	建议换乘
C	最低	推荐换乘

基于以上换乘枢纽对换乘客流重要度的划分，可以对每个换乘枢纽服务的客流 OD 类型进行归类比较，归类的结果如表 4-4 所示。

换乘枢纽不同重要度的 **OD** 对数量及客流量　　表 4-4

换乘车站	换乘站对 OD 的重要度	OD 对数量（个）	客流量（人次/天）	虚拟换乘客流总量（人次/天）
蚌埠南	A	62	4581	18679
	B	6	345	
	C	16	13753	
杭州东	A	36	1766	1766
	B	0	0	
	C	0	0	
合肥	A	8	412	412
	B	0	0	
	C	0	0	
济南	A	9	442	1280
	B	8	838	
	C	0	0	
济南西	A	125	8816	31037
	B	33	2477	
	C	24	19744	
南京南	A	50	3172	7391
	B	18	1641	
	C	7	2578	
宁波	A	14	924	924
	B	0	0	
	C	0	0	
秦皇岛	A	114	6672	6672
	B	0	0	
	C	0	0	
上海虹桥	A	1	25	831
	B	10	806	
	C	0	0	
沈阳北	A	69	5992	5992
	B	0	0	
	C	0	0	

续上表

换乘车站	换乘站对 OD 的重要度	OD 对数量（个）	客流量（人次/天）	虚拟换乘客流总量（人次/天）
天津南	A	65	3752	4137
	B	5	385	
	C	0	0	
天津西	A	35	2496	2496
	B	0	0	
	C	0	0	
温州南	A	3	118	118
	B	0	0	
	C	0	0	
武汉	A	1	50	50
	B	0	0	
	C	0	0	
徐州东	A	125	8092	26792
	B	14	932	
	C	18	17768	

在对表 4-4 数据做解释之前，首先定义两个名词：虚拟换乘客流总量和设计换乘客流总量。虚拟换乘客流总量是指必然换乘客流、建议换乘客流和推荐换乘客流之和；而现实中，并非所有的建议换乘客流和推荐换乘客流都会选择换乘，因此，设计换乘客流总量是指所有的必然换乘客流与部分建议换乘客流及部分推荐换乘客流的总和。

从表 4-4 可以看出，济南西、徐州东、蚌埠南的虚拟换乘客流总量较大，原因是这三个车站处在京沪线的中间位置且都是多条线路的交汇车站，因此这些车站相对于客流的换乘效益较大，所以吸引的换乘客流也较多。而京沪线之外的一些车站如武汉、沈阳北等车站的虚拟换乘客流总量较小，这是因为表中使用的客流数据是与京沪线相关的客流 OD，京沪线之外的客流 OD 并未列入考虑。

2. 换乘枢纽的服务方向

根据各个换乘枢纽服务的 OD 客流起讫点，可以大致确定换乘枢纽主要服务的换乘客流的方向,结果如表4-5所示。

换乘枢纽重点服务方向 表4-5

序号	换乘枢纽	重点服务方向
1	蚌埠南	合武—合蚌、京沪、东南沿海
2	杭州东	沪杭、东南沿海
3	合肥	合武—合蚌、合宁—合武
4	济南	青岛方向
5	济南西	青岛方向、东北方向
6	南京南	宁杭—东南沿海、合宁—合武、京沪
7	宁波	东南沿海
8	秦皇岛	大连、长春方向
9	上海虹桥	东南沿海
10	沈阳北	长春—吉林—哈尔滨方向
11	天津南	东北方向(上下行)
12	天津西	东北方向(上行)
13	温州南	温福—福厦
14	武汉	武广、汉宜方向
15	徐州东	郑徐、京沪、合武—合蚌方向

五、换乘枢纽的换乘规模

在客流组织中,旅客直达率是旅客出行满意度的一项重要指标,不同的直达率会影响各个换乘枢纽的换乘客流量。

①假设客流的直达率为80%,则换乘客流的比例为20%。其中,必然换乘客流的比例为100%,所以,要适当调节建议换乘客流和推荐换乘客流的比例,计算得知,当建议换乘客流和推荐换乘客流的比例分别为50%和25%时,与京沪线相关的客流OD的换乘比例约为18%,在此比例限制下,各个换乘站的设计换乘客流总量如表4-6所示。

②假设客流的直达率为85%,则换乘客流的比例为15%。其中,必然换乘客流的比例仍为100%,适当调节建议换乘客流和推荐换乘客流的比例,计算得知,当建议换乘客流和推荐换乘客流的比例分别为15%和7%时,与京沪线相关的客流OD的换乘比例约为14%,在此比例限制下,各个换乘站的设计换乘客流总量如表4-6所示。

换乘站设计换乘客流总量(单位:人次/天)　　表 4-6

换乘车站	设计换乘客流总量		虚拟换乘客流总量	设计换乘客流占虚拟换乘客流的比例	
	①	②		①	②
蚌埠南	8191	5594	18679	43.85%	29.95%
杭州东	1766	1766	1766	100.00%	100.00%
合肥	412	412	412	100.00%	100.00%
济南	861	567	1280	67.27%	44.30%
济南西	14990	10569	31037	48.30%	34.05%
南京南	4636	3598	7391	62.72%	48.68%
宁波	924	924	924	100.00%	100.00%
秦皇岛	6672	6672	6672	100.00%	100.00%
上海虹桥	428	145	831	51.50%	17.45%
沈阳北	5992	5992	5992	100.00%	100.00%
天津南	3944	3809	4137	95.33%	92.07%
天津西	2496	2496	2496	100.00%	100.00%
温州南	118	118	118	100.00%	100.00%
武汉	50	50	50	100.00%	100.00%
徐州东	13000	9474	26792	48.52%	35.36%

由表 4-6 可以看出,京沪线上蚌埠南、徐州东、济南西换乘客流量较大,应重点设计相应的换乘组织方案及合理的换乘服务频率。

六、换乘枢纽的服务水平设计

换乘枢纽衔接的各换乘方向的服务频率是换乘枢纽服务水平的重要体现。

换乘枢纽服务频率的高低直接影响旅客换乘的方便性,在确定换乘枢纽各个方向的接续服务频率时,需要在满足旅客需求的最低接续服务水平的基础上尽可能提高列车的接续频率。最小接续服务频率和最大接续服务频率可以通过式 4-7 和式 4-8 求得:

$$\underline{f_{OD}} = \max\left\{\theta_{OD}, \left[\frac{q_{OD}}{N\omega_{\max}}\right]\right\} \tag{4-7}$$

$$\overline{f_{OD}} = \max\left\{\theta_{OD}, \left[\frac{q_{OD}}{N\omega_{\min}}\right]\right\} \tag{4-8}$$

其中,θ_{OD}为换乘客流 OD 需要的最小服务频率;q_{OD}为换乘客流量;N 为列车定员;$\omega_{\max}$、$\omega_{\min}$分别为一个列车接续服务的换乘客流占列车定员的最大比例和最小比例。

①若按照非周期运行图开行，假设最小换乘服务频率为 2，即 $\theta_{OD}=2$，其他参数取值分别为 $N=600$，$\omega_{\max}=30\%$，$\omega_{\min}=20\%$，则各换乘枢纽衔接的各个换乘方向的最小和最大服务频率要求如表 4-7 所示。

②若在未来采用周期运行图运行，周期取为 2h，为了保证 2h 内至少有一个列车接续服务，则最小换乘服务频率应取为 6，即 $\theta_{OD}=6$。由于接续服务频率的增加，会导致一个列车接续服务的换乘客流占列车定员的比例有所下降，因此将其他参数值调整为 $N=600$，$\omega_{\max}=25\%$，$\omega_{\min}=15\%$，则计算结果如表 4-7 所示。

枢纽换乘方向服务频率范围 表 4-7

换乘车站	服务方向	换乘客流量（人次/天）	最低接续频率（列/天）		最高接续频率（列/天）	
			①	②	①	②
蚌埠南	合武—合蚌	156	2	6	2	6
	京沪	1921	10	12	16	21
	东南沿海	990	5	6	8	11
杭州东	东南沿海	1232	6	8	10	13
合肥	合宁—合武	82	2	6	2	6
	合蚌—合武	168	2	6	2	6
济南	青岛方向	343	2	6	2	6
济南西	青岛方向	925	5	6	7	10
	东北方向	3679	20	24	30	40
南京南	合宁—合武	104	2		2	
	宁杭—东南沿海	1547	8	6	12	6
	京沪	903	5	10	7	17
宁波	东南沿海	924	5	6	7	10
秦皇岛	大连	652	3	6	5	7
	长春	2871	15	19	23	31
上海虹桥	东南沿海	99	2	6	2	6
沈阳北	长春—吉林—哈尔滨方向	3517	19	23	29	39
天津南	东北方向	1910	10	12	15	21
天津西	东北方向	1040	5	6	8	11
温州南	温福—福厦	118	2	6	2	6
武汉	武广—合武方向	50	2	6	2	6

续上表

换乘车站	服务方向	换乘客流量（人次/天）	最低接续频率（列/天）		最高接续频率（列/天）	
			①	②	①	②
徐州东	郑徐	1028	5	6	8	11
	京沪	2034	11	13	16	22
	合武—合蚌	133	2	6	2	6

第五节 本章小结

本章主要对高速铁路网的换乘枢纽进行布局规划，并设计其服务水平。在分析网络条件下枢纽布局优化原则和目标的基础上，建立了双层规划模型，上层规划为换乘枢纽选址模型，目标为最大化旅客换乘效益，下层规划为基于物理路网的客流分配模型，最小化所有旅客总广义费用，利用混合遗传算法基于 MATLAB 软件实现模型求解，将 OD 客流分配到具体的路网和车站。利用客流分配结果，运用 MATLAB 编程为 108577 支换乘客流选取换乘枢纽。根据换乘枢纽选择结果，对换乘枢纽的服务范围进行了布局规划，计算各个换乘枢纽的服务客流量，并利用枢纽换乘客流量确定换乘枢纽各换乘方向的服务频率。

第五章 基于列车服务网络的客流分配方法

高速铁路物理路网下客流分配结果,将用于列车服务网络设计中的列车运行路径优化和列车开行起讫点优化,是高速铁路旅客列车服务网络优化的基础性研究。本章主要对旅客列车服务网络影响因素、旅客列车服务网络复杂特性、客流分配方法、运输组织模式导向型服务网络与客流分配迭代优化方法等四个方面展开研究。重点对体现服务水平差异性要求的客流分配模型与客流分配算法进行研究。

第一节 旅客列车服务网络影响因素及其复杂性分析

一、旅客列车服务网络影响因素分析

列车服务网络是由服务节点和服务弧段组成的可以供给旅客出行选择的连通网络。列车服务网络不是旅客实际出行选择的网络,而是铁路客运产品"中观策略层"规划中对旅客列车开行方案的抽象数学表达,为了描述旅客在此阶段形成网络中的出行选择行为,评价此规划阶段铁路提供的服务水平。

列车服务网络影响因素众多,主要对以下几点进行简要分析[112]:

(1)运输组织模式:高速铁路采用的运输组织模式主要分为三种方案:"全高速—换乘"方案、"全高速—下线运行"方案、"混合运输"方案。高速线采用不同的运输组织模式对不同等级列车的运行路径、旅客的客流路径、规划年客流量的预测结果都将产生影响。

(2)高速线、既有线、城际线合理分工原则:有利于发挥高速线、既有线、城际线的运输能力;提高客货列车运行速度;货物列车全部在既有线上开行;方便旅客出行,减少换乘次数。

(3)列车开行起讫点确定原则:以物理路网客流分配结果为前提,根据高速线、既有线、城际线起讫点的确定原则,确定路网条件下的旅客列车的开行起讫点。其中高速列车开行的起讫点要结合运输组织模式、原来既有线开行起讫点的情况、

高速列车合理开行范围、起讫点间动车组维修能力、区段客流情况等确定。既有线旅客列车开行起讫点要结合特殊的政治需要以外，满足高速线和城际线未满足的节点需求。

(4)列车运行路径确定原则：在旅客列车开行起讫点确定的基础上，结合物理路网区间客流量的分配结果以及特殊路径需求，确定两起讫点间的列车运行路径。

(5)客流分配原则：尽量满足旅客出行多样化需求；为减少列车虚糜，尽量照顾长途旅客；最大化有效客运周转量；充分考虑客流性质及特点，考虑旅客出行心理因素，突出旅客对列车选择的主动性(如：考虑出行时间、中转次数、出行费用等因素对不同层次旅客出行选择的影响。)；最大化减少旅客的广义出行成本，提高旅客的满意度。

结合以上的关键影响因素分析，路网条件下列车服务网络(旅客列车开行方案)优化流程如图 5-1 所示。

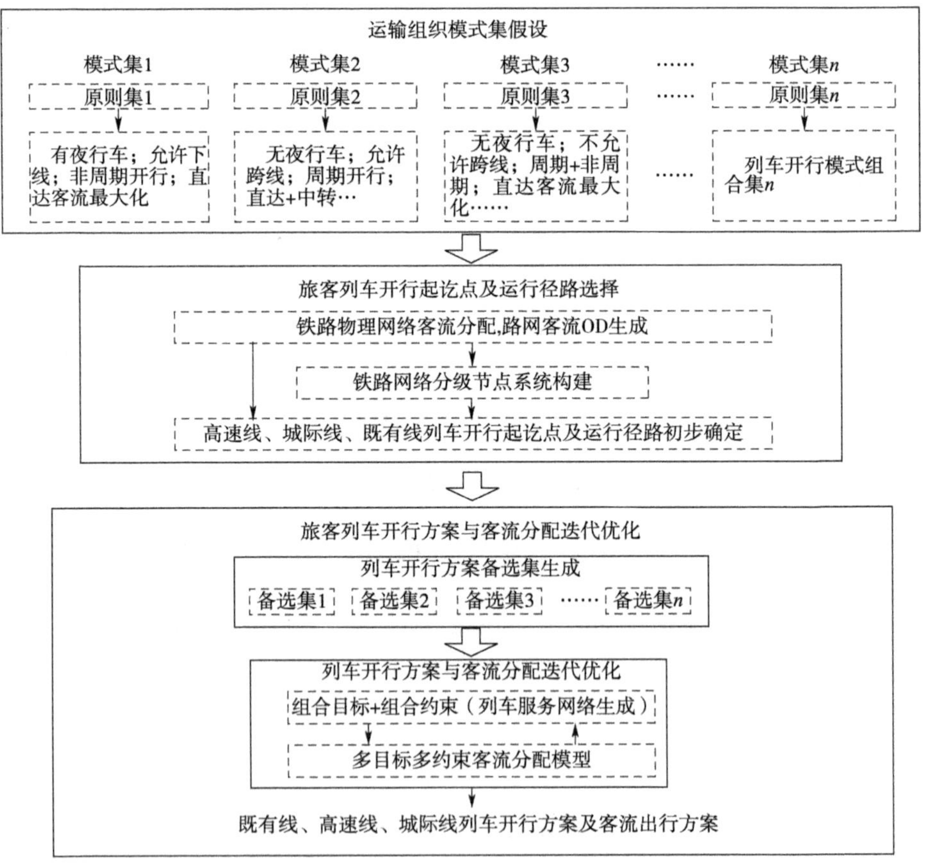

图 5-1 “中观策略层”列车服务网络优化流程图

二、旅客列车服务网络复杂性分析

列车服务网具有复杂网络的特性。复杂网络(Complex Network),即呈现高度复杂性的网络,在电力系统和因特网中广泛应用,近几年研究学者将复杂网络引入到交通运输领域,通过对网络的复杂性分析,从而分析交通机理。此阶段规划的服务网络是由旅客列车开行方案形成的供旅客出行选择的有向连通网络,其复杂特性主要表现在以下几个方面:

(1)服务网络结构复杂性

服务节点数目巨大,服务网络结构呈现多种不同特征。列车服务网络中,服务节点集包含了列车停站节点和列车始发节点等,一列具有 n 个停靠站的列车会产生 $2(n-1)$ 个服务节点,其中列车停站节点和列车始发站节点各有 $(n-1)$ 个。

(2)服务网络进化性

表现在服务节点或服务弧的产生与消失。复杂列车服务网络的生成是从初始网络到优化网络逐步进化的过程。

(3)服务弧段多样性

服务节点之间的服务弧段数量巨大、权重存在诧异,而且存在方向性。一列具有 n 个停靠站的列车会产生 $(n-1)$ 条进站上车弧、$(n-1)$ 条出站下车弧、$(n-1)$ 条乘车弧以及 $(n-2)$ 条停车弧段。换乘弧段的数量则需要根据开行方案线的停站数量和分布情况来确定。列车服务网络中,服务节点之间的服务弧段权重主要由选择主体行为决定,不同的选择主体对服务弧的选择权重不同。由于列车运行的方向性,服务弧具有方向性,所以服务网络是有向网络。

(4)复杂的非线性

服务节点集合可能属于非线性系统,例如:列车时空服务网络,时空服务节点的状态随时间发生复杂变化。

(5)服务节点多样性

复杂网络中的服务节点可以代表任何事物,例如,在“宏观层”客运产品规划中,服务节点代表物理车站。在“中观策略层”规划中,服务节点代表可供旅客出行选择的节点,如:进出站节点、列车始发节点、列车停站节点、列车终到节点。在“微观战略层”规划中,服务节点代表可供旅客出行选择的时空节点。

(6)多重复杂性融合

即以上多重复杂性相互影响。例如,设计一个列车服务网络需要考虑此网络的进化过程,其进化过程决定网络的拓扑结构。当节点间的客流发生变化时,两节点间的服务弧的阻抗会不断变化,所以,通过客流分布的情况,改善服务网络的服务水平或其拓扑结构。

第二节 复杂列车服务网络客流分配方法研究

基于列车服务网络的客流分配是铁路客运产品设计规划中旅客列车开行方案优化的核心技术,对实现铁路客运产品一体化规划、掌握铁路运输资源利用水平、满足各种类型节点间旅客出行需求多样性服务、评价列车开行方案编制质量、优化调整列车开行方案等具有重要意义。

国内外学者对列车服务网络的客流分配模型与算法进行了深入研究。文献[20]、[22]提出将 IC、IR 和 AR 三类路网叠加,通过列车开行方案备选集构造"模式路网",将旅客的路径选择行为描述为多商品流问题。文献[25]、[26]建立三类多商品流模型,描述客流在不同路径上的分配问题。文献[113]、[114]对具有能力约束公交网络中客流分配模型与算法进行了研究。文献[115]给出了高速铁路列车开行方案优化的关键问题以及提出多服务水平等级下的服务网络生成技术。文献[116]深入探讨基于列车开行方案的服务网络构建方法以及基于路径的客流分配方法。文献[56]考虑旅客的出行方便度,基于旅客最大效用的不同类型列车的客流量分配问题,建立非线性混合整数多目标双层规划模型,利用混沌算法进行求解。文献[57]构造列车运行网络,建立客流分配多目标线性模型,考虑各类客流量在不同列车等级、不同停站方案下的旅客的出行成本。文献[58]建立个体旅客乘车选择的层次结构模型、拥挤条件下的随机用户平衡配流模型及算法。文献[50]构建了弹性需求下的均衡客流分配模型,改进 Frank-Wolfe 算法求解。文献[18]将旅客换乘方案的选择归结为弹性需求下的用户平衡分配问题,根据效用函数将旅客分配到服务网络中(由进出车站弧、换乘弧、列车运行弧构成),采用 Frank-Wolfe 算法求解非线性规划问题。文献[117]提出利用蚁群算法搜索公交出行方案的方法。文献[118]改进了基本蚁群算法,提出了基于路径均值的蚁群算法,将路径因素纳入了信息素更新的考虑范围之内,有效地提高了算法搜索速度。文献[47]提出了城市公共交通中公交线频率优化的双层规划模型,下层模型基于最优出行策略,进行公交客流分配。

从国内外的研究成果来看,基于列车服务网络的客流分配模型有待完善网络服务水平对旅客选择的限制,以指导旅客列车开行方案的优化方向。列车服务网络设计是铁路企业和旅客双方相互妥协的结果,为满足不同出行主体的出行需求,列车服务网络优化的综合评价指标所达到的服务等级,称为服务网络的服务水平(例如在服务水平 A 等级下,对旅客的直达率,旅行时间损失,换乘次数等具有一定限值)。相应的,模型中考虑服务水平限制因素越多,就要求在客流分配算法中,能够实现大规模网络条件下多约束旅客出行路径搜索算法(即多约束旅客乘车方案生成)，在对不同出行主体换乘时间和换乘次数的约束下，旅客可选择的出行路径很多，采用枚举法影响算法的实现效率。所以，采用启发式算法加快算法的收敛速度，是目前多数研究中提出的实现旅客出行路径搜索的有效方法。目前，在城市交通或公共交通的客流分配方法中，流量加载到网络上的规则大部分都是采用随机加载，没有体现资源优先占用等问题。文献[116]对铁路客流分配特点进行了详细的分析，提出不同出行距离客流之间的相互影响，不同层次客流对旅客运输产品的选择需要，运输能力以及旅客运输组织(如：票额分配)对旅客乘车选择的影响等，针对铁路客流分配的特点，本章对流量加载上网的顺序进行了研究，采用随机加载流量和按规则加载流量方法。以上这些问题都是基于复杂列车服务网络客流分配的关键。本章对复杂列车服务网络的构造方法以及多层次客流的选择行为进行了详细分析，提出不同服务水平等级下的多层次客流平衡分配模型，由于旅客出行路径具有多约束条件，提出由改进的蚁群算法和改进的 Frank-Wolfe 算法的混合算法进行大规模网络条件下的客流分配，采用不同加载流量的方法进行相关案例分析。

基于列车服务网络客流分配是将客流分配到旅客列车上的过程，体现多层次客流在空间出行的动态需求(多层次客流即不同消费层次，研究不同消费层次客流在不同列车上的选择分布，可以优化列车的编组以及评价、调整列车开行方案)。

一、复杂列车服务网络的客流分配模型

(一)基本符号定义

以下所用到的数学符号与前文重复的均以本节重新定义为准。

1. 列车服务网络

在客流分配规划中，构建基于旅客列车开行方案的列车服务网络 $G=(N',E')$。网络中服务弧的方向与列车的运行方向相同，其中，N'为服务节点集合，E'为服务弧段集合。

N'：$\{n'_i=[n_i,H(n_i)]\mid i=1,2,\cdots s'\}$：二元量，由节点所属车站及节点换乘方案组成；$H(n_i)$：$\{h(n_i)=\{n'_i[e'_a(r)],n'_j[e'_{a'}(r')]\}\mid j\in\{1,2,\cdots s'\}\}$；

E'：$\{e'_a(r)\quad i,j\in N'\}$：二元量，由该边的组成路段及运行的列车构成，$e'_a(r)=\{[r,l_m(r)]\mid l_m(r)\in L(r)\}$，$d'[e'_a(r)]$为服务弧段的里程；

$v'[e'_a(r)]$：服务弧段的技术速度；

$n'_o[e'_a(r)]$：服务弧段 $e'_a(r)$关联的起点站集合；

$n'_d[e'_a(r)]$：服务弧段 $e'_a(r)$关联的终点站集合。

2. 客流

W：$\{\omega=(n_o,n_d)\mid n_o,n_d\in N,\omega=1,2,3,\cdots h')\}$：客流 OD 对集；

$q(\omega)$：客流 OD 对 ω 间的客流量，$\omega \in W$；

$\eta'(\omega,\gamma)$：$q(\omega)$中 γ 层次客流所占比例；

$q\{n'_d[e'_a(r)]\}$：r 列车在服务弧段 $e'_a(r)$间的客流量；

$q_U\{n'_i[e'_a(r)]\}$：r 列车在服务节点 n'_i 的上车客流量；

$q_D\{n'_i[e'_a(r)]\}$：r 列车在服务节点 n'_i 的下车客流量。

3. 乘车方案

$S(\omega,\gamma)$：$\{s^k_{\omega,\gamma} | k=1,2,\cdots\theta(s_{\omega,\gamma})\}$：客流 OD 对 ω 间的 γ 层次旅客选择的乘车方案集(出行方案选择集)；

$L'(s^k_{\omega,\gamma})$：$\{e'_n=e'_a(r) | n=1,2,3,\cdots n', e'_a(r)\in E'\}$：客流 OD 对 ω 间的 γ 层次旅客选择的乘车方案所经过的服务弧段集；

$\theta(s_{\omega,\gamma})$：$\omega$ 间 γ 层次旅客的乘车方案(或为路径)数目；

$N'_p(s^k_{\omega,\gamma})$：$\{n'_p(s^k_{\omega,\gamma},u,\psi') | u=1,2,\cdots\lambda(s^k_{\omega,\gamma}),\psi'=0,1,2,3\}$：客流 OD 对 ω 间 γ 层次旅客的选择乘车方案 $s^k_{\omega,\gamma}$所包含的服务节点顺序及服务节点类型集合；

$R(s^k_{\omega,\gamma})$：$\{r_p(s^k_{\omega,\gamma},m) | m=1,2,\cdots\mu(s^k_{\omega,\gamma})\}$：乘车方案 $s^k_{\omega,\gamma}$先后选用的开行方案中的方案线集合，其中 $\mu(s^k_{\omega,\gamma})-1$ 为该乘车方案 $s^k_{\omega,\gamma}$的换乘次数；

$H_{\omega,\gamma}$：不同 OD 对 ω 间 γ 层次旅客的换乘次数最大值矩阵，根据服务水平等级和各 OD 对不同层次旅客的实际物理网络出行距离里程范围确定(如服务水平 A 等级下，编号为 3-5 间的 OD 对第一层次客流在出行距离 1000～1500km 最大换乘 1 次，其他设定可以根据不同的服务水平标准具体设定换乘次数最大矩阵。)；

Q：上下车客流速度；

t_4：两个服务节点间换乘时间矩阵；

c_4：两个服务节点间换乘费用矩阵；

c'_4：两个服务节点间换乘拥挤费用矩阵；

T'：旅客换乘的最大忍耐时间；

$C[e'_a(r)]$：旅客选择服务弧段 $e'_a(r)$的广义旅行费用。

4. 决策变量

$q(\omega,s^k_{\omega,\gamma})$：客流 OD 对 ω 间 γ 层次旅客的选择乘车方案 $s^k_{\omega,\gamma}$的客流量；

$\delta^{k,a}_{\omega,\gamma}$：服务弧段 $e'_a(r)$与乘车方案 $s^k_{\omega,\gamma}$的关系变量，$\delta^{k,a}_{\omega,\gamma}=0$ 或 1。

(二)服务网络阻抗确定

根据旅客乘车选择行为的影响因素主要有旅客出行的特性、需求特性、供给特性等[119]。本章为研究多类用户的平衡问题，使多类旅客的出行成本最小化，定义单位旅客的出行广义成本为[120～122]：

$$C=\omega_T(\gamma)vot_T(\gamma)T^k_{\omega,\gamma}+\omega_C(\gamma)C^k_{\omega,\gamma}+\omega_{C'}(\gamma)C'^k_{\omega,\gamma} \tag{5-1}$$

其中：

$\omega_T(\gamma)$:γ 层次旅客的时间消耗成本占总成本的权重；

$vot_T(\gamma)$:γ 层次旅客的时间价值；

$\omega_C(\gamma)$:γ 层次旅客的票价支出占总成本的权重；

$\omega_{C'}(\gamma)$:γ 层次旅客的拥挤成本占总成本的权重；

$T^k_{\omega,\gamma}$: n_o 至 n_d 站旅客采取乘车方案 $s^k_{\omega,\gamma}$的时间消耗；

$C^k_{\omega,\gamma}$:n_o 至 n_d 站旅客采取乘车方案 $s^k_{\omega,\gamma}$的有形成本消耗；

$C'^k_{\omega,\gamma}$:n_o 至 n_d 站旅客采取乘车方案 $s^k_{\omega,\gamma}$,由于拥挤或心理因素产生的无形成本消耗。

由于旅客出行过程的时间消耗主要分为进站上车、列车运行、列车停站、旅客换乘时间消耗,所以旅客的出行时间消耗 $T^k_{\omega,\gamma}=\sum_{i=1}^{5}t^{k,i}_{\omega,\gamma}$,其中:

(1)旅客服务起点站进站上车时间消耗 $t^{k,1}_{\omega,\gamma}$:

$$t^{k,1}_{\omega,\gamma}=\sum_{\substack{n'_i\in N'_p(s^k_{\omega,\gamma})\\ \psi'=1}}\frac{q_U\left(n'_i\right)+q_D\left(n'_i\right)}{Q\times f\left(r\right)} \tag{5-2}$$

(2)旅客在列车运行过程中的时间消耗 $t^{k,2}_{\omega,\gamma}$:

$$t^{k,2}_{\omega,\gamma}=\sum_{e'_a\in L'(s^k_{\omega,\gamma})}\frac{d'\left(e'_a\right)}{v'\left(e'_a\right)} \tag{5-3}$$

(3)旅客由于列车停站的时间消耗 $t^{k,3}_{\omega,\gamma}$:

$$t^{k,3}_{\omega,\gamma}=\sum_{\substack{n'_i[e'_a(r)]\in N'_p(s^k_{\omega,\gamma})\\ \psi'=2}}t_3\{n'_i[e'_a(r)]\} \tag{5-4}$$

(4)旅客在换乘节点的时间消耗[76] $t^{k,4}_{\omega,\gamma}$:

$$t^{k,4}_{\omega,\gamma}=\sum_{\substack{n'_i[e'_a(r)],n'_j[e'_{a'}(r')]\in N'_p(s^k_{\omega,\gamma})\\ \psi'=3}}t_4\{n'_i[e'_a(r)],n'_j[e'_{a'}(r')]\} \tag{5-5}$$

(5)旅客服务终点站下车出站时间消耗 $t^{k,5}_{\omega,\gamma}$:

$$t^{k,5}_{\omega,\gamma}=\sum_{\substack{n'_i[e'_a(r)]\in N'_p(s^k_{\omega,\gamma})\\ \psi'=4}}\frac{q_U\left\{n'_i\left[e'_a\left(r\right)\right]\right\}+q_D\left\{n'_i\left[e'_a\left(r\right)\right]\right\}}{Q\times f\left(r\right)} \tag{5-6}$$

旅客出行过程的有形成本消耗主要为旅客的票价支出和换乘阶段产生的有形支出成本, $C^k_{\omega,\gamma}=c^{k,2}_{\omega,\gamma}+c^{k,4}_{\omega,\gamma}$,其中:

(1)旅客票价支出 $c^{k,2}_{\omega,\gamma}$:

$$c^{k,2}_{\omega,\gamma}=\sum_{e'_a(r)\in L'(s^k_{\omega,\gamma})}d'[e'_a(r)]\times\rho \tag{5-7}$$

(2)旅客换乘成本支出 $c^{k,4}_{\omega,\gamma}$:

$$c^{k,4}_{\omega,\gamma}=\sum_{\substack{n'_i[e'_a(r)],n'_j[e'_{a'}(r')]\in N'_p(s^k_{\omega,\gamma})\\ \psi'=3}}c_4\{n'_i[e'_a(r)],n'_j[e'_{a'}(r')]\} \tag{5-8}$$

旅客出行过程中只考虑乘车阶段的停站次数与停站时间、换乘阶段的换乘拥挤对旅客造成的无形成本消耗，所以，$C'^{k}_{\omega,\gamma}=c'^{k,2}_{\omega,\gamma}+c'^{k,3}_{\omega,\gamma}+c'^{k,4}_{\omega,\gamma}$，其中：

(1)乘车阶段的无形成本 $c'^{k,2}_{\omega,\gamma}$：

$$c'^{k,2}_{\omega,\gamma}=\begin{cases}W_2 & W_2<100\% \\ o_2\times W_2 & W_2>100\% \\ o_2\times W_2 & W_2=100\%\end{cases} \tag{5-9}$$

o_2：乘车阶段产生无形成本的惩罚系数；

其中：

$$W_2=\sum_{e'_a(r)\in L'(s^k_{\omega,\gamma})}\frac{q\left\{n'_d\left[e'_a(r)\right]\right\}}{A\left(r\right)\times f\left(r\right)} \tag{5-10}$$

(2)停站阶段的无形成本 $c'^{k,3}_{\omega,\gamma}$：

$$c'^{k,3}_{\omega,\gamma}=o_3\times t^{k,3}_{\omega,\gamma} \tag{5-11}$$

o_3：停站阶段产生无形成本的惩罚系数；

(3)换乘阶段的无形成本 $c'^{k,4}_{\omega,\gamma}$：两节点间的固定无形成本和可变无形成本，可变无形成本是随着换乘客流量增加的线性函数。

$$c'^{k,4}_{\omega,\gamma}=\sum_{\substack{n'_i[e'_a(r)],n'_j[e'_{a'}(r')]\in N'_p(s^k_{\omega,\gamma})\\ \psi'=3}}c'_4\left\{n'_i\left[e'_a(r)\right],n'_j\left[e'_{a'}(r')\right]\right\}+o_4\times q'(n'_i) \tag{5-12}$$

o_4：换乘阶段产生无形成本的惩罚系数。

(三)多起讫点多层次用户最优模型

建立多起讫点多层次用户最优模型，体现多层次旅客的最优出行效益，客流分配模型的目标为旅客广义出行费用最小，通过限制不同出行距离、不同层次旅客的换乘次数及换乘时间，设置旅客出行路径的多约束条件。

$$M1:\min P=\sum_a\sum_r\int_0^{q\{n'_d[e'_a(r)]\}}C(x)\,dx \tag{5-13}$$

模型约束条件：

(1)流量守恒约束：

$$q(\omega)=\sum_k\sum_\gamma q(\omega,s^k_{\omega,\gamma}) \tag{5-14}$$

(2)换乘节点流量：

$$q'(n_i)=\sum_{\omega=1}^{h'}\sum_{k=i\psi'=3}^{\theta(s_{\omega,\gamma})}q\left[n'_p(s^k_{\omega,\gamma},\mu,\psi')\right] \tag{5-15}$$

(3)服务弧段流量：

$$q\left\{n'_d\left[e'_a(r)\right]\right\}=\sum_\omega\sum_\gamma\sum_k q(\omega,s^k_{\omega,\gamma})\times\delta^{k,a}_{\omega,\gamma}$$

$$\begin{cases}\delta^{k,a}_{\omega,\gamma}=1 & e'_a(r)\in L'(s^k_{\omega,\gamma})\\ \delta^{k,a}_{\omega,\gamma}=0 & e'_a(r)\notin L'(s^k_{\omega,\gamma})\end{cases} \tag{5-16}$$

(4)体现服务水平的换乘次数限制($H_{\omega,\gamma}$为不同OD不同层次旅客的换乘次数最大值矩阵,按其出行距离里程范围确定。):

$$\mu(s_{\omega,\gamma}^{k})-1\leqslant H_{\omega,\gamma}\quad \omega=1,2,3,\cdots h' \tag{5-17}$$

(5)体现服务水平的换乘时间约束(T'为旅客换乘的最大忍耐时间):

$$t_{\omega,\gamma}^{k,4}\leqslant T' \tag{5-18}$$

(6) 流量非负约束:

$$q(\omega,s_{\omega,\gamma}^{k})\geqslant 0 \tag{5-19}$$

在研究基于复杂列车服务网络的客流分配模型算法之前,需要证明模型有唯一解[124~127]。根据非线性规划理论,凸规划问题,最优目标函数值唯一,对于规划问题:

$$\begin{aligned} \min:&\quad z=f(x) \\ s.t.&\quad g_j(x)\geqslant 0\quad j=1,2,\cdots l \end{aligned} \tag{5-20}$$

如果目标函数$f(x)$是凸函数,各个约束函数$g_j(x)$都是凹函数,则该规划为凸规划。只要证明模型是一个凸规划问题即可,即证明模型目标函数是凸函数,约束条件为凹函数。很显然由于模型的约束条件都是线性的,所以满足约束条件为凹函数的条件,只要证明模型目标函数是凸函数即可。

证明目标函数$P(q)$的Hessian矩阵的正定性。

$$\partial P/\partial q_a = \partial\sum_a\sum_r\int_0^{q\{n'_d[e'_a(r)]\}}C(x)dx/\partial q_a = C_a(q_a) \tag{5-21}$$

由于$C_a(q_a)$服务弧段广义费用只与弧段自身流量有关系,与其他弧段流量无关系,故$\partial C_a(q_a)/\partial q_b=0(a\neq b)$故,

$$\partial^2 Z/\partial q_a q_b=\partial C_a/\partial q_b=\begin{cases} dC_a/dq_a, & a=b \\ 0, & a\neq b \end{cases}$$

得到$P(q)$的Hessian矩阵为

$$\nabla^2 P(q)=\begin{pmatrix} dC_1/dq_1 & 0 & 0 \\ 0 & 0 & 0 \\ 0 & & dC_n/dq_n \end{pmatrix}$$

由上述可以知道$C_a(q_a)$由五部分组成,其中,进站上车、下车出站服务弧段阻抗与乘车和换乘服务弧段无形成本与流量有关,且随着流量的增加也相应增加,而乘车阶段的有形成本在确定速度等指标后为常量,同样换乘有形成本也基本为与流量无关的常量,在本章研究中可以假设为一定值,换乘无形成本随换乘流量的增加而增加,所以服务弧段广义费用为严格上升函数,即$dC_n/dq_n>0$, $\forall a$,则$\nabla^2 P(q)$为正定的,目标函数为严格凸函数,及该模型为凸规划问题,所以存在唯一解,也就是说,当达到均衡状态时,各层次客流在服务弧段上的流量是唯一的。

二、复杂列车服务网络的客流分配算法

基于复杂列车服务网络的客流分配算法需要解决不同关键问题:满足服务水

平约束条件的旅客乘车方案的生成；找寻多层次旅客出行的最小出行路径[128]；在客流分配时，加载不同起讫点不同层次间客流顺序对结果的影响（即资源的占用顺序问题）。本章提出基于复杂列车服务网络的客流分配混合算法，主要由改进的蚁群算法进行多起讫点多层次旅客满足多约束条件下的最小出行路径搜索和改进的基于出行路径的客流分配算法组成，在列车服务网络上加载客流的顺序采用随机加载方法和按规则加载方法。

（一）搜索旅客出行路径的蚁群算法

路径搜索是基于旅客列车开行方案的客流分配问题研究当中的一项重要内容[129]，其搜索效果直接会影响客流分配的效果[130]。基于旅客列车开行方案的路径搜索问题不仅搜索网络规模大、结构复杂，而且需要考虑的路径约束条件也较多，因此其搜索问题的规模也较大，情况也较为复杂，采用传统的搜索算法很难满足这一问题的要求。本章以客运服务网络的构建为基础，结合计算机数据结构的特点，提出了新的路径搜索算法。该算法不仅适用于最短路径的搜索，同时还适用于多路径的搜索，在搜索过程中还可以考虑路径的多种约束条件。

改进蚁群算法的关键在蚁群的转移选择、蚁群信息素更新策略和蚁群启发信息[131]。

（1）蚁群转移选择：每只蚂蚁按公式 $p_{ij}(k)=\begin{cases}\dfrac{\tau_{ij}^{\alpha}\eta_{ij}^{\beta}}{\sum\limits_{h\in allowed}\tau_{ih}^{\alpha}\eta_{ih}^{\beta}} & j\in allowed\\ 0 & \text{其他}\end{cases}$ 计算选择下一步服务节点的移动，当前服务节点 i，转移到服务节点 j 的概率。其中 *allowed* 为在当前服务节点蚂蚁可选择的服务弧段集合。τ_{ij}为服务节点 i 与 j 之间的信息素强度。η_{ij}为服务节点 i 与 j 之间的固定参数（服务方便程度）。α、β 为信息素与固定参数重要性。

（2）蚁群信息素更新策略：$\Delta\tau_{ij}^{k}=\begin{cases}\dfrac{Q'}{C_{ij}(q_{ij})},\text{若}(i,j)\text{在最优路径上}\\ 0,\text{其他}\end{cases}$，$Q'$为常数，$C_{ij}(q_{ij})$为服务节点 i 与服务终点 j 的最优路径的广义阻抗值。

（3）蚁群启发信息（能见度因子）：$\eta_{ij}=\dfrac{1}{C_{ij}(q_{ij})+C_{jD}(q_{ij})}$，加强蚁群搜索方向性，既反映当前服务节点和所连接服务节点的出行效用关系，又反映了下一节点趋于终点方向的方向性，$C_{jD}(q_{ij})$为服务节点 j 与服务终点 D 的物理最短路的阻抗值。

（二）多层次客流分配混合算法

多层次最优客流分配混合算法主要由多层次旅客出行路径搜索算法和 Frank-Wolfe 算法组成。具体的算法的步骤如下，混合算法流程见图 5-2。

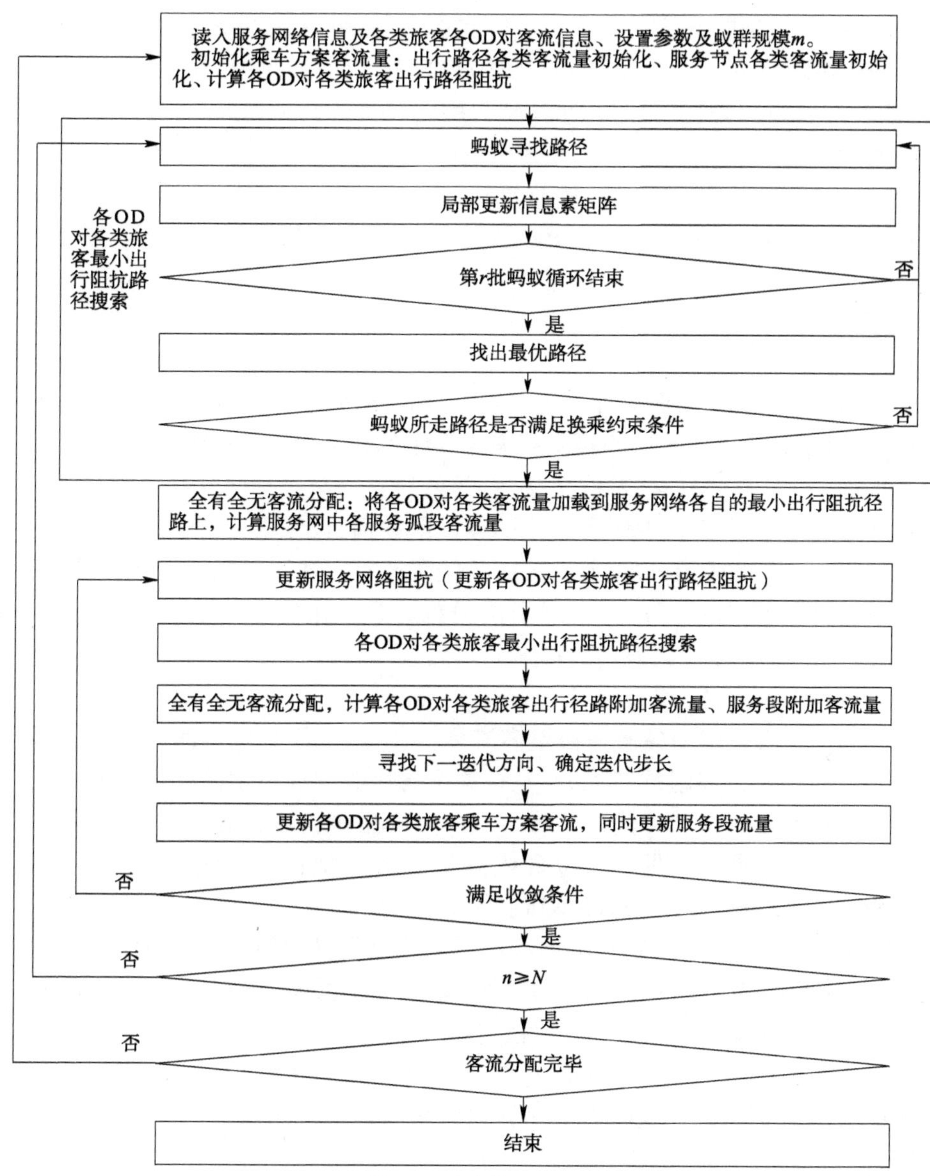

图 5-2　混合算法流程

*Step*1 读取复杂列车服务网络信息、各客流 OD 矩阵、各 OD 对客流层次比例矩阵、各 OD 对不同种类客流换乘约束参数矩阵，根据客流量确定人工蚂蚁个数 m 和迭代次数 N；

*Step*2 初始化：初始化各类旅客所有乘车方案（出行路径）客流量 $q^0(\omega, s^k_{\omega,\gamma}) = 0$、服务节点各类客流量初始化、计算各 OD 对各类旅客乘车方案的出行路径阻抗 $C^0(\omega, s^k_{\omega,\gamma})$；

*Step*3 将 m 个蚂蚁放置在服务网络的起点上，然后以 m' 只蚂蚁为一批，根据乘车方案的初始阻抗分批进行各 OD 对各类旅客满足约束条件的最小出行阻抗路径搜索（乘车方案的选择），从服务网络起点到达终点的蚂蚁都被标志成功，并在相应路径上留下成功的信息素轨迹，更新轨迹强度 $\tau \leftarrow (1-\rho)\tau_{ij} + \theta\Delta\tau_{ij}^{k}$；$r=1$；

*Step*4 从第 r 批（$r \geqslant 2$）开始，将各蚂蚁的初始出发点置于当前解集中；对每个蚂蚁 $k(k=1,\cdots m')$ 计算概率 p_{ij}^{k}，用赌轮法选择下一转移节点 j，将 j 置于当前解集；

*Step*5 重复第 4 步，直到第 k 只蚂蚁找到终点；

*Step*6 局部更新轨迹强度；

*Step*7 重复第 5 步，直到 r 批人工蚂蚁都找到路径；

*Step*8 判断蚂蚁所找到的路径是否满足换乘约束条件，若满足转下一步；否则，转第 4 步；

*Step*9 计算 r 批人工蚂蚁中各蚂蚁的目标函数值，记录第 r 批中的最优解；

*Step*10 进行 0-1 客流分配，将各 OD 各类客流矩阵客流量加载在服务网络的最小出行阻抗路径上，加载客流的顺序采用随机加载和按规则加载两种方法。得到各类旅客乘车方案的客流量 $q^{n}(\omega,s_{\omega,\gamma}^{k})$，计算出服务网中各服务弧段客流量 $q\{n'_{d}[e'_{a}(r)]\} = \sum_{\omega}\sum_{\gamma}\sum_{k} q(\omega,s_{\omega,\gamma}^{k}) \times \delta_{\omega,\gamma}^{k,a}$，令 $n=1$；

*Step*11 根据服务网中各服务弧段客流量，更新列车服务网的网络阻抗，重新计算各类旅客的乘车方案阻抗 $C^{n}(\omega,s_{\omega,\gamma}^{k})$；并全局修改蚂蚁搜索的轨迹强度；

*Step*12 根据 *Step*11 计算的各类旅客乘车方案阻抗再次进行各 OD 对各类旅客最小出行阻抗路径搜索，即寻找符合约束条件的最优出行路径。$r=r+1$，重复 *Step*4 ~ *Step*9，直到第 $r+1$ 批蚂蚁找到最优解；

*Step*13 根据 $r=r+1$ 批蚂蚁的最小出行阻抗路径搜索结果，再次进行全有全无客流分配，计算各 OD 对各类旅客出行路径附加客流量 $F^{n}(\omega,s_{\omega,\gamma}^{k})$，并计算列车服务网中各弧段的附加客流以及 $F^{n}\{n'_{d}[e'_{a}(r)]\}$；

*Step*14 用式（5-22）更新各 OD 对各层次旅客乘车方案客流量，同时更新各服务弧段的客流量；其中，线性搜索步长 λ 可以采用黄金分割法、二分法、成功失败法进行求得；

$$q^{n+1}(\omega,s_{\omega,\gamma}^{k}) = (1-\lambda)q^{n}(\omega,s_{\omega,\gamma}^{k}) + \lambda F^{n}(\omega,s_{\omega,\gamma}^{k}) \tag{5-22}$$

*Step*15 收敛性检验。如果满足收敛条件式（5-23）则停止迭代，$q^{n+1}(\omega,s_{\omega,\gamma}^{k})$ 即为所求的客流分配结果，式中 ε 为误差限值；否则令 $n=n+1$，转步骤 *Step*10；

$$\frac{\sqrt{\sum_{s_{\omega}^{k} \in s(\omega,\gamma)} \left[q^{n+1}\left(\omega,s_{\omega,\gamma}^{k}\right) - q^{n}\left(\omega,s_{\omega,\gamma}^{k}\right)\right]^{2}}}{\sum_{s_{\omega}^{k} \in s(\omega,\gamma)} q^{n}\left(\omega,s_{\omega,\gamma}^{k}\right)} \leqslant \varepsilon \tag{5-23}$$

$Step16$ $n = n + 1$,若 $n < N$,转 $Step2$,否则,转 $Step17$;

$Step17$ 判断客流是否分配完毕;若分配完毕,结束,否则,转 $Step1$。

第三节　运输组织模式导向型服务网络与客流分配迭代优化

一、双层迭代优化模型

铁路旅客列车开行方案的优化(服务网络生成)要以铁路企业和旅客双方效益最大化为目标,追求两者之间的平衡点[132]。同时,又要以系统工程的角度,考虑组成铁路网络的各个子系统之间的关系,达到整个铁路运营系统发挥最大化的效益[133]。本章建立采用双层规划模型,描述铁路企业的决策与旅客主动选择之间的关系的动态匹配过程,体现双方妥协达到平衡的状态。上层规划模型确定路网条件下旅客列车的开行方案,包括:相关路网的既有线、高速线、城际线列车开行方案的优化。下层客流分配规划模型用于铁路旅客的出行优化,体现不同层次旅客的多样化选择行为。

(一)基本符号定义

以下所用到的数学符号与前文重复的均以本节重新定义为准。

1.铁路物理路网

(N,E):铁路网络;

$N:\{n_i | i = (1,2,3,\cdots s)\}$:车站集;

$\alpha(n_i)$:车站 n_i 的发车能力;

$\alpha'(n_i)$:车站 n_i 的接发车能力;

$\psi(n_i)$:为高速线、城际线与既有线的衔接点;

$E:\{e_a | a = (1,2,3,\cdots h)\}$:路段集合;

$d(e_a)$:路段 e_a 的里程;

$\eta(e_a) = 1,2,3$:路段 e_a 为高速线、城际线、普速线;

$\alpha''(e_a)$:区间通过能力。

2.客流

$W:\{\omega = (n_o,n_d) | n_o,n_d \in N, \omega = (1,2,3,\cdots h')\}$:客流 OD 对集;

$q(\omega)$:客流 OD 对 ω 间的客流量,$\omega \in W$;

$\eta'(\omega,\gamma)$;$q(\omega)$ 中 γ 类客流所占比例,$\sum_{\gamma=1}^{3}\eta'(w,\gamma) = 1$。

3.旅客列车服务网络

Ω:开行规划方案,$\Omega:\{R(r) = [\eta''(r),b(r),f(r),N(r),L(r)]\}$;

R:$\{r|r=(1,2,\cdots k)\}$:开行方案中]的方案线集合;

$\eta''(r)$:r 列车的种类,其中,$\eta''(r)=1,2,3$ 表示列车为高速列车、中速列车、普速列车;

$b(r)$:r 列车的编组辆数;

$N(r)$:$\{n_i(r)|i=[1,2,3,\cdots\delta(r),n_i(r)\in N]\}$:列车途经站集合;

$n_1(r)$:r 列车运行的始发车站;

$n_{\delta(r)}(r)$:r 列车运行的终到车站;

$L(r)$:$\{l_m(r)|m=(1,2,3,\cdots m',)\}$:列车在路网上运行的路径;

$E(r)$:$\{e_a(r)|a=[1,2,\cdots\delta(r)-1,e_a(r)\in E]\}$:列车 r 从始发站到终到站途经路径段集合;

$y[r,n_i(r)]$:列车 r 是否在车站 n_i 始发,取值为 0 或 1;

$y'[r,n_i(r)]$:列车 r 是否在车站 n_i 始发或停站,取值为 0 或 1;

$y''[r,e_a(r)]$:列车 r 途经路径段变量,取值为 0 或 1;

$D_{i,i+1}(r)$:r 列车的从 n_i 至 n_{i+1} 停站间的运行里程;

S':高速列车相邻两停站间的最小距离;

$S[\eta''(r)]$:$\eta''(r)$类型列车的最大开行距离;

$S_d[\eta''(r)]$:$\eta''(r)$类型列车的最大下线距离;

$A(r)$:方案 r 列车的定员;

$\rho(r,e_a)$:人公里票价率;

$v(r,e_a)$:列车技术速度。

4. 决策变量

$f(r)$:开行方案中方案 r 列车的发车频率;

$x[r,n_i(r)]$:列车 r 在 $n_i(r)$停站变量,取值为 0 或 1;

$q(\omega,s^k_{\omega,\gamma})$:客流 OD 对 ω 间 γ 层次旅客的选择乘车方案 $s^k_{\omega,\gamma}$ 的客流量;

$\delta^{k,a}_{\omega,\gamma}$:服务弧段 $e'_a(r)$与乘车方案 $s^k_{\omega,\gamma}$ 的关系变量,$\delta^{k,a}_{\omega,\gamma}=0$ 或 1。

(二)优化模型

本章采用双层规划模型来描述铁路企业和旅客出行的双方决策达到平衡的状态关系。上层规划的目标函数为铁路企业收益最大化。其中,铁路企业的收入为旅客的客票收入 $Z_1=\sum_{\omega\in W}\sum_{s^k_\omega}[q(\omega,s^k_\omega)\times\sum_{r\in R(s^k_w)}\sum_{e_a}d(e_a)\rho(r,e_a)]$,运营支出 Z_2 主要由列车运行总费用 $Z_{列车}$ 和组织旅客中转费用 $Z_{中转}$ 构成,$Z_2=Z_{中转}+Z_{列车}=\sum_{\substack{n_i\in N'_p(s^k_\omega)\\ \psi'=3}}\lambda q'(n_i)+f(r)\sum_{1\leqslant r\leqslant k}\{\sum_{0<i\leqslant\delta(r)}x[r,n_i(r)]c_1[n_i(r)]+\sum_{e_a\in E(r)}d(e_a)c_2[e_a(r)]\}$。根据以上模型相关量的分析,建立如下基于不同运输组织模式下的旅客列车开行方案与客流分配的迭代优化双层决策模型:

1. 上层规划模型

$$\text{铁路收益最大化}: \max Z = Z_1 - Z_2 \tag{5-24}$$

(1)列车在任意运行区间的载客量满足列车定员上下限约束:

$$\alpha_1 A_{定} \leqslant \sum_{\omega \in W[r_i, L_i(j)]} \sum_{\in S_\omega^k} q(\omega, S_\omega^k) \leqslant \alpha_2 A_{定} \tag{5-25}$$

(2)任意两站之间各类旅客选择所有乘车方案的总人数不大于这两站之间该类旅客的客流总量:

$$\sum_{1<k<\sigma(\omega)} q(\omega, s_\omega^k, \gamma) \leqslant q(\omega) \times \lambda(\omega, \gamma) \tag{5-26}$$

(3)流量的相互关联约束:

$$\sum_{\gamma=1,2,3} q(\omega, s_\omega^k, \gamma) = q(\omega, s_\omega^k) \tag{5-27}$$

(4)车站节点发车能力约束:

$$\sum_{1 \leqslant r \leqslant k} y[r, n_i(r)] \leqslant \alpha(n_i) \qquad n_i \in N \tag{5-28}$$

(5)车站节点接发车能力约束:

$$\sum_{1 \leqslant r \leqslant k} y'[r, n_i(r)] \leqslant \alpha'(n_i) \qquad n_i \in N \tag{5-29}$$

(6)区间能力约束:

$$\sum_{1 \leqslant r \leqslant k} y''[r, e_a(r)] \leqslant \alpha''(e_a) \tag{5-30}$$

(7)高速列车路径约束(高速列车下线距离约束,高速列车路径可以由既有线路段组成。情况一:末端由既有路段组成;情况二:路径中间由既有路段组成。情况一约束:下线最大距离约束;情况二约束:中间下线时,起、末端点是高速线与既有线衔接点,同时满足最大跨线距离约束。):

$$\sum_{a=p}^{\delta(r)-1} d[e_a(r)] \leqslant S_d[\eta''(r)], \quad \eta''(r) = 1,2 \tag{5-31}$$

其中,由于运输组织模式或天窗的影响,列车的运行路径分为两种情况:

①$L(r) = [n_1(r), \cdots n_p(r), \cdots n_{\delta(r)}(r)]$为列车的运行路径;$n_p(r) \in \psi(n_i)$,$E(r) = \{e_1, \cdots e_p, \cdots e_{\delta(r)-1}\}$且$\eta[e_p(r)] = \eta[e_{p+1}(r)] \cdots = \eta[e_{\delta(r)-1}(r)] = 3$。

②$L(r) = [n_1(r), \cdots n_p(r), \cdots n_{p'}(r), \cdots n_{\delta(r)}(r)]$为列车的运行路径,$n_p(r)$,$n_{p'}(r) \in \psi(n_i)$,$E(r) = \{e_1, \cdots e_p, \cdots e_{p'}, \cdots e_{\delta(r)-1}\}$

且$\eta[e_p(r)] = \eta[e_{p+1}(r)] \cdots = \eta[e_{p'}(r)] = 3$。

(8)普速列车路径约束(普速列车只能运行在既有线路段):

$$\eta[e_a(r)] = 3, \quad \eta''(r) = 3, \quad e_a(r) \in E(r) \tag{5-32}$$

(9)各种类型列车开行距离约束(按列车有效时间与平均速度计算):

$$\sum_{a=1}^{\delta(r)-1} d[e_a(r)] \leqslant S[\eta''(r)], \quad \eta''(r) = 1,2,3 \tag{5-33}$$

(10)高速列车停站距离约束:

$$D_{i,i+1}(r) \geqslant S', \quad \eta''(r)=1 \tag{5-34}$$

(11)直达率约束(各方案线直达乘客总量与规划区 OD 量总和的比值):

$$\sum_{\omega=1}^{h'} \sum_{\substack{k=1 \\ u=(s_\omega^k)=1}}^{\theta(s_\omega^k)} \frac{q(\omega,s_\omega^k)}{q(\omega)} \geqslant \gamma_Z \tag{5-35}$$

2. 下层规划模型(多起讫点多层次用户最优模型)

下层多起讫点多层次用户最优模型主要采用本书第五章第二节中提出的优化模型,即式(5-13)。

$$\min P = \sum_a \sum_r \int_0^{q\{n'_d[e'_a(r)]\}} C(x)\, dx \tag{5-36}$$

$$q(\omega) = \sum_k \sum_\gamma q(\omega, s_{\omega,\gamma}^k) \tag{5-37}$$

$$q'(n_i) = \sum_{w=1}^{h'} \sum_{\substack{k=1 \\ \psi'=3}}^{\theta(s_{\omega,\gamma})} q[n'_p(s_{\omega,\gamma}^k, \mu, \psi')] \tag{5-38}$$

$$q\{n'_d[e'_a(r)]\} = \sum_\omega \sum_\gamma \sum_k q(\omega, s_{\omega,\gamma}^k) \times \delta_{\omega,\gamma}^{k,a}$$

$$\begin{cases} \delta_{\omega,\gamma}^{k,a}=1 & e'_a(r) \in L'(s_{\omega,\gamma}^k) \\ \delta_{\omega,\gamma}^{k,a}=0 & e'_a(r) \notin L'(s_{\omega,\gamma}^k) \end{cases} \tag{5-39}$$

$$\mu(s_{\omega,\gamma}^k) - 1 \leqslant H_{\omega,\gamma} \qquad \omega=1,2,3,\cdots h' \tag{5-40}$$

$$t_{\omega,\gamma}^{k,4} \leqslant T' \tag{5-41}$$

$$q(\omega, s_{\omega,\gamma}^k) \geqslant 0 \tag{5-42}$$

二、双层迭代优化算法

通过以上双层规划模型的分析,由于考虑了众多实际问题的约束,属于 NP-hard 问题,不可能通过多项式的方法来求解,可以采用模拟生物的启发式算法——蚁群算法进行该问题的求解,根据蚁群算法的启发式思想进行算法流程设计。为了使求解方法能够有效地寻找全局最优解,采用基于目标函数值的启发式信息素分配策略和根据目标函数调整蚂蚁搜索路径行为的方法,利用专业知识向导缩小搜索过程,防止“组合爆炸”。

上层服务网络生成(生成以运输组织模式为导向的网络条件下的列车开行方案)的蚁群算法[134~135],分层次、分等级逐条生成列车开行方案线,高等级列车规律停站,低等级列车满足客流需求,优化成网络条件下多等级、多模式下的列车服务网络。

(一)初始化

(1)服务网络初始化。

在车站节点集合中,根据客流量的发生量和吸引量以及其他的列车开行起讫点原则,确定旅客列车开行的起点站、终点站及初始停站,确定运输组织模式约束及各等级线路的约束条件。记 $S=\{s_1,s_2,\cdots s_n\}$ 为高速铁路车站集,$f(p,q)$ 表示 $s_p-s_q(s_p、s_q\in S)$ 间的 OD 客流量,$L(p,q)$ 表示 s_p-s_q 间的最短路,$|L(p,q)|$ 表示 s_p-s_q 间的最短路的长度,$C(p)$ 表示 s_p 站的所在城市的节点等级,$\theta(p)$ 为 s_p 的接发车能力。B 表示列车最低载客量下限;α 表示上座率;A 表示列车定员;N_{pq} 表示 s_p-s_q 间列车开行的对数。

首先,对客流进行归并和整理,将没有动车组始发终到能力且无动车通过站点的 OD 流量归并至附近有条件的车站;整理计算各个区间的客流密度,同时对路网中的每一站点,根据分级节点系统划分节点等级,即以 $C(p)$ 表示车站所在城市等级。然后利用下面的算法优化设置列车开行起讫点方案:

*Step*1 根据路网数据获得归并后的 OD 对 s_p-s_q 间的最短路 $L(p,q)$ 及其长度 $|L(p,q)|$,并按照 $|L(p,q)|$ 将 OD 对进行降序排序;

*Step*2 对于 $C(p)\leqslant 2$,$C(q)\leqslant 2$ 且 $\theta(p)>0$,$\theta(q)>0$ 的所有 OD 流 $f(p,q)$,求整数 N_{pq} 使得

$$\max\{N_{pq}B,\alpha(N_{pq}-1)A\}\leqslant f(p,q)\leqslant \alpha N_{pq}A$$

在车站 s_p-s_q 间开行 N_{pq} 对列车,修正 s_p 站的始发列车能力 $\theta'(p)=\theta(p)-N_{pq}$、区段剩余客流量 $f(p,q)=\max\{0,f(p,q)-\alpha N_{pq}A\}$ 以及区段密度。

*Step*3 按里程降序逐一检查已开行的列车 R,若未满员,按里程降序逐一检查行程比 $|L(R)|$ 短的 OD 对 s_p-s_q,若 $f(p,q)>0$ 且 $L(p,q)\subset L(R)$,则尽可能吸收客流,修改列车 R 的区段密度和客流 $f(p,q)$。

*Step*4 按里程降序逐一检查 $C(p)>2$ 或 $C(q)>2$,且 $\theta(p)>0$,$\theta(q)>0$ 的所有节点的 OD 流,若存在整数 N_{pq} 使得

$$\max\{N_{pq}B,\alpha(N_{pq}-1)A\}\leqslant \sum_{L(i,j)\subset L(p,q)} f(p,q)\leqslant \alpha N_{pq}A$$

在 s_p-s_q 车站之间开行 N_{pq} 对列车 R,修正车站 s_p 的始发列车能力 $\theta(p)$;若未满员,按降序逐一检查行程比 $|L(R)|$ 短的车流 $f(i,j)$,若 $L(i,j)\cap L(T)\neq\Phi$,则尽可能吸收客流,修改列车 R 的区段密度和相关客流量。

*Step*5 对于剩余的零散客流需要开行列车时,可以适当降低列车的载客量下限 B,以尽可能地确保有列车运送剩余客流量。执行 *Step* 4,将最后的剩余客流量尽可能加载到已开行的列车。

(2)信息矩阵初始化。在第一轮的服务网络搜索之前,对于蚂蚁来说,所有的服务路径的吸引力都是一样的,需要给服务网络的所有服务弧设置一个初始权重,

将客流密度作为蚂蚁在服务路径上留下的“信息素”,用平均客流密度初始化信息素矩阵。

(3)将蚂蚁放置在图中起始站点集合中。

(4)第一次寻优完成,进行双层规划模型中下层的客流分配,目的得到用来反映旅客真实出行服务路径的选择行为。

(5)信息更新,得到各服务弧段下一轮方案线寻优时的初始化信息素。

(二)可行起讫点选择

在方案线搜索之前,需要对可行的列车开行的起讫点进行选择,舍弃一些不可行的列车开行的起讫点。然后,每个蚂蚁开始搜索列车起讫点之间的路径。

(1)站点选择:蚂蚁在选择下一站点时,从与当前蚂蚁所在站点满足运行距离约束的站点集合中,根据转移规则,选择下一站点。

(2)转移规则:根据物理路网配流计算的客流发生与吸引节点间的客流密度,计算蚂蚁转移下一站点的概率。

(3)相关参数计算:计算各服务节点客流量、服务弧段客流量、列车上座率等。

(三)旅客列车开行方案线评估

蚂蚁寻找到方案线后,对方案线评估,检查方案线是否满足约束条件,如对开行距离、运营收入、上座率等指标进行评估。

(1)信息素更新,根据解的质量来分配信息素增量。

(2)生成备选方案线集,当所有蚂蚁完成一次搜索工作后,将客流密度(上座率)最大的一条方案线作为备选方案线,加入到备选方案线集合中,再次选择可行的列车开行的起讫点,进行下一可行起讫点间备选方案线集合的搜索。

(3)生成开行方案线(服务线),当完成全部可行起讫点间备选方案线集合搜索后,在备选方案线集合中,寻找客流密度(上座率)最大的一条方案线,添加进网络,并对网络中数据进行修正。

(4)服务网络数据修正,生成开行方案线后需要从原来的客流矩阵中减去被该方案线带走的客流量。客流矩阵具体的修正的步骤为:

首先,计算方案线每一个服务区间断面的总客流量和运输能力,如果服务区间的断面客流量小于服务区间运输能力,那么,该物理区间上的客流全部由该方案线承担,从客流矩阵中减去各服务区间的客流量。然而,如果服务区间的断面客流量大于服务区间运输能力,那么,该物理区间上的一部分客流由该方案线承担,计算客流的剩余量,从客流矩阵中减去各服务区间承担的客流量。最后,将生成方案线的起讫点对从可行的起讫点对矩阵中去除。

(5)终止条件,直到服务网络中没有满足条件的方案线或已达到设置的次数,则终止。

(6)下层多类用户最优客流分配,根据上层规划模型优化网络条件下旅客列车开行方案(即生成列车服务网络),进行下层多类用户最优客流分配,使配流结果对下一轮优化的服务弧段信息素进行初始化。

(7)检查是否达到迭代次数上限,若达到迭代次数上限,则停止。否则,开始下一次循环迭代寻优。

在双层迭代算法中,下层客流分配采用本章提出的多层次客流分配的混合算法。

第四节　京沪高速铁路相关列车服务网络客流分配案例

一、列车服务网络构建及网络客流信息

给定某远期年度京沪高速铁路相关30个铁路节点的物理路网及其旅客列车初始开行方案(采用远期规划年度数据的规模大于实际数据规模,模型和算法的应用更有适用性),如表5-1所示,其中,速度等级为300km/h的列车为221对/天,定员为1062人,大、小站停站时间分别为3min、2min,250km/h的列车为30对/天,定员为1200人,停站时间3min。车站的编号为1~30,依次为北京南、廊坊、天津南、沧州西、德州东、济南西、泰安、曲阜东、枣庄、徐州东、宿州东、蚌埠南、滁州南、南京南、镇江南、常州北、无锡东、苏州北、上海虹桥、石家庄、郑州、武汉、秦皇岛、沈阳、太原、青岛、西安、成都、合肥、杭州。其中:石家庄、郑州、武汉、秦皇岛、沈阳、太原、青岛、西安、成都、合肥、杭州为跨线列车起讫点。京沪线上共有6个高速列车始发终到车站,分别是北京南、天津西、济南西、徐州东、南京南、上海虹桥。给定相关网络380个客流OD对的客流量,如附录B(数据来源:铁道部科技研究开发计划项目"京沪高速铁路运营管理技术体系"),根据参考文献[136]的换乘条件分析得出换乘节点时间消耗、换乘节点旅客换乘成本支出、换乘节点旅客拥挤无形成本固定支出。目前京沪高速铁路二等车票价率为0.45元/km,考虑远期物价上涨,设定人公里票价率为0.50元/km。考虑日本高铁上、下车时间分别取为1.2s/人、1.1s/人,上下车客流速度为50人/min、不同OD的换乘次数最大值矩阵(其中,成都与北京南、廊坊、天津南、沧州西之间客流OD对的出行距离为2500km及以上,设这些OD对间客流的最多换乘次数为2次。其他OD客流最多换乘为1次)。客流分三个层次,设每个OD对的客流层次比例相同,实际中,需要调研各个OD对间的客流消费层次信息来分别确定比例。各参数取值如表5-2所示;混合算法参数α、β、m、ρ、Q'分别为1、1.5、50、0.8、100。

初始列车开行方案 表 5-1

方案编号	起点	终点	列车经停站	频率（列/日）	速度等级（km/h）	列车定员（人）
1	1	19	1—19	11	300	1062
2	1	19	1—6—14—19	6	300	1062
3	1	19	1—3—6—10—12—14—17—19	3	300	1062
4	1	19	1—3—6—10—12—14—15—16—17—18—19	7	300	1062
5	1	19	1—3—6—7—8—9—10—12—14—17—19	4	300	1062
6	1	19	1—3—6—7—8—9—10—14—16—17—18—19	4	300	1062
7	1	10	1—10	3	300	1062
8	1	10	1—3—6—7—8—9—10	3	300	1062
9	1	10	1—3—4—5—6—7—10	3	300	1062
10	1	6	1—6	5	300	1062
11	1	6	1—3—4—6	3	300	1062
12	1	6	1—2—3—4—5—6	5	300	1062
13	1	3	1—2—3	4	300	1062
14	3	19	3—19	2	300	1062
15	3	19	3—6—14—19	1	300	1062
16	3	19	3—6—10—12—14—19	3	300	1062
17	10	19	10—11—12—13—14—19	6	300	1062
18	10	19	10—11—12—13—14—15—16—17—18—19	11	300	1062
19	14	19	14—15—16—17—18—19	4	300	1062
20	1	30	1—3—6—10—14—30	9	300	1062
21	1	29	1—3—6—10—12—29	7	300	1062
22	1	26	1—3—6—26	8	250	1200
23	24	19	24—23—3—6—10—14—19	2	300	1062
24	24	6	24—23—3—6	4	300	1062
25	3	30	3—6—10—14—30	6	300	1062
26	3	21	3—6—10—21	5	300	1062
27	3	26	3—6—26	6	250	1200
28	25	19	25—20—5—6—10—14—19	3	250	1200
29	26	19	26—6—10—14—19	7	250	1200
30	26	21	26—6—10—21	3	250	1200

续上表

方案编号	起点	终点	列车经停站	频率（列/日）	速度等级（km/h）	列车定员（人）
31	26	10	26—6—10	4	250	1200
32	6	22	6—10—21—22	7	300	1062
33	27	19	27—21—10—14—19	8	300	1062
34	21	19	21—10—14—19	3	300	1062
35	21	14	21—10—14	2	300	1062
36	21	30	21—10—14—30	6	300	1062
37	10	30	10—14—30	12	300	1062
38	28	19	28—22—29—14—19	5	250	1200
39	22	19	22—29—14—19	2	250	1200
40	29	19	29—14—19	5	250	1200

各 OD 客流信息表 表 5-2

γ	$\eta'(\omega,\gamma)$	$\omega_T(\gamma)$	$\omega_C(\gamma)$	$\omega_{C'}(\gamma)$	$vot_T(\gamma)$（元/h）
1	0.85	0.75	0.025	0.225	33
2	0.1	0.45	0.35	0.2	22
3	0.05	0.35	0.45	0.2	10

二、不同分配顺序对客流分配结果影响分析

根据铁路客流分配的特点，为验证 OD 流的分配顺序的不同，对列车区间上座率的影响情况（即资源优先占用问题）本案例测试了四种分配顺序策略，不同分配顺序下列车区间平均上座率变化如图 5-3 所示。

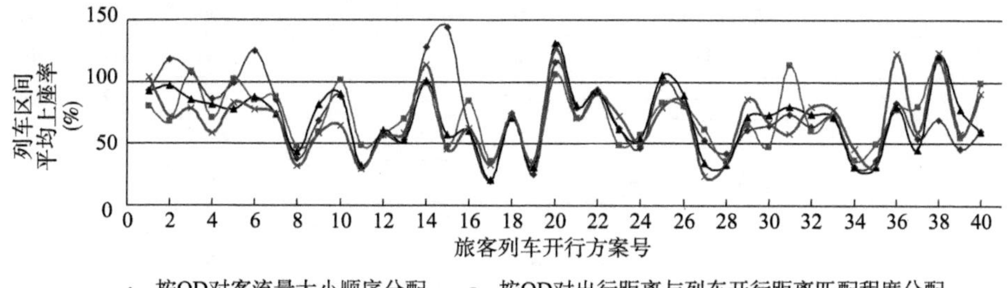

图 5-3 基于四种分配顺序的列车区间平均上座率变化情况

以列车的平均上座率 60% 为标准，四种分配规则下（按 OD 对客流量大小顺序分配、随机选择客流 OD 分配、按 OD 对优先级顺序分配、按 OD 对出行距离与列车

开行距离匹配度顺序分配)服务网络中所有列车平均上座率距标准上座率的方差值分别为：24.6%，22.6%，21.1%，20.7%，可见采用按OD对出行距离与列车开行距离匹配程度分配更加符合的旅客出行实际需求，所有列车的上座率更均衡，采用此种分配规则的部分列车服务情况如表5-3。

初始方案部分列车客流分配结果表 表5-3

方案编号	起点	终点	列车经停站	频率(列/日)	速度等级(km/h)	列车定员(人)	区间平均上座率(%)
1	1	19	1—19	11	300	1062	80.12
2	1	19	1—6—14—19	6	300	1062	67.55
3	1	19	1—3—6—10—12—14—17—19	3	300	1062	107.90
4	1	19	1—3—6—10—12—14—15—16—17—18—19	7	300	1062	70.85
5	1	19	1—3—6—7—8—9—10—12—14—17—19	4	300	1062	101.83
6	1	19	1—3—6—7—8—9—10—14—16—17—18—19	4	300	1062	85.20
7	1	10	1—10	3	300	1062	87.46
8	1	10	1—3—6—7—8—9—10	3	300	1062	108.03
9	1	10	1—3—4—5—6—7—10	3	300	1062	63.68
10	1	6	1—6	5	300	1062	48.01
11	1	6	1—3—4—6	3	300	1062	67.60
12	1	6	1—2—3—4—5—6	5	300	1062	99.17
13	1	3	1—2—3	4	300	1062	59.02
14	3	19	3—19	2	300	1062	101.07
15	3	19	3—6—14—19	1	300	1062	90.89
16	3	19	3—6—10—12—14—19	3	300	1062	48.98
17	10	19	10—11—12—13—14—19	6	300	1062	100.67
18	10	19	10—11—12—13—14—15—16—17—18—19	11	300	1062	59.01
19	14	19	14—15—16—17—18—19	4	300	1062	90.40
20	1	30	1—3—6—10—14—30	9	300	1062	69.73
21	1	29	1—3—6—10—12—29	7	300	1062	99.33
22	1	26	1—3—6—26	8	250	1200	47.35
23	24	19	24—23—3—6—10—14—19	2	300	1062	98.52
24	24	6	24—23—3—6	4	300	1062	99.12
25	3	30	3—6—10—14—30	6	300	1062	84.54
26	3	21	3—6—10—21	5	300	1062	35.71
27	3	26	3—6—26	6	250	1200	72.19
28	25	19	25—20—5—6—10—14—19	3	250	1200	103.42
29	26	19	26—6—10—14—19	7	250	1200	29.83

续上表

方案编号	起点	终点	列车经停站	频率（列/日）	速度等级（km/h）	列车定员（人）	区间平均上座率（%）
30	26	21	26—6—10—21	3	250	1200	95.53
31	26	10	26—6—10	4	250	1200	105.88
32	6	22	6—10—21—22	7	300	1062	70.60
33	27	19	27—21—10—14—19	8	300	1062	90.60
34	21	19	21—10—14—19	3	300	1062	89.93
35	21	14	21—10—14	2	300	1062	105.45
36	21	30	21—10—14—30	6	300	1062	48.78
37	10	30	10—14—30	12	300	1062	57.12
38	28	19	28—22—29—14—19	5	250	1200	83.22
39	22	19	22—29—14—19	2	250	1200	71.34
40	29	19	29—14—19	5	250	1200	81.02

为掌握不同消费层次的客流在不同列车中的分布情况，图 5-4 给出 3 个消费层次的客流分布图，此结果可以评价列车的编组情况，列车提供的座位等级是否满足了旅客出行需求。

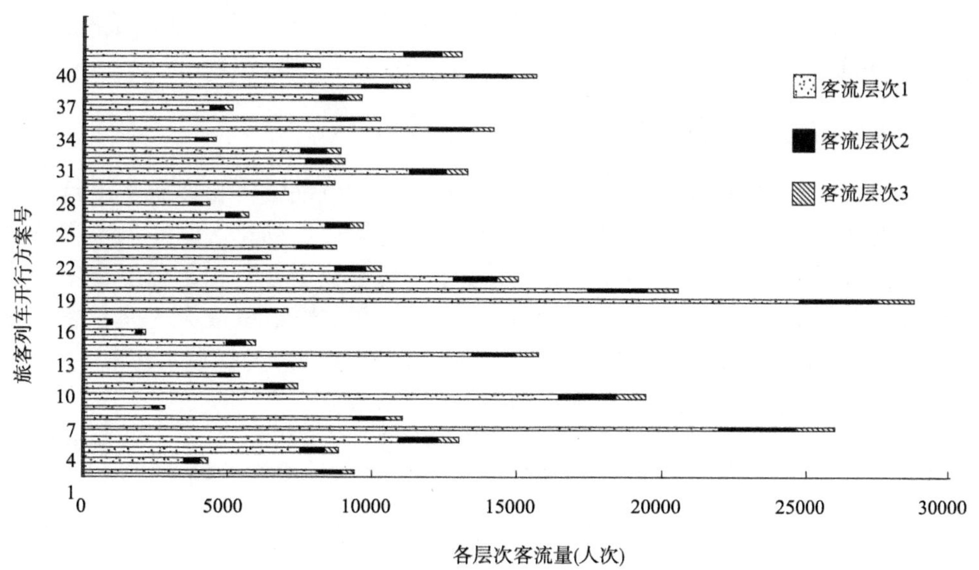

图 5-4　列车的客流层次结构分布情况

从图中可以看出在该客流层次的比例下，列车开行方案需要进一步的迭代调整至最优，使列车的区间平均上座率均衡。

在服务网络的设计中，运输组织可以引导旅客的出行选择，表 5-4 给出了主要换乘节点的客流量信息。

主要换乘节点的客流量（人次/日）　　表 5-4

车站节点编号	1 层次客流量	2 层次客流量	3 层次客流量	总 客 流 量
3	5097	611	308	6016
5	4530	536	267	5333
6	12256	1574	734	14564
7	4624	546	272	5442
8	4522	534	266	5322
10	16472	2272	1016	19760
12	4824	587	278	5689
14	16040	2127	960	19127
17	4512	531	265	5308
19	21393	2941	1240	25574
24	4692	567	277	5536
26	4564	543	269	5376

从表 5-4 中结果统计分析，车站节点 6、10、14、19 将承担大量的客流换乘组织工作，根据车站节点的实际情况以及换乘客流的情况，指导服务网络调整的方向，达到使换乘站点换乘客流均衡性以及换乘客流组织工作的协调性。

三、根据客流分配结果调整列车服务网络

基于初始开行方案采用双层规划模型进行列车服务网络优化和旅客出行路径优化，优化的列车平均上座率为表 5-5 所示，对比优化前后列车区间平均上座率的变化情况，如图 5-4 所示。其中，上层规划模型的运营成本分为列车公里费用和中转组织费用，在成本计算中省略列车停站费用和旅客中转组织费用。只考虑列车公里费用。由于缺乏此方面的资料，根据文献[56]高速列车开行成本暂取 120 元/km。优化后列车区间平均上座率变化曲线如图 5-5 所示。

优化后列车配流结果表　　表 5-5

方案编号	起点	终点	列车经停站	频率（列/日）	速度等级（km/h）	列车区间平均上座率（%）	运营收益（$\times 10^6$）元
1	1	19	1—19	11	300	80.12	6.01
2	1	19	1—6—14—19	5	300	81.06	2.68
3	1	19	1—3—6—10—12—14—17—19	4	300	103.81	2.84

续上表

方案编号	起点	终点	列车经停站	频率（列/日）	速度等级（km/h）	列车区间平均上座率（%）	运营收益（×10^6）元
4	1	19	1—3—6—10—14—15—16—17—18—19	5	300	97.56	3.21
5	1	19	1—3—4—6—7—8—9—10—12—14—17—19	5	300	106.74	3.64
6	1	19	1—4—6—7—8—9—10—14—16—17—18—19	6	300	89.95	3.55
7	1	10	1—10	3	300	84.44	0.86
8	1	10	1—3—6—7—8—9—10	3	300	108.03	1.05
9	1	10	1—3—6—7—10	3	300	63.68	0.61
10	1	6	1—6	5	300	89.06	0.94
11	1	6	1—3—6	3	300	67.60	0.40
12	1	6	1—2—3—4—5—6	5	300	99.17	1.06
13	1	3	1—2—3	4	300	101.75	0.24
14	3	19	3—19	2	300	99.33	1.12
15	3	19	3—6—14—19	1	300	90.88	0.43
16	3	19	3—6—10—19	3	300	77.50	1.40
17	10	19	10—11—12—13—14—19	6	300	100.67	2.01
18	10	19	10—11—12—13—14—15—16—17—18—19	9	300	95.94	2.86
19	22	19	22—14—15—16—19	4	300	90.40	6.10
20	1	30	1—3—6—10—14—30	11	300	96.03	6.67
21	1	29	1—3—6—10—12—29	6	300	87.13	2.21
22	1	26	1—3—6—26	7	250	103.34	3.29
23	24	19	24—23—3—6—10—14—19	2	300	98.52	3.54
24	24	6	24—23—3—6	4	300	99.12	2.48
25	3	30	3—6—10—14—30	5	300	109.63	2.65
26	3	21	3—6—10—21	5	300	81.02	1.91
27	3	26	3—6—26	4	250	94.59	1.08
28	25	19	25—5—6—10—14—19	3	250	103.42	5.74
29	26	19	26—6—10—13—14—19	6	250	74.38	6.59
30	26	21	26—6—10—21	3	250	95.53	4.56
31	26	10	26—6—10	5	250	84.66	2.16
32	6	22	6—10—21—22	4	300	82.77	2.22
33	27	19	27—21—10—14—19	6	300	93.42	7.04

续上表

方案编号	起点	终点	列车经停站	频率（列/日）	速度等级（km/h）	列车区间平均上座率（%）	运营收益（$\times10^6$）元
34	21	19	21—10—14—19	3	300	89.93	2.71
35	21	14	21—10—14	2	300	105.45	0.99
36	21	30	21—10—14—30	5	300	98.80	5.50
37	10	30	10—14—30	7	300	105.94	1.97
38	28	19	28—29—22—14—19	6	250	104.30	7.95
39	22	19	22—29—14—19	2	250	71.34	1.97
40	29	19	29—14—19	6	250	97.20	2.53

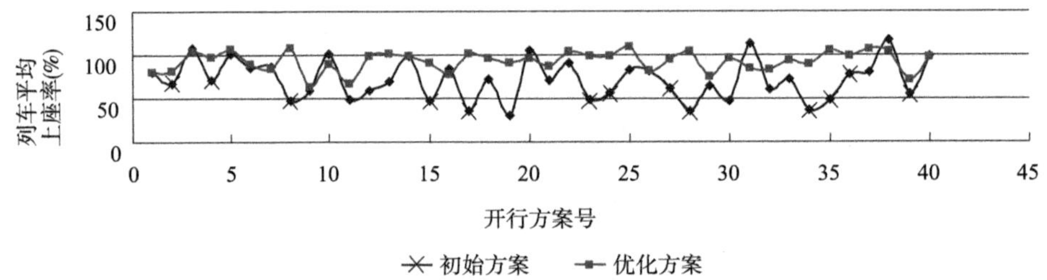

图 5-5　优化后列车区间平均上座率变化曲线

通过图 5-5 的对比分析可以得出，优化后的网络中列车区间平均上座率更加均衡，服务网络的铁路总收益为 1.17×10^8 元，网络中，旅客的广义出行总成本为 2.7×10^7 元。速度等级为 300km/h 的列车为 147 对/天，250km/h 的列车为 42 对/天。

第五节　本 章 小 结

本章重点对基于复杂列车服务网络的客流分配方法进行了研究，主要研究工作如下：

(1)根据高速铁路列车开行方案构建了旅客列车服务网络，分析了服务网络的影响因素及其复杂性。通过对旅客出行选择行为的分析，确定了列车服务网络的阻抗函数。将旅客的出行广义成本分为有形成本和无形成本。

(2)为描述不同消费层次旅客的选择行为，建立体现服务水平差异性要求的客流分配模型。目标为旅客广义出行费用最小，通过限制不同出行距离、不同层次旅客的换乘次数及换乘时间，设置旅客出行路径的多约束条件。

(3)根据多起讫点多消费层次客流分配模型的特点，本章提出了由改进的蚁群算法进行满足多约束条件下,多起讫点多层次旅客最小出行路径搜索。设计了基于出行路径的客流分配算法。该算法解决了三个关键问题:满足服务水平约束条件的旅客乘车方案生成;找寻多层次旅客最小出行路径;实现四种客流加载顺序的客流分配。

(4)由于客流分配模型作为列车开行方案优化的子模型,所以本章提出基于运输组织模式为导向的服务网络与客流分配迭代优化模型,该模型体现了不同运输组织模式下列车服务网络生成与客流分配的迭代优化过程,并设计了求解该模型的蚁群算法。

(5)本章设计了混合算法进行多消费层次客流分配,利用 MATLAB 编程实现算法,求解 380 个客流 OD、初始方案中 274 对列车的客流分配结果平均时间为 3 分钟,适合大规模网络下的客流分配。以列车的平均上座率 60% 为标准,算法测试了四种分配规则下(按 OD 对客流量大小顺序分配、随机选择客流 OD 分配、按 OD 对优先级顺序分配、按 OD 对出行距离与列车开行距离匹配度顺序分配),服务网络中所有列车平均上座率与标准上座率的方差值分别为:24.6%,22.6%,21.1%,20.7%。说明采用按 OD 对出行距离与列车开行距离匹配度顺序加载客流上网方法优于随机加载的方法。

(6)最后,采用按 OD 对出行距离与列车开行距离的匹配度排序进行客流分配,计算服务网络的各项服务指标,统计服务指标较差的方案兼顾网络整体效益,进行服务网络全局调整。输出最优的列车服务网络以及客流分配结果。

本章是"微观操作层"复杂列车时空服务网络客流分配研究的基础,是网络条件下,高速铁路列车开行方案优化生产的重要理论组成部分,为提出列车时空服务网络客流分配方法提供了理论基础。

第六章 复杂列车时空服务网络客流分配方法

第五章对复杂列车服务网络的客流分配方法进行了研究。此阶段服务网络规划和客流分配方法都是属于静态的,没有体现一日之内客流在各时段的波动。最近几年,随着客流分配动态模型研究的深入,带有时间窗约束的列车服务网络优化研究受到广泛关注,带有时间窗约束的列车服务网络客流分配与基于列车开行方案的客流分配相比,消除了一些时间上的模糊性,更加精确地描述了旅客出行选择行为,也更加适用于高速铁路客运产品规划中车与流的匹配分析。

第一节　列车时空服务网络的概念及构造方法

一、列车时空服务网络的概念

"微观操作层"列车服务网络即复杂列车时空服务网络,它是由规划中的列车运行图形成的供给旅客出行真正选择带有时间窗约束的服务网络,此网络由具有时空特性的服务节点和服务弧段组成,时空服务网络的优化要符合旅客出行的动态需求特性,从而完成客运服务产品设计的整体优化。基本概念如下:

列车时空服务节点:时空服务节点是具有客流交换性质的节点,由网络中所有带时间序列的开行列车形成,供给具有不同出行时空特性的旅客进行选择的节点。包括列车出发服务时空节点、列车停站时空服务节点、列车到达时空服务节点。任意连通的时空服务节点之间构成列车时空服务弧段。

列车时空服务路径:是由一列或多列车提供的具有出行时间策略 OD 选择的时空连通路径,由旅客从出行起点到旅客进站候车阶段、乘车阶段、不同车次间的换乘阶段以及出站到目的地阶段的时间和空间的序列组成。列车时空服务路径具有时间、费用、换乘次数、换乘时间等服务属性。

列车时空服务弧段:列车时空服务弧是时空服务路径的组成基础,一条时空服务路径由多条以及多种时空服务弧段组成,服务弧段同样具有服务路径所应该具有的全部服务属性。例如:一条时空服务路径由步行进站服务弧、候车服务弧、乘车服务弧、出站服务弧组成一条时空服务路径。

旅客出行时空路径合理集:在列车时空服务网络中,OD 间的所有时空服务路径,仅有一部分服务路径对该 OD 某类客流具有吸引力,有些路径的服务属性不能满足 OD 间某类客流的出行需求,那么这些服务路径将不在吸引范围内。时空服务路径的吸引力度主要受路径的服务属性影响,包括出发时间、到达时间、换乘次数、换乘时间等方面。那么,被某 OD 客流吸引(满足不同 OD 对不同类旅客差别需求服务属性约束条件)的列车时空服务路径组成的集合称之为旅客出行时空路径合理集。

列车时空服务网络影响因素众多,主要对以下几点进行简要分析:

(1)旅客列车开行方案:旅客列车开行方案是高速铁路列车运行图的基础,直接决定了"微观操作层"列车服务网络的服务模式和服务水平。可以通过客流分配方法进行服务模式及服务水平的质量评估,从而,反馈调整旅客列车开行方案优化。

(2)旅客出行时空分布:时空服务网络中列车时空服务路径要尽量逼近旅客出行时空分布情况,尽量满足不同 OD 对不同种类旅客对列车出发时间以及到达时间的服务时间窗需求,这就要求列车时空服务节点和时空服务弧段的时间服务属性满足旅客出行时空分布。

(3)区间及车站通过能力:区间和车站的通过能力直接决定了时空服务网络中服务节点和服务弧段的服务能力。

(4)旅客差异性需求:由于每个时空出行起讫点间客流消费层次结构不同,对选择的时空服务弧段种类存在差异性需求。

二、列车时空服务网络构造方法

为研究复杂列车时空服务网络的客流分配方法,将其抽象由列车时空服务节点和列车时空服务弧段组成供旅客出行选择的有向连通图,如图 6-1 所示,建立时空坐标系,每个空间的物理车站节点都包含一系列不同列车的离开时间序列。其中,车站物理节点和其在该站点离开的所有列车的时间序列构成了时空服务网络中列车出发服务节点[137~139]。车站物理节点和其在该站点到达的所有列车的时间序列构成了时空服务网络列车到达服务节点[140~143]。不同出行起讫点间不同层次旅客在此网络下,进行出行选择。

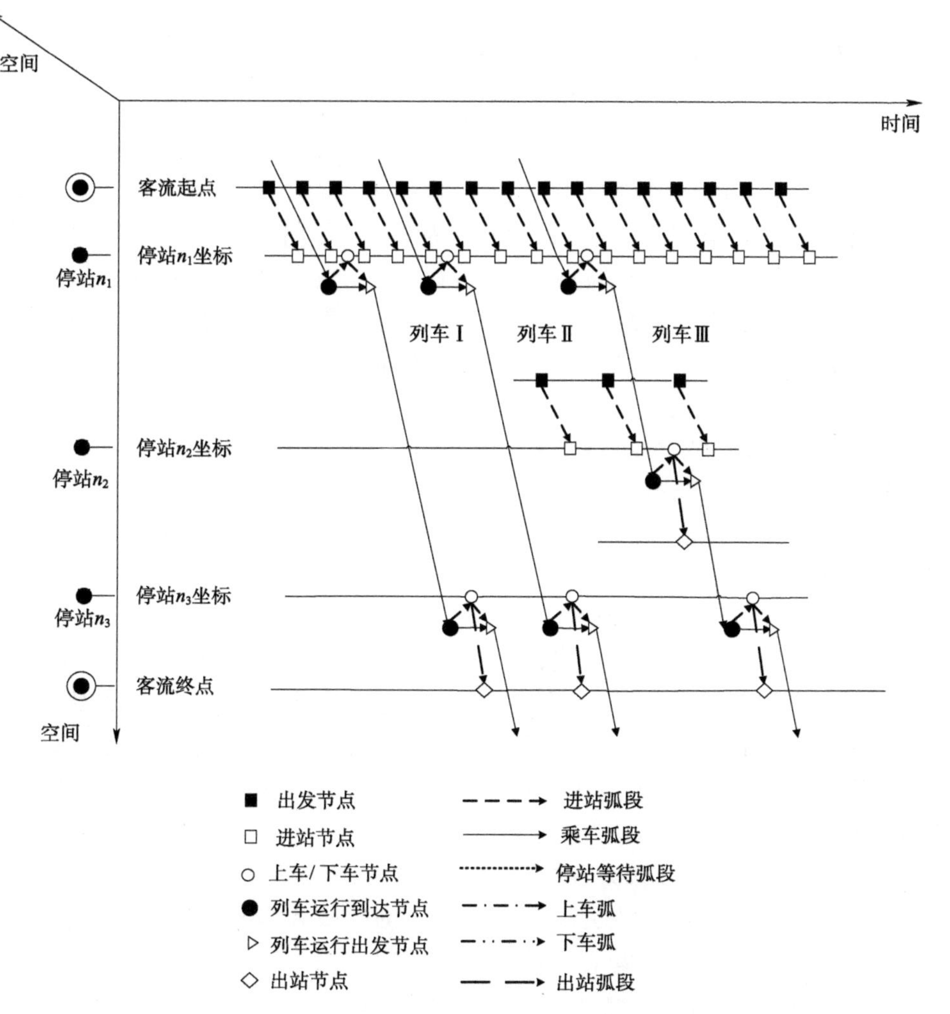

图 6-1 旅客列车时空服务网络

第二节 复杂列车时空服务网络客流分配模型与算法研究

根据给定的列车运行图,即给定列车时空服务网络条件下,通过客流分配方法可以得出每一车次列车的客流分配情况。此阶段的客流分配方法主要是研究规划的列车时空服务网络与时空需求的匹配程度或吸引程度,分析时空网络吸引客流量的分布情况。在分配方法的研究中,既要考虑列车服务网络的时空特性,又要考虑如何将动态需求分配到网络中不同等级服务水平的时空服务路径上。

一、复杂列车时空服务网络客流分配模型

带时间窗约束的列车服务网络客流分配模型假设列车时空服务网络中所有运行的列车完全遵循行车调度指挥,完全按列车运行图完成列车运行;所有列车按照平均速度运行,即旅客在所选择列车时空服务弧上的旅行时间为常数;假设各 OD 对各类旅客由于权重不同具有不同客流分配顺序(根据客流 OD 对的出行距离、层次类别、产生时间等综合因素确定权重);列车时空服务网络中时空服务节点和时空服务弧段都具有客流容量约束;各 OD 对各类旅客选择的列车时空服务路径,符合路径的逻辑约束;客流分配过程中满足客流量守恒[144~148]。

(一)基本符号定义

以下所用到的数学符号与前文重复的均以本节重新定义为准。

1. 复杂列车时空服务网络

$G^T=(N^T,E^T)$:复杂列车时空服务网络,由时空服务节点和时空服务弧段组成的有向连通图;

$[0,T]$:规划研究的时间段;

r^T:规划中具有开行时空信息的列车编号,在旅客列车开行方案的基础上增加了列车的开行时间信息,$r^T\in R^T$,其中 R^T 为时空服务网络中开行列车的集合;

N^T:列车时空服务节点集,复杂列车时空服务网络中具有客流交换性质的节点,由物理路网中的车站节点和与其连接的列车离开时间序列组成,其中任意时空服务节点用 s 表示,$n_s^t(n,r^t,t)\in N^T$;

E^T:列车时空服务弧段集,由任意两个连通的时空服务节点间弧段组成,其中,$e_{ij}^t(e_{ij}^t\in E^T)$表示列车时空服务节点间 n_i^t、n_j^t 的时空服务弧段(n_i^t、$n_j^t\in N^T$);

n_i^t:时空服务弧段 e_{ij}^t关联的时空服务节点起点;

n_j^t:时空服务弧段 e_{ij}^t关联的时空服务节点终点;

$p(i):=\{j|(j,i)\in E^T\}$:第 i 个时空服务节点的前继连接弧;

$s(i):=\{j|(i,j)\in E^T\}$:第 i 个时空服务节点的后继连接弧;

N_o:时空服务网络中客流起始物理车站节点集合;

N_d:时空服务网络中客流终讫物理车站节点集合。

2. 客流

W:客流 OD 对集合,$W:\{\omega=(n_o,n_d)|n_o,n_d\in N\}$;

Q:时空出行起讫点间的旅客出行动态需求,用时间相关的出行矩阵表示,其中 $Q=[q^{(\omega)}(t),\forall\omega\in W]$;

$q^{(\omega)}(t)$:t 时间段,客流 OD 对 ω 间客流量;

$q_\gamma^{(\omega)}(t)$:t 时间段,客流 OD 对 ω 间 γ 层次客流量;

MN_i^T:时空服务节点 n_i^t 的最大客流容量($n_i^t \in N^T$),为形成该时空服务节点的列车的最大上车人数(0.5×列车车门数量×停站时间×旅客上下车速度);

ME_{ij}^T:时空服务弧段 e_{ij}^t的最大客流容量($e_{ij}^t \in E^T$),为形成该时空服务弧段的列车定员;

$QN_i(t)$:t 时间段,时空服务节点 n_i^t 的客流总量;

$QE_{ij}(t)$:t 时间段,时空服务弧段 e_{ij}^t的客流总量;

$c_{ij}(t)$:通过时空服务弧段 e_{ij}^t的出行阻抗;

v_{ij}:形成时空服务弧段的列车技术速度;

$c_{k,\gamma}^{(\omega)}(n_i^t)$:第 ω 个 OD 对 γ 层次旅客选择第 k 条时空服务路径从出行起点至服务节点 n_i^t 的总出行阻抗;

$S_{k,\gamma}^{(\omega)}(t)$:$t$ 时间段,在出行路径集中,第 ω 个 OD 对 γ 层次旅客选择第 k 条路径出行;

$\delta_{k,\gamma,ij}^{(\omega)}$:时空服务弧段 e_{ij}^t与乘车方案 $S_{k,\gamma}^{(\omega)}(t)$的关系变量,$\delta_{k,\gamma,ij}^{(\omega)}=0$ 或 1;

$q_{k,\gamma}^{(\omega)}(t)$:$t$ 时间段,第 ω 个 OD 对 γ 层次旅客选择第 k 条时空服务路径出行的客流量;

$TS_\gamma^{(\omega)}(t)$:t 时间段,第 ω 个 OD 对 γ 层次客流 $q_\gamma^{(\omega)}(t)$,分配的起始时间;

$TD_\gamma^{(\omega)}(t)$:t 时间段,第 ω 个 OD 对 γ 层次客流 $q_\gamma^{(\omega)}(t)$,分配的结束时间;

D_0:虚拟客流出行终点,与每个客流 OD 对终点 $D_r \in D$,$(r=1,2,\cdots R)$相连,并设 $c_{r0}=0$, $CE_{r0}(t)=\infty$;

$\lambda_\gamma^{(\omega)}$:第 ω 个 OD 对 γ 层次客流分配优先系数;

$n_{k,k'}^{(\omega,\gamma)(\omega',\gamma')}$:第 ω 个 OD 对 γ 层次客流的第 k 条时空服务路径与第 ω'个 OD 对 γ'层次客流的第 k'条时空服务路径的交叉服务节点;

$IS_\gamma^{(\omega)}(t)$:t 时间段,第 ω 个 OD 对 γ 层次旅客 $q_\gamma^{(\omega)}(t)$,期望旅行出发服务时间窗,其中 $IS_\gamma^{(\omega)}(t)=[t_a,t_b]$;

$ID_\gamma^{(\omega)}(t)$:t 时间段,第 ω 个 OD 对 γ 层次旅客 $q_\gamma^{(\omega)}(t)$,期望旅行到达服务时间窗,其中:$ID_\gamma^{(\omega)}(t)=[t_{a'},t_{b'}]$;

t_a、t_b:t 时间段,客流 OD 对 ω 间 γ 层次旅客 $q_\gamma^{(\omega)}(t)$,旅行期望最早、最晚出发时间;

$t_{a'}$、$t_{b'}$:t 时间段,客流 OD 对 ω 间 γ 层次旅客 $q_\gamma^{(\omega)}(t)$,旅行期望最早、最晚到达时间;

$H_\gamma^{(\omega)}(t)$:t 时间段,客流 OD 对 ω 间 γ 层次旅客 $q_\gamma^{(\omega)}(t)$,换乘次数最大值矩阵,按其出行距离里程范围确定;

$T'^{(\omega)}_\gamma(t)$:t 时间段,客流 OD 对 ω 间 γ 层次旅客 $q_\gamma^{(\omega)}(t)$,换乘最大忍耐时间。

3. 决策变量

$q_{i,\gamma}^{(\omega)}(t)$：$t$ 时间段，时空服务节点 n_i^t 上来自于客流 OD 对 ω 间 γ 层次客流量；

$q_{ij,\gamma}^{(\omega)}(t)$：$t$ 时间段进入时空服务弧段 $e_{ij}^t, t+t_{ij}$ 到达服务节点 n_j，来自于客流 OD 对 ω 间 γ 层次客流量。

(二) 动态客流分配模型

第五章对多消费层次旅客乘车选择行为进行了研究，并建立多用户客流分配模型。由于在"中观策略层"规划中，形成的是不完整的高速铁路客运产品，所以对旅客的出行时间的选择行为、换乘次数、换乘时间等的选择行为都难以真正量化。那么，在"微观操作层"规划中，即将形成完整的高速铁路客运产品，要求形成的列车时空服务网络最真实的符合旅客的出行选择行为，所以，建立具有服务时间窗约束及差别性需求约束的时空服务网络动态客流分配模型，服务弧段阻抗要真实的量化弧段服务属性的效用。

在给定时间段内，考虑旅客从时空出行起点到讫点，起点为 n_o，终点为 n_d，旅客通过时空服务路径 $S_{k,\gamma}^{(\omega)}(t)$ 到达终点。旅客在时空出行起点决定选择哪条时空服务路径时，与该时空服务路径的广义费用有关。在第五章的基础上改进时空服务网络中的时空服务路径的广义费用函数为：

$$c_{k,\gamma}^{(\omega)}(n_i^t) = \omega_T(\gamma) vot_T(\gamma) T_{k,\gamma}^{(\omega)} + \omega_C(\gamma) C_{k,\gamma}^{(\omega)} + \omega_{C'}(\gamma) C'^{(\omega)}_{k,\gamma} + \omega_\rho(\gamma) \rho_{k,\gamma}^{(\omega)}$$

其中：$\omega_T(\gamma)$、$vot_T(\gamma)$、$\omega_C(\gamma)$、$\omega_{C'}(\gamma)$、$T_{k,\gamma}^{(\omega)}$、$C_{k,\gamma}^{(\omega)}$、$C'^{(\omega)}_{k,\gamma}$ 与第五章式(5-1)中含义相同。

$\omega_\rho(\gamma)$：时空服务网络中 γ 层次旅客对服务时间的心理期望转化为无形成本的权重。

$\rho_{k,\gamma}^{(\omega)}$：时空服务网络中 γ 层次旅客对服务时间的心理期望转化为无形成本的函数。此函数为非负函数，设 t 时间段，第 ω 个 OD 对 γ 层次旅客 $q_\gamma^{(\omega)}(t)$，出发的期望服务时间段为 $IS_\gamma^{(\omega)}(t) = [t_a, t_b]$，若旅客旅行出发的时间 $TS_\gamma^{(\omega)}(t) \in IS_\gamma^{(\omega)}(t)$，则 $\zeta_\gamma^{(\omega)}(t) = 0$，若旅客旅行出发的时间 $TS_\gamma^{(\omega)}(t) \notin IS_\gamma^{(\omega)}(t)$，则 $\zeta_\gamma^{(\omega)}(t) = 1$。设 t 时间段，第 ω 个 OD 对 γ 层次旅客 $q_\gamma^{(\omega)}(t)$，旅行到达的期望服务时间段为 $ID_\gamma^{(\omega)}(t) = [t_{a'}, t_{b'}]$，若旅客旅行到达的时间 $TD_\gamma^{(\omega)}(t) \in ID_\gamma^{(\omega)}(t)$，则 $\xi_\gamma^{(\omega)}(t) = 0$，若旅客旅行到达的时间 $TD_\gamma^{(\omega)}(t) \notin ID_\gamma^{(\omega)}(t)$，则 $\xi_\gamma^{(\omega)}(t) = 1$。其中：$\rho_\gamma^{(\omega)}(t) = \varpi[\zeta_\gamma^{(\omega)}(t) f_1 + \xi_\gamma^{(\omega)}(t) f_2]$。其中：

ϖ：为期望时间差值转化为无形成本的参数；

$f_1 = \begin{cases} t_a - TS_\gamma^{(\omega)}(t) & 若 TS_\gamma^{(\omega)}(t) < t_a \\ TS_\gamma^{(\omega)}(t) - t_b & 若 TS_\gamma^{(\omega)}(t) > t_b \end{cases}$ 为 t 时间段，第 ω 个 OD 对 γ 层次旅客 $q_\gamma^{(\omega)}(t)$，旅行出发时间与期望出发时间的差值函数；

$$f_2=\begin{cases} t_{a'}-TD_{\gamma}^{(\omega)}(t) & 若TD_{\gamma}^{(\omega)}(t)<t_{a'} \\ TD_{\gamma}^{(\omega)}(t)-t_{b'} & 若TD_{\gamma}^{(\omega)}(t)>t_{b'} \end{cases}$$
为 t 时间段,第 ω 个 OD 对 γ 层次旅客 $q_{\gamma}^{(\omega)}(t)$,旅行到达时间与期望到达时间的差值函数。

通过对时空服务网络旅客广义阻抗的确定,以及模型的假设,建立时空服务网络动态客流分配模型。模型的目标函数表示复杂列车时空服务网络中的所有时空起讫点间的多消费层次旅客出行的广义阻抗最小:

$$\min\sum_{t=0}^{T}\sum_{\omega\in W}\sum_{ij\in N^T}\sum_{\gamma}\lambda_{\gamma}^{(\omega)}c_{k,\gamma}^{(\omega)}(n_i^t)q_{ij,\gamma}^{(\omega)}(t) \tag{6-1}$$

约束条件:

(1)表示列车时空服务网络的初始状态:

$$q^{(\omega)}(0)=Q \quad \forall\omega\in W \tag{6-2}$$

$$q_{i,\gamma}^{(\omega)}(0)=0 \quad \forall i\in N^T \tag{6-3}$$

$$q_{ij,\gamma}^{(\omega)}(0)=0 \quad \forall i,j\in N^T \tag{6-4}$$

(2)在 t 时间段,列车时空服务节点 n_i^t 和时空服务弧段 e_{ij}^t的客流容量限制:

$$\sum_{\omega,\gamma}q_{i,\gamma}^{(\omega)}(t)\leqslant MN_i^T \tag{6-5}$$

$$\sum_{\omega,\gamma}q_{ij,\gamma}^{(\omega)}(t)\leqslant ME_{ij}^T \tag{6-6}$$

(3)在 t 时间段,时空服务节点 n_i^t 满足各时空起讫点客流的优先分配顺序:

$$q_i^{(\omega)}(t)\leqslant MN_i^T-\sum_{\omega'=1}^{\omega-1}q_i^{(\omega')}(t) \tag{6-7}$$

(4)在 t 时间段,时空服务弧段 e_{ij}^t满足各时空起讫点客流的优先分配顺序:

$$q_{ij}^{(\omega)}(t)\leqslant ME_{ij}^T-\sum_{\omega'=1}^{\omega-1}q_{ij}^{(\omega')}(t) \tag{6-8}$$

(5)表示在 t 时间段,各时空起讫点间客流量守恒:

$$q^{(\omega)}(t)=\sum_{\gamma}q_{\gamma}^{(\omega)}(t) \tag{6-9}$$

(6)表示在 t 时间段,列车时空服务网络客流量守恒:

$$\sum_{n_i^t\in N^T}q_{i,\gamma}^{(\omega)}(t)+\sum_{e_{ij}^t\in E^T}q_{ij,\gamma}^{(\omega)}(t)=q^{(\omega)}(t) \tag{6-10}$$

(7)表示在 t 时间段,对于时空 OD 对 ω,需要满足客流量守恒:

$$q^{(\omega)}(t)=\sum_{k,\gamma}q_{k,\gamma}^{(\omega)}(t) \tag{6-11}$$

(8)每条列车时空服务弧段 e_{ij}^t,需要满足客流量守恒:

$$QE_{ij}(t)=\sum_{\omega,k,\gamma}\delta_{k,\gamma,ij}^{(\omega)}q_{k,\gamma}^{(\omega)}(t) \tag{6-12}$$

(9)在 t 时间段,列车时空服务网络中时空服务节点与时空服务弧段间客流量关系:

$$q_i^{(\omega)}(t+1)-q_i^{(\omega)}(t)=\sum_{l\in p(i)}q_{li}^{(\omega)}(t-t_{li})-\sum_{j\in s(i)}q_{ij}^{(\omega)}(t) \tag{6-13}$$

(10)旅客差别服务性需求约束：

①体现服务水平的换乘次数限制：

$$\mu(S_{k,\gamma}^{(\omega)}(t))-1\leqslant H_{\gamma}^{(\omega)}(t) \tag{6-14}$$

②体现服务水平的换乘时间约束：

$$t_{k,\gamma}^{(\omega),4}\leqslant T'^{(\omega)}_{\gamma}(t) \tag{6-15}$$

③体现旅客服务需求时间窗约束：

$$t_a\leqslant TS_{\gamma}^{(\omega)}(t)\leqslant t_b \tag{6-16}$$

$$t_{a'}\leqslant TD_{\gamma}^{(\omega)}(t)\leqslant t_{b'} \tag{6-17}$$

(11)表示决策变量非负：

$$q_{i,\gamma}^{(\omega)}(t)\geqslant 0, q_{ij,\gamma}^{(\omega)}(t)\geqslant 0 \tag{6-18}$$

二、复杂列车时空服务网络客流分配算法

复杂列车时空服务网络客流分配需要解决两大核心问题,其一:是列车时空网络条件下旅客合理出行路径集合的生成,该合理路径集合需要要满足旅客时空差异性需求的多约束条件,包括旅客期望服务时间窗、换乘时间、换乘次数等多约束条件。其二:是基于合理路径集合的具有分配优先权重的客流分配动态算法。

(一)列车时空服务网络条件下旅客合理出行路径搜索子算法

列车时空服务网络条件下旅客合理出行路径搜索问题是典型的 NP-hard 问题,采用传统的方法不能求得满意解。由于旅客出行具有差异性需求的服务选择特性,在换乘次数、换乘时间、出发时间、到达时间等方面都有服务需求,所以,在微观规划阶段旅客出行路径合理集合搜索(微观规划阶段旅客出行路径合理集生成),考虑旅客需求的服务时间窗约束是符合实际旅客出行选择行为的。

在传统的旅客出行路径搜索算法基础上,考虑旅客出行路径的服务时间窗约束、差异性服务需求约束等多约束条件,提出由服务时间窗搜索算法和改进Dijkstra算法构成的列车时空服务网络条件下旅客合理出行服务路径搜索子算法。

在列车时空服务网络 $G^T=(N^T,E^T)$ 中,一条时空服务路径由多个时空服务节点和时空服务弧段组成,每个时空服务节点 $n_s^t(n,r^t,t)\in N^T$ 由物理节点信息,列车开行方案信息,及列车的开行时间序列组成。图 6-3 所示物理车站节点,时空网络服务节点之间的关系。对于一个物理车站节点而言,节点上的旅客列车到达时间、离开时间构成了时空服务节点的时间变量。时间变量描述了各个物理站点关联的列车服务时间关系。为描述某时空 OD 对某层次旅客出行选择的一条时空服务路

径经过各个物理站点以及所选择实际服务时间节点和服务弧段的情形,其示意如图 6-2 所示。

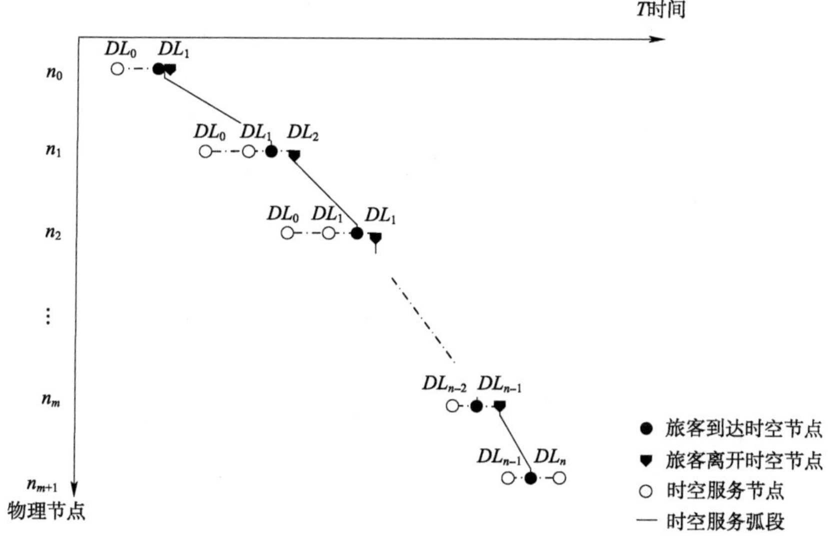

图 6-2 某 OD 对出行选择时空服务路径示意图

旅客出行时空服务路径的搜索算法,由旅客出行服务时间窗搜索子算法和多约束条件下 K 短路生成子算法组成。

1. 旅客出行服务时间窗搜索子算法

旅客出行服务时间窗是指旅客在选择列车出发的时空服务节点及换乘后再次选择列车出发服务节点的过程中,对服务时间期望的范围。那么,选择适合旅客出行的服务时间窗是基于复杂列车时空服务网络旅客出行路径搜索的必要组成部分。

(1)子算法基本符号定义

$DR^T(n)$:列车开行方案 R^T 在物理车站节点的出发时间序列集合,表明每个物理车站节点 n 与列车的出发时间相关,其中 $DR^T(n) = \{d_{0\mu}, d_{1\mu}, \cdots d_{g\mu}\}_{\mu \in S(n)}$;

μ:物理车站节点 n 的后续物理车站节点,其中:$\mu \in S(n)$;

$d_{i\mu}$:物理路网弧段(n,μ)的时间序列,第 i 个列车离开物理车站节点 n 出发时间,即时空服务弧段的服务起始时间;

p:物理车站节点 n 的前续物理车站节点,其中:$p \in P(n)$;

$AR^T(n)$:列车开行方案 R^T 在物理车站节点的到达时间序列集合,表明每个物理车站节点 n 与列车的到达时间相关,其中 $AR^T(n) = \{a_{0p}, a_{1p}, \cdots a_{gp}\}_{p \in P(n)}$;

a_{mp}:物理网络弧段(p,n)的时间序列,第 m 个列车到达物理车站的时间,也记为旅客所选择的时空服务弧段的服务终止时间；

$Y_{r^T}(p,n)$：表示从物理车站节点 p 到物理车站节点 n，列车 r^T 运行时间，即旅客在乘车时空服务弧段消耗的乘车时间；

$H_{r^T}(p,n,\mu)$：表示列车从物理车站节点 p 经过 n 到达 μ，在车站节点 n 的停站时间，$p,n,\mu \in N$；

$DL(p,n,\mu)$：旅客在物理车站节点 n 消耗的时间，包括三种情况：如果旅客选择同一列车经过物理节点 n，则为列车的停站时间；如果旅客选择不同列车经过物理节点 n，则为换乘时间；如果物理车站节点 n 是旅客的出行起点，则消耗的时间为等待列车出发的时间。

物理节点与时空服务节点关系如图 6-3 所示。

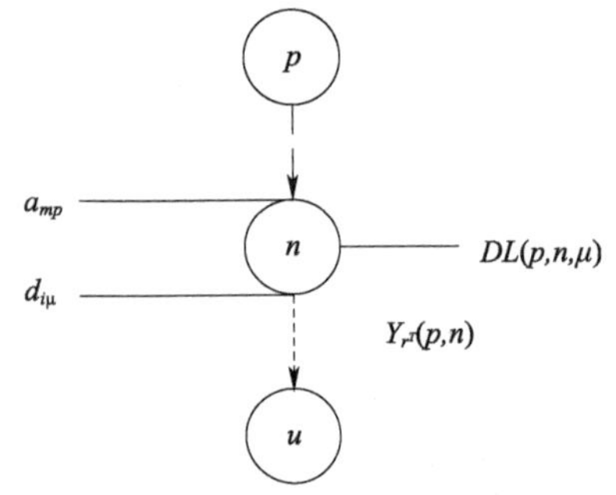

图 6-3　物理节点与时空服务节点关系

根据物理车站节点与列车到达时间、出发时间、停站时间等的定义，可以确定列车时空服务节点的时间和空间变量，搜索旅客在各时空服务节点间的服务时间窗子算法。

（2）在物理车站节点 n 搜索旅客出行的服务时间窗 $([d_{i-1,\mu},d_{i,\mu}])_{1\leqslant i\leqslant g}$

如果旅客选择时空服务弧段的列车到达物理节点 n 的时间小于首列车离开物理节点的时间（$a_{ip}<d_{0\mu}$），则旅客在物理节点 n 的等待时间为 $DL(p,n,\mu)=d_{0\mu}-a_{mp}$；

如果旅客选择时空服务弧段的列车到达物理节点 n 的时间大于首列车离开物理节点的时间（$a_{mp}>d_{i\mu}$），则旅客在物理节点 n 的等待时间为 $DL(p,n,\mu)\to\infty$；

不满足上述两种情况，若 $a_{mp}\in[d_{i-1,\mu},d_{i,\mu}]$，则搜索合适的服务时间窗范围，如果 $a_{mp}=d_{i-1,\mu}$ 或者 $a_{mp}=d_{i,\mu}$，则 $DL(p,n,\mu)=0$。如果 $d_{i-1,\mu}<a_{mp}<d_{i,\mu}$，则 $DL(p,n,\mu)=d_{i\mu}-a_{mp}$。

2. *求解带服务时间窗和换乘等多约束的旅客出行合理路径集合算法*

通过对时空服务网络以及旅客服务时间窗的相关要素关系分析，提出采用改进的 Dijkstra 算法求解带服务时间窗和换乘等多约束的旅客出行备选路径集合。使用 Dijkstra 的节点标号设置法，采用 K 个标号标记节点，解决 Dijkstra 算法求解 K 短路。然后，增加对每个有向图中节点的时间序列查找，对物理节点时间窗进行分析，计算每个物理节点的旅客消耗时间，通过判断换乘约束等多约束条件，来搜寻旅客出行时空路径上的合适服务时间窗。最后，求解每个时空起讫点间多层次客流 OD 对的合理时空出行路径集合。

本算法在 Dijkstra 算法的基础上，增加含有时间向量组标识时空服务网络中的

时空服务节点 i,另外从旅客出行起始节点到网络中后续节点的第 k 短路可能由前节点的第 1 短路到 k 短路组成,所以,节点标号向量组为:

$node_i = \{label_i[k], cost_i[k], pre_i[k], rout_i[k], T_i[k]\}$

为减少算法的搜索规模,网络中的搜索节点顺序,以物理节点为主,在物理节点的基础上搜索该物理节点处的时空服务节点[79]。

其中:

$label[k]$:表示临时标号,值是 0 或 1,0 表示该节点第 k 短路径标号是临时标号,1 表示永久标号;

$cost[k]$:表示临时标号,即从出行的起始时空服务节点到时空服务节点 i 的第 k 短时空服务路径长度;

$pre[k]$:表示从起始节点到时空服务节点 i 的第 k 短时空服务路径上的前续时空服务节点,为了算法结束时,返回找到该路径;

$rout[k]$:表示从起始节点到时空服务节点 i 的第 k 短时空服务路径是由其前一个顶点的第 k 短路径而来;

$T[k]$:第 k 短时空服务路径的服务节点 i 的当前时间标号;

SL:表示永久性标号时空服务节点集合;

TL:表示临时性标号的时空服务节点集合;

算法步骤:

*Step*1 初始化;

*Step*1.1 对旅客出行起始时空服务起点进行标号,记 $node_s$ 为:$label[k]=1, cost[k]=0, pre[k]=\phi, rout[k]=0, T[k]=t$;

*Step*1.2 将旅客出行起始时空服务起点 $node_s$ 加入到永久标号节点集合 SL 中,没有被标号的时空服务节点集合为 TL;

*Step*2 从临时性标号节点集合 TL 中,选取 $cost[k]$ 中最小的一个 i:$cost_i[k]=\min\{cost[k]\}$,点 i 就被选为第 k 短时空服务路径的一点,并加入永久性标号节点集合 SL 中。在临时标记节点集合中去除节点 i;

*Step*3 计算当前到达节点 i 的时间 $T[k]$,并进行设置;

*Step*4 验证时空服务节点 i 到所有邻接的时空服务节点旅客换乘的可行性。比较从时空服务节点 i 到所有邻接的时空服务节点 j 的旅客换乘约束集,若换乘不可行,则继续下一个邻接时空服务节点,否则转 *Step*5;

*Step*5 改进时空服务节点 i 的所有邻接时空服务节点的 $cost[k]$ 标号。需要检查所有的邻接时空节点 j 相对于 i 的标号 $cost_j[k]$ 并对其标号进行设置,c_{ij} 表示从时空服务节点 i 到时空服务节点 j 时空服务弧段的广义费用值;$cost_j[k]=\min\{cost_j[k], cost_i[k]+c_{ij}\}$;

*Step*6 修改时空服务节点 i 的所有连接的时空服务节点的时间 $T[k]$ 标号。利用服务时间窗搜索子算法，寻找每一个连接的时空服务节点 j 的最匹配的时间窗，如果没有寻找成功，则继续寻找下一个节点；若寻找成功，计算节点 j 的时间，并对其标号进行设置。t_{ij} 表示节点 i 到节点 j 花费的时间，$T_j[k]=\min\{T_j[k],T_i[k]+t_{ij}\}$；

*Step*7 寻找永久标号服务节点集合 SL，判断是否有满足 $node_j = node_{j'}, j \in SL, j' \in TL$；如果满足，则 SL 中有一个相同的节点，如果不满足，则将 Ck 加入 TL 中；

*Step*8 如果所有服务节点 $label[k]$ 都为 1，则从起始节点到终到节点前 K 短路存在，则算法结束，转 *Step*9，否则，转 *Step*2 继续；

*Step*9 从终到服务节点到起始节点返回寻找存在的前 K 短旅客出行时空服务路径。

(二)基于合理出行时空服务路径集的客流分配子算法

基于给定的复杂列车时空服务网络，首先搜索各个时空起讫点间多消费层次旅客带时间窗约束的合理出行路径集合，并计算初始客流分配量。然后基于离散时间对所有时空起讫点间多消费层次旅客带时间窗约束的合理出行路径集合进行客流分配。实时动态地更新复杂列车时空服务网络的客流容量，不断在新的时空服务网络中对所有时空起讫点间多消费层次旅客并行处理，搜索合理出行时空路径集合基础上进行客流分配，直至所有时空起讫点间多消费层次客流量都分配完毕。

基于复杂列车时空服务网络合理路径集的客流分配子算法步骤如下：

*Step*1 初始化；

Step 1.1 读入不同时空起讫点间多消费层次客流 OD 对的优先权重矩阵 $\lambda_{\gamma}^{(\omega)}$（按照综合因素确定多层次客流 OD 对的分配优先权重函数），根据优先程度由高至低依次排序；

*Step*1.2 读入不同时空起讫点间多消费层次客流 OD 对的客流量 $q_{\gamma}^{(\omega)}(t)$，时空服务节点 n_i^t 的最大客流容量 MN_i^T，时空服务弧段 e_{ij}^t 的最大客流容量 ME_{ij}^T；

Step 1.3 增加 D_0 为虚拟时空服务终点，连接各讫点，$c_{r0}=0$，$CE_{r0}(t)=\infty$；

Step 1.4 令 t 时间段，时空服务节点 n_i^t 的客流量 $QN_i(t)=MN_i^T$，时空服务弧 e_{ij}^t 的客流量 $QE_{ij}(t)=ME_{ij}^T$；

Step 1.5 令 $t=0$；

Step 2 计算不同时空起讫点间多消费层次客流 OD 对带时间窗约束合理出行路径集合；

Step 2.1 采用时空服务网络条件下旅客合理出行路径搜索子算法求出不同时空起讫点间多消费层次客流 OD 对带时间窗约束合理出行路径集合 $S_{k,\gamma}^{(\omega)}(t)$。求出

第 ω 个 OD 对 γ 层次旅客选择第 k 条时空服务路径出行的客流量 $q_{k,\gamma}^{(\omega)}(t)$ 和总广义出行阻抗 $c_{k,\gamma}^{(\omega)}(n_i^t)$；

Step 2.2 如果 $k=K$，则转 *Step* 2.3，否则，计算时空服务节点 n_i^t 和时空服务弧段 e_{ij}^t 的剩余客流容量，如果剩余客流容量为零，则在时空服务网络中删除与时空服务节点 n_i^t 相连的所有前向弧段，更新时空服务网络，如果更新后的时空服务网络不连通，那么转 *Step* 2.3，否则，令 $k=k+1$，转 *Step* 2.1；

Step 2.3 储存不同时空起讫点间多消费层次客流 OD 对的出行合理路径间的交叉服务节点 $n_{k,k'}^{(\omega,\gamma)(\omega',\gamma')}$；

Step 3 分别从第 ω 个 OD 对 γ 层次客流的第 k 条路开始客流分配；

Step 3.1 $TS_\gamma^{(\omega)}(t)=0$，按照 $\lambda_\gamma^{(\omega)}$ 对第 ω 个 OD 对 γ 层次客流开始进行客流分配；

Step 3.2 $k=1,\cdots K$，K 条合理时空服务路径同时进行客流分配。第 k 条时空路径客流量为所有组成该列车时空服务路径的时空服务弧段的最小客流容量 $q_{k,\gamma}^{(\omega)}(t)=\min\{ME_{ij}^T, e_{ij}^t\in S_{k,\gamma}^{(\omega)}(t)$ 且 $e_{ij}^t\in E^T\}$，$t=TS_\gamma^{(\omega)}$，更新时空服务网络客流容量；

Step 3.3 判断第 ω 个 OD 对 γ 层次客流是否存在第 k 条时空服务路径与优先级更高的 ω' 个 OD 对 γ' 层次客流 OD 的第 k' 条时空服务路径间有交叉服务节点 $n_{k,k'}^{(\omega,\gamma)(\omega',\gamma')}$；

Step 3.3.1 如果第 ω 个 OD 对 γ 层次客流不存在与优先级更高的客流的合理路径的交叉服务节点，则更新时间、时空服务节点流量及此刻的容量、服务弧段流量及此刻的容量，转 *Step* 5；

Step 3.3.2 如果第 ω 个 OD 对 γ 层次客流存在与优先级更高的客流的合理路径的交叉服务节点，则转 *Step* 4；

Step 4 依次对 ω 个 OD 对 γ 层次客流的合理路径间的交叉服务节点 $n_{k,k'}^{(\omega,\gamma)(\omega',\gamma')}$ 进行相应的计算。比较不同 ω 的 OD 对不同 γ 层次客流合理路径间的交叉服务节点的到达时间。若 ω' 的 OD 对 γ' 层次客流先到达，先对其进行客流分配，计算各时空服务弧段剩余客流容量以及各时空服务节点剩余客流容量，将 ω 的 OD 对 γ 层次客流按最小客流容量进行分配；若 ω 的 OD 对 γ 层次客流先到达，先对其进行客流分配；

Step 5 检查第 ω 个 OD 对 γ 层次客流是否全部分配完成，若完成时空网络全部客流分配，则算法结束，否则，$TS_\gamma^{(\omega)}=TS_\gamma^{(\omega)}+1$，返回 *Step* 3。

通过时空网络条件下旅客合理出行路径搜索子算法和客流分配子算法的动态迭代的过程，得出如图 6-4 的客流分配结果。

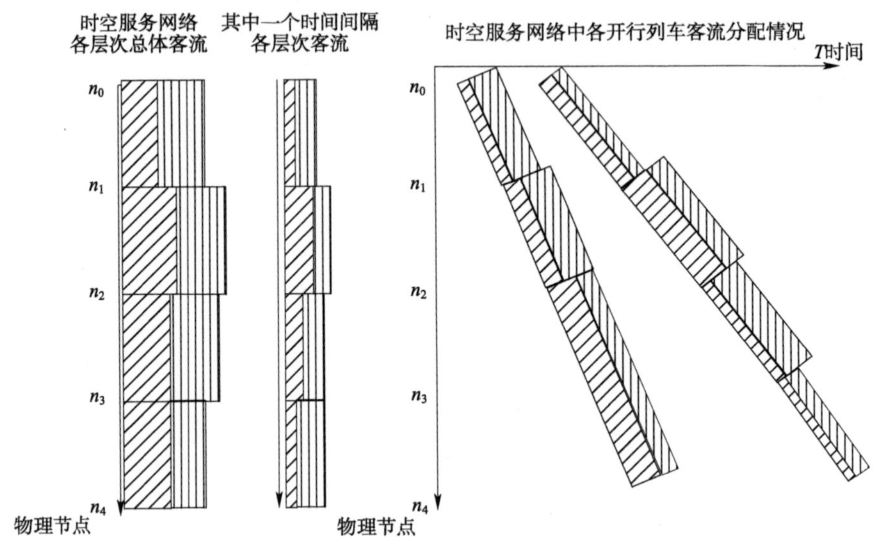

图 6-4　动态客流分配结果图

第三节　京沪高速铁路相关列车时空服务网络客流分配案例

一、列车时空服务网络构建及时空客流信息

在第五章优化后的服务网络基础上,铺画远期年度京沪高速铁路相关 30 个车站节点的列车运行图,形成初始化列车时空服务网络(采用远期规划年度数据的规模大于实际数据规模,模型和算法的应用更有适用性)。其中运行图的相关参数为 300km/h 的高速列车在北京南站和上海虹桥站的起停附加时分均为 2min,在其他站起动附加时分为 2min,停车 3min;250km/h 的高速列车起停附加时分均为 2min;高速列车在始发站发车间隔为 5min,到达最小间隔 4min;中间站追踪间隔 3min,到通(到达—通过)间隔 3min,通发(通过—发车)间隔 3min;跨线运行列车运行追踪间隔为 7min,到通间隔 6min,通发间隔 5min。各 OD 间客流总量及分类分别采用第五章案例分析中的附录 C 及表 5-2,将各 OD 对的客流总量以 30min 为间隔,在[7:00-24:00]时间段进行划分。

本案例分别采用两种方法对 7:00-24:00 时间段的客流进行划分,方法一:随机划分,采用随机数的生成,将 OD 对的日客流量划分为每半小时间隔客流量;方法二:根据现有的列车客票数据,反推客流出行的时空分布矩阵[150],图 6-5 为几个重要节点的客流出行分布曲线。在实际客运产品规划中,应该根据各个节点铁路客流出行时间分布的调研结果,进行各规划时间段的客流量划分。根据参考文献[136]的换乘条件分析给出每个城市不同车站间换乘节点时间消耗、换乘节点旅客换乘成本支出、换乘节点旅客拥挤无形成本固定支出。目前京沪高速铁路二等车票价率为0.45元/km,考虑远期物价上涨,设定人公里票价率为0.50元/km,考虑日本高铁上、下车时间分别取为1.2s/人、1.1s/人,上下车客流速度为50(人/min)、不同OD的换乘次数最大值矩阵(其中,成都与北京南、廊坊、天津南、沧州西之间客流OD对的出行距离为2500km及以上,设这些OD对间客流的最多换乘次数为2次。其他OD客流最多换乘为1次)。

在旅客列车运行图数据和客流数据基础上,构建列车时空服务网络,进行京沪高速铁路相关时空服务网络客流分配分析。首先,读入列车运行图信息,包括:高速铁路旅客列车车次、列车的始发终到车站、始发时间、终到时间、列车运行里程、列车定员。共涉及189个车次,列车始发车站节点为12个,终到车站节点为10个。另外,记录列车的停站信息,包括:停站站序、停站名称、相邻停站区间里程、列车到达时刻、列车出发时刻,表6-1为部分列车的停站信息。

部分列车停站信息 表6-1

车次	站序	车站	里程(km)	到时	发时	车次	站序	车站	里程(km)	到时	发时
G1	1	北京南	0	—	7:05	G129	3	南京南	901	15:55	15:58
G1	2	上海虹桥	1318	11:30	—	G129	4	上海虹桥	1196	16:59	—
G21	1	北京南	0	—	16:00	G141	1	徐州东	0	—	7:40
G21	2	上海虹桥	1318	20:26	—	G141	2	宿州东	68	7:55	7:58
G19	1	北京南	0	—	15:00	G141	3	蚌埠南	156	8:17	8:20
G19	2	上海虹桥	1318	19:26	—	G141	4	滁州南	272	8:45	8:48
G31	1	北京南	0	—	14:30	G141	5	南京南	331	9:01	9:04
G31	2	济南西	406	15:53	15:56	G141	6	上海虹桥	626	10:05	—
G31	3	南京南	1023	18:00	18:03	G171	1	武汉	0	—	7:01
G31	4	上海虹桥	1318	19:04	—	G171	2	南京南	516	8:46	8:49
G129	1	天津南	0	—	12:49	G171	3	镇江南	581	9:04	9:07
G129	2	济南西	284	13:47	13:50	G171	4	常州北	646	9:22	9:25

续上表

车次	站序	车站	里程(km)	到时	发时	车次	站序	车站	里程(km)	到时	发时
G171	5	上海虹桥	811	10:00	—	G333	1	郑州	0	—	20:42
G177	1	北京南	0	—	15:06	G333	2	徐州东	321	21:48	21:51
G177	2	天津南	122	15:32	15:35	G333	3	南京南	688	23:06	23:09
G177	3	济南西	406	16:33	16:36	G333	4	杭州	937	0:00	—
G177	4	徐州东	692	17:35	17:38	G339	1	郑州	0	—	15:58
G177	5	南京南	1023	18:46	18:49	G339	2	徐州东	321	17:04	17:07
G177	6	杭州	1502	20:26	—	G339	3	南京南	688	18:22	18:25
D219	1	北京南	0	—	17:40	G339	4	杭州	937	19:16	—
D219	2	天津南	122	18:11	18:13	G351	1	徐州东	0	—	10:27
D219	3	济南西	406	19:23	19:25	G351	2	南京南	367	11:42	11:45
D219	4	青岛	799	21:01	—	G351	3	杭州	616	12:36	—
G233	1	沈阳	0	—	11:10	D355	1	成都	0	—	7:06
G233	2	秦皇岛	426	12:54	12:56	D355	2	武汉	1212	11:58	12:00
G233	3	天津南	699	14:03	14:05	D355	3	合肥	1554	13:24	13:26
G233	4	济南西	983	15:15	—	D355	4	南京南	1720	14:07	14:09
D285	1	青岛	0	—	8:57	D355	5	上海虹桥	2015	15:21	—
D285	2	济南西	363	10:26	10:28	D367	1	武汉	0	—	8:09
D285	3	徐州东	649	11:38	11:40	D367	2	合肥	342	9:33	9:35
D285	4	郑州	924	12:48	—	D367	3	南京南	508	10:16	10:18
D295	2	北京南	780	16:44	16:46	D367	4	上海虹桥	803	11:30	—
D295	3	徐州东	1472	19:34	—	D369	1	武汉	0	—	16:20
G327	1	郑州	0	—	7:05	D369	2	合肥	342	17:44	17:46
G327	2	徐州东	321	8:11	8:14	D369	3	南京南	508	18:27	18:29
G327	3	南京南	688	9:29	—	D369	4	上海虹桥	803	19:41	—

续上表

车次	站序	车站	里程(km)	到时	发时	车次	站序	车站	里程(km)	到时	发时
D377	1	合肥	0	—	7:25	D379	1	合肥	0	—	15:59
D377	2	南京南	166	8:06	8:08	D379	2	南京南	166	16:40	16:42
D377	3	上海虹桥	461	9:20	—	D379	3	上海虹桥	461	17:54	—

根据目前开行列车的客票数据，统计车次为 G、D 列车实际客流情况，通过列车的实际客流值反推 30 个车站节点间的客流时空分布。图 6-5 为其中三个车站节点间客流出行时间分布图。

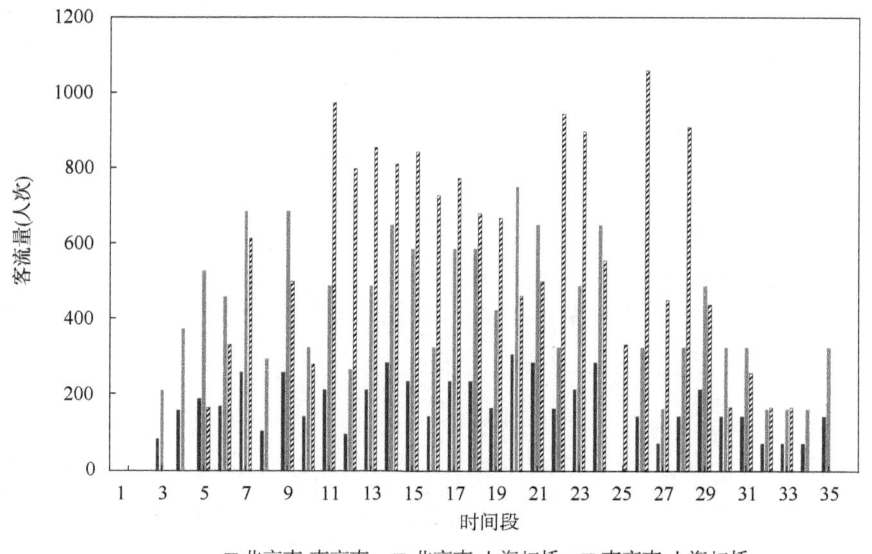

图 6-5　客流出行时间分布图

二、客流时空服务路径生成及选择结果分析

利用 MATLAB 编程实现列车时空服务网络生成、旅客出行服务时间窗搜索算法以及客流分配算法，通过计算输出全部 OD 对在各个时间间隔的客流出行选择情况，即动态客流分配结果，该结果可以反映“微观操作层”列车时空服务网络旅客选择的时空服务路径信息。表 6-2 列出了部分客流 OD 某时间段的旅客出行选择信息：包括旅客期望服务时间窗口、实际提供给旅客服务的时间（包括：出发时间、到达时间）、旅客的出行时空服务路径及流量、换乘次数、选择车次。

表 6-2

部分时空客流 OD 出行选择情况

时空客流 OD 名称		期望服务时间窗		实际服务时间		客流量（人次）	客流时空服务路径
		出发时间	到达时间	出发时间	到达时间		
07:00	北京南→天津南	07:20—08:35	07:48—09:55	08:29	08:55	91	北京南→G53→天津南
10:30	廊坊→天津南	10:50—12:27	11:04—13:57	11:27	11:41	225	廊坊→G107→天津南
16:30	北京南→沧州西	16:50—17:59	17:43—20:18	17:20	18:08	497	北京南→G59→沧州西
10:00	廊坊→沧州西	10:20—12:22	10:58—13:39	11:27	12:03	50	廊坊→G107→沧州西
08:00	北京南→德州东	08:20—09:52	09:38—11:23	08:05	09:23	155	北京南→G113→德州东
17:00	廊坊→德州东	17:20—18:59	18:23—20:06	19:27	20:28	126	廊坊→G115→德州东
11:00	天津南→德州东	11:20—12:36	12:09—14:30	11:44	12:28	103	天津南→G107→德州东
13:00	沧州西→德州东	13:20—15:24	13:44—16:26	15:06	15:28	30	沧州西→G111→德州东
08:30	北京南→济南西	08:50—10:35	10:30—11:42	09:25	10:52	108	北京南→G101→济南西
17:00	廊坊→济南西	17:20—18:31	18:45—19:56	19:27	20:51	55	廊坊→G115→济南西
09:00	天津南→济南西	09:20—10:53	10:31—11:55	10:44	11:42	100	天津南→G47→济南西
09:30	沧州西→济南西	09:50—10:47	10:37—12:11	09:56	10:37	124	沧州西→G51→济南西
10:00	德州东→济南西	10:20—11:34	10:42—13:57	12:31	12:51	46	德州东→G107→济南西
11:30	北京南→泰安	11:50—13:07	13:44—15:58	13:20	15:08	118	北京南→G69→泰安
12:00	廊坊→泰安	12:20—13:57	14:00—15:30	12:27	15:08	4	廊坊→G109→天津南→G69→泰安
09:00	天津南→泰安	09:20—10:36	10:45—14:01	09:34	10:53	216	天津南→G51→泰安
16:30	北京南→曲阜东	16:50—18:14	19:01—21:16	17:20	19:27	273	北京南→G59→曲阜东
12:00	廊坊→曲阜东	12:20—13:41	14:16—16:17	12:27	16:02	5	廊坊→G109→天津南→G67→曲阜东

续上表

时空客流 OD 名称		期望服务时间窗		实际服务时间		客流量（人次）	客流时空服务路径
		出发时间	到达时间	出发时间	到达时间		
19:00	济南西→曲阜东	19:20—20:39	19:50—22:26	20:15	20:47	576	济南西→G71→曲阜东
12:00	廊坊→枣庄	12:20—13:21	14:38—16:01	12:27	15:50	2	廊坊→G109→天津南→G69→枣庄
09:30	北京南→徐州东	09:50—11:55	12:38—14:12	10:35	12:55	111	北京南→G73→徐州东
09:00	天津南→徐州东	09:20—10:55	11:40—12:48	10:39	12:39	67	天津南→G251→徐州东
14:00	济南西→徐州东	14:20—16:18	15:28—16:31	14:30	15:40	118	济南西→D265→徐州东
12:30	北京南→上海虹桥	12:50—14:05	18:06—19:19	14:00	18:26	146	北京南→G17→上海虹桥
10:30	曲阜东→上海虹桥	10:50—12:02	13:55—17:00	11:15	14:17	164	曲阜东→G51→上海虹桥
19:30	南京南→上海虹桥	19:50—21:13	20:58—21:58	20:34	21:54	222	南京南→G589→上海虹桥
10:30	镇江南→上海虹桥	10:50—12:27	11:42—13:27	11:36	12:29	159	镇江南→G169→上海虹桥
21:00	苏州北→上海虹桥	21:20—22:51	21:38—00:00	21:36	21:54	136	苏州北→G41→上海虹桥
14:30	沧州西→郑州	14:50—15:59	18:11—20:33	14:46	19:26	2	沧州西→G67→济南西→G307→郑州
17:00	沈阳→青岛	17:20—18:42	22:32—00:00	17:20	23:51	59	沈阳→D235→天津南→D223→青岛
07:30	北京南→合肥	07:50—09:37	11:47—12:57	08:43	12:58	110	北京南→G199→合肥
16:00	曲阜东→合肥	16:20—17:29	18:06—19:56	16:25	20:55	1	曲阜东→G83→徐州东→G209→合肥
18:00	徐州东→合肥	18:20—19:36	19:28—22:14	19:12	20:55	105	徐州东→G209→合肥
12:00	泰安→杭州	12:20—14:24	15:33—17:06	13:11	18:01	1	泰安→G81→徐州东→G349→杭州
20:00	蚌埠南→杭州	20:20—21:29	22:01—23:03	20:47	23:48	19	蚌埠南→G59→南京南→G337→杭州

对表6-2中列出的部分时空客流OD对出行情况进行分析，如表6-3，对8支时空OD客流的服务情况进行重点分析，其中：延迟服务是指在期望的服务时间窗后提供了服务。

部分时空客流OD服务情况分析 表6-3

时空客流OD名称		延迟服务		换乘1次	原因分析
		出发延迟	到达延迟		
17:00	廊坊→济南西	√	√	×	本线客流，列车服务时间与旅客期望出行时间存在偏差
17:00	廊坊→德州东	√	√	×	
10:00	德州东→济南西	√	√	×	
12:00	廊坊→泰安	×	×	√	本线客流，无直达服务
14:30	沧州西→郑州	×	×	√	跨线客流，无直达服务
12:00	泰安→杭州	×	√	√	跨线客流，无直达服务，列车停站引起到达延迟
20:00	蚌埠南→杭州	×	√	√	

根据时空客流OD服务情况的分析，可以对时空服务网络进行局部优化调节，或采取启发式策略进行服务网络的整体优化。图6-6a)、b)、c)是旅客列车时空服务网络中任意三个时空服务片段中列车客流分布情况示意图：其中用红色和蓝色区分跨线列车和本线列车；线条的粗细与客流量的大小成正比。

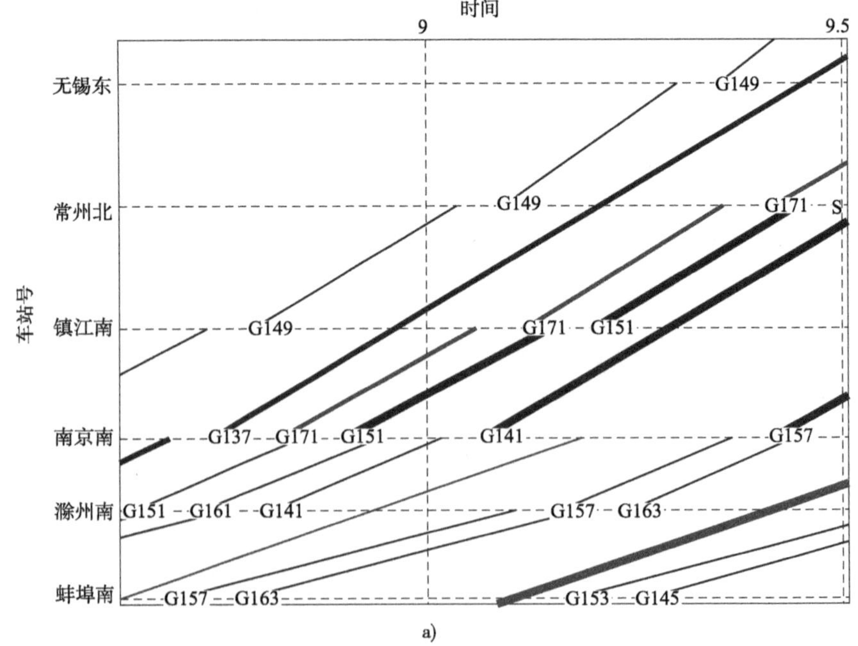

a)

图 6-6

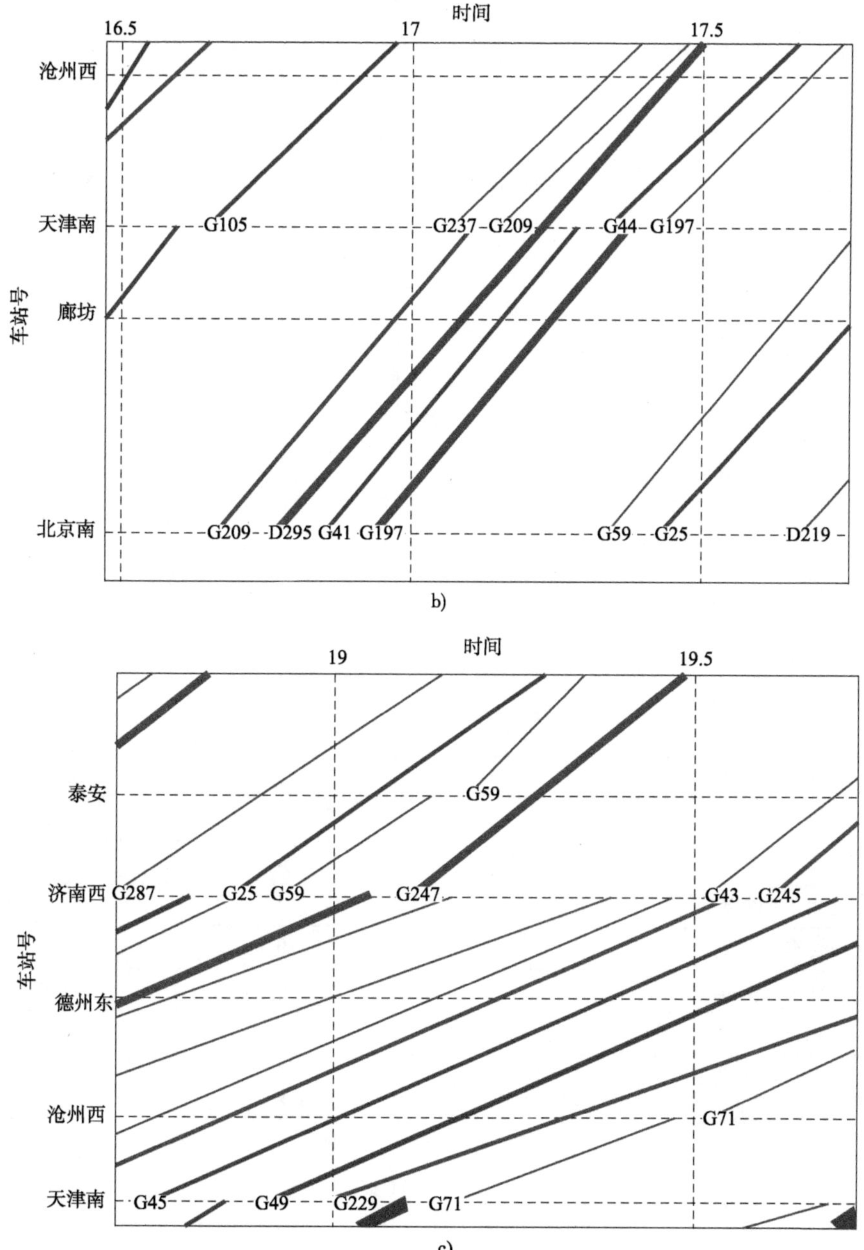

b)

c)

图 6-6　列车时空服务网络中客流分布

三、列车时空服务网络服务指标分析

通过对动态客流分配结果的统计，计算所有 OD 对的平均换乘时间、平均换乘次数、旅行期望服务时间窗满足率。该三项数据可以评价规划中的列车时空网络服务指标，指导旅客列车时空服务网络整体优化调整。表6-4为部分OD服务情况的统计。

部分客流OD服务指标统计 表6-4

客流OD名称	平均换乘时间（min）	平均换乘次数	期望服务时间窗满足率（%）
北京南→廊坊	0	0	72.40
北京南→天津南	0	0	95.41
廊坊→天津南	0	0	54.51
北京南→沧州西	0	0	62.00
北京南→济南西	0	0	95.82
廊坊→济南西	12.19	0.32	56.60
天津南→济南西	0	0	92.68
沧州西→济南西	0	0	69.82
德州东→济南西	0	0	47.87
北京南→泰安	0	0	57.61
天津南→泰安	0	0	85.46
沧州西→泰安	0	0	84.46
济南西→泰安	0	0	87.36
北京南→曲阜东	0	0	74.39
天津南→曲阜东	0	0	89.84
徐州东→蚌埠南	0	0	84.00
无锡东→南京南	0	0	73.05
天津南→无锡东	0	0	78.92
沧州西→无锡东	0	0	81.58
北京南→上海虹桥	0	0	50.49
天津南→上海虹桥	0	0	90.12
南京南→上海虹桥	0	0	95.58
北京南→青岛	0	0	74.17
廊坊→郑州	43.41	0.50	20.59
北京南→杭州	1.73	0.03	42.63
宿州东→杭州	68.11	0.87	33.10

通过对客流OD服务指标的统计，其中部分客流OD间存在换乘和服务时间窗满足率较低的情况。例如：廊坊与济南西、郑州起讫点间存在客流换乘，而且换乘

的平均时间为12.19min、43.41min,平均换乘次数分别为0.32次和0.50次。廊坊与济南西、泰安、曲阜东、枣庄、徐州东、南京南、青岛、杭州、上海虹桥、郑州、合肥起讫点间客流平均换乘时间在12.20~70.42min,服务时间窗满足率在10.20%~56.60%;德州东与青岛、合肥、杭州起讫点间客流平均换乘时间在50.89~123.76min,服务时间窗满足率在2.56%~89.00%;沧州西与郑州、青岛、合肥、杭州起讫点间客流平均换乘时间在33.88~120.81min,服务时间窗满足率在14.29%~50.20%;泰安与武汉、杭州起讫点间客流平均换乘时间在57.45~82.69min,服务时间窗满足率在1.96%~18.31%;曲阜东与武汉、杭州起讫点间客流平均换乘时间在57.66~83.10min,服务时间窗满足率在0.99%~13.69%;沈阳与青岛起讫点间客流平均换乘时间73.76min,服务时间窗满足率在4.91%;枣庄与杭州起讫点间客流平均换乘时间46.76min,服务时间窗满足率在12.95%;宿州东与杭州起讫点间客流平均换乘时间68.11min,服务时间窗满足率在33.10%;蚌埠南与杭州起讫点间客流平均换乘时间65.82min,服务时间窗满足率在36.69%。

通过分析案例中的初始时空服务网络的动态客流分配结果,针对一些重点的客流OD的服务指标值,需要进一步调整时空服务网络,则应该结合列车服务的时间特性和空间特性,来考虑调整列车开行方案或列车运行图。从而,达到高速铁路客运产品一体优化。

四、客流诱导下的列车时空服务网络客流分配结果分析

高速铁路客运产品是铁路的高端运输服务产品,要做到适应市场的实时动态需求,要求规划的服务网络具有市场波动弹性。在实际运营中,企业可以制定多种类的客流诱导方案来引导时空客流在列车时空服务网络上的分布,适应客流高低峰的波动,即引导旅客的动态出行选择。

客流诱导方案要根据市场的变化而制定,所以,根据不同的情况,客流诱导方案中的具体措施的组成不同。本案例仅针对高速铁路客流高低峰期,采取客票浮动的诱导措施来分析列车时空服务网络中客流动态变化的情况,但由于资料有限,仅对高速铁路内部系统做客流分配的分析,但是在实际中,高速铁路客流要与航空客流以及其他运输方式系统产生客流的动态性选择变化,本案例中暂不考虑。

根据列车服务网络各项服务指标的分析,制定京沪高速铁路相关时空服务网络票价浮动客流诱导方案。一般情况下,京沪高速铁路相关网络范围内(包括京沪本线高速列车和跨京沪线列车)进行分线路、分时段、分席别票价上下浮动10%~20%。本案例中,通过调整票价率ρ的取值,控制票价的浮动。表6-5为列车时空网络中的所有线路采用统一票价率$\rho=0.45$时,部分列车的平均上座率情况。

$\rho = 0.45$，部分列车上座率情况　　表6-5

车次	始发时间	始发车站	终到时间	终到车站	运行里程（km）	票价（元/km）	平均上座率（%）
G25	17:25	北京南	22:00	上海虹桥	1318	0.45	57.06
G35	11:30	北京南	16:25	上海虹桥	1318	0.45	100.83
G37	13:30	北京南	18:25	上海虹桥	1318	0.45	122.53
G39	15:30	北京南	20:25	上海虹桥	1318	0.45	89.92
G43	18:00	北京南	23:04	上海虹桥	1318	0.45	52.98
G55	11:00	北京南	16:12	上海虹桥	1318	0.45	115.11
G57	14:05	北京南	19:17	上海虹桥	1318	0.45	87.16
G65	7:50	北京南	13:07	上海虹桥	1318	0.45	123.34
G67	13:55	北京南	19:12	上海虹桥	1318	0.45	83.96
G69	13:20	北京南	18:37	上海虹桥	1318	0.45	122.54
G71	18:40	北京南	23:57	上海虹桥	1318	0.45	125.81
G85	19:20	北京南	21:53	徐州东	692	0.45	103.25
G169	9:30	武汉	12:29	上海虹桥	811	0.45	57.83
G175	19:00	武汉	21:59	上海虹桥	811	0.45	68.56
G179	7:45	北京南	13:05	杭州	1502	0.45	73.49
G181	9:15	北京南	14:35	杭州	1502	0.45	77.43
G183	9:50	北京南	15:10	杭州	1502	0.45	85.85
G185	10:50	北京南	16:10	杭州	1502	0.45	99.59
G191	13:50	北京南	19:10	杭州	1502	0.45	61.93
G193	14:55	北京南	20:15	杭州	1502	0.45	56.63
G197	16:56	北京南	22:16	杭州	1502	0.45	85.38
G199	8:43	北京南	12:58	合肥	1177	0.45	62.24
G203	12:40	北京南	16:55	合肥	1177	0.45	98.79
G209	16:40	北京南	20:55	合肥	1177	0.45	65.47
G217	13:40	北京南	17:01	青岛	799	0.45	75.22
G233	11:10	沈阳	15:15	济南西	983	0.45	59.51
G247	18:05	天津南	21:22	郑州	934	0.45	111.92
G251	10:39	天津南	13:56	郑州	934	0.45	81.08
G255	15:40	天津南	18:57	郑州	934	0.45	79.48
G261	15:03	天津南	17:51	青岛	677	0.45	74.45
G305	14:20	济南西	19:56	武汉	1626	0.45	70.42
G323	17:31	郑州	20:59	上海虹桥	983	0.45	53.56
G331	8:00	郑州	11:18	杭州	937	0.45	62.75
G345	21:45	徐州东	23:54	杭州	616	0.45	118.51
G349	15:52	徐州东	18:01	杭州	616	0.45	84.17

根据表6-5的客流分配结果和列车平均上座率结果，在由187个车次构成的列车时空服务网络中，本案例选择表6-5中30个车次实施客流诱导。调整部分线路的票价率ρ在0.405~0.54之间浮动，形成客流诱导方案。对比分析实施客流诱导方案前后，部分旅客列车的平均上座率变化情况，如表6-6所示。主要研究目的在于分析实施客流诱导方案对列车时空服务网络客流分配结果产生的影响。

部分列车上座率变化情况表 表6-6

编号	车次	实施客流诱导前		实施客流诱导后	
		票价率(元/km)	平均上座率(%)	票价率(元/km)	平均上座率(%)
1	G25	0.45	57.06	0.405	67.43
2	G35	0.45	100.83	0.45	97.78
3	G37	0.45	122.53	0.54	100.75
4	G39	0.45	89.92	0.45	74.46
5	G43	0.45	52.98	0.405	65.84
6	G55	0.45	115.11	0.5	107.02
7	G57	0.45	87.16	0.45	108.95
8	G65	0.45	123.34	0.54	111.97
9	G67	0.45	83.96	0.45	106.56
10	G69	0.45	122.54	0.54	111.53
11	G71	0.45	125.81	0.54	127
12	G85	0.45	103.25	0.45	103.25
13	G169	0.45	57.83	0.405	53.47
14	G175	0.45	68.56	0.42	91.94
15	G181	0.45	77.43	0.43	102.45
16	G183	0.45	85.85	0.45	97.68
17	G185	0.45	99.59	0.45	80.63
18	G191	0.45	61.93	0.41	79.8
19	G193	0.45	56.63	0.405	57.04
20	G197	0.45	85.38	0.45	79
21	G203	0.45	98.79	0.45	104.86
22	G209	0.45	65.47	0.41	64.88
23	G217	0.45	75.22	0.43	76.14
24	G233	0.45	59.51	0.405	59
25	G247	0.45	111.92	0.52	122.59
26	G251	0.45	81.08	0.45	84.65
27	G255	0.45	79.48	0.43	74.52
28	G261	0.45	74.45	0.43	64.03
29	G345	0.45	118.51	0.54	104.95
30	G349	0.45	84.17	0.45	75.32

根据表6-5对30个车次实施客流诱导方案，分析实施方案前后列车平均上座

率变化情况。经研究得出五种诱导结论：

(1)通过降低票价率,列车平均上座率提升。如图 6-7a) 所示,其中:G25、G43、G175、G181、G191、G193、G217 7 个车次的列车平均上座率由诱导前的52.98% ~77.43%提高到57.04% ~102.45%。

(2)通过提高票价率,列车平均上座率降低。如图 6-7b)所示,其中:G37、G55、G65、G69、G345 5 个车次的列车平均上座率由诱导前的115.11% ~ 123.34%降低到100.75% ~ 111.97%。

(3)票价率不变,列车平均上座率发生变化。如图6-7c)所示,其中:G35、G39、G57、G67、G183、G185、G197、G203、G251、G349 10 个车次的列车平均上座率发生变化,主要原因是受其他列车票价率的改变,而引起自身被客流选择的改变。

(4)反诱导现象出现,即降低票价率,列车平均上座率降低;提高票价率列车平均上座率提升。如图 6-7d)所示,其中:G71、G169、G209、G233、G247、G255 6 个车次的列车平均上座率由诱导前后列车上座率发生微小的变化,一方面的原因是受其他列车票价率的改变,而引起自身被客流选择的改变;另一方面的原因是票价率的改变对该列车而言无竞争力,这种影响力度(或客流诱导力度相对与之竞争的列车而言较小),所以出现反诱导现象。

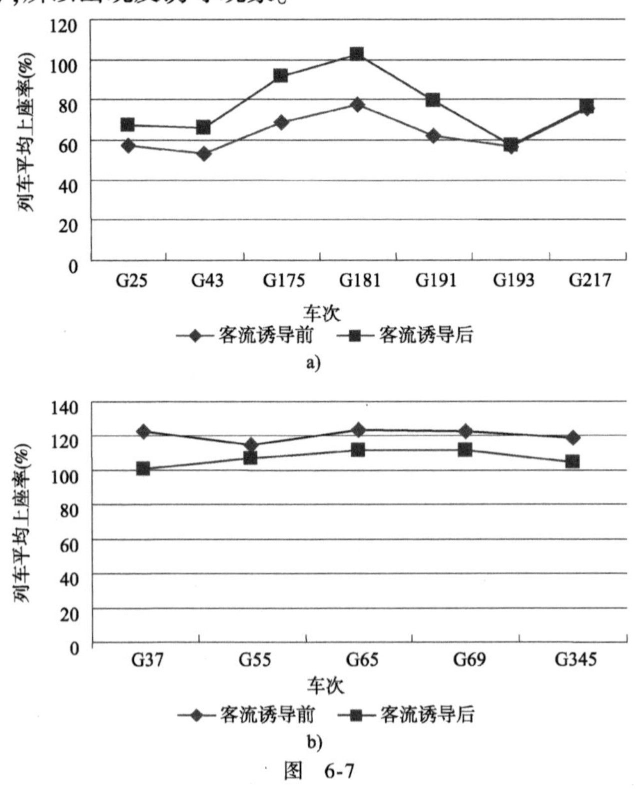

a)

b)

图 6-7

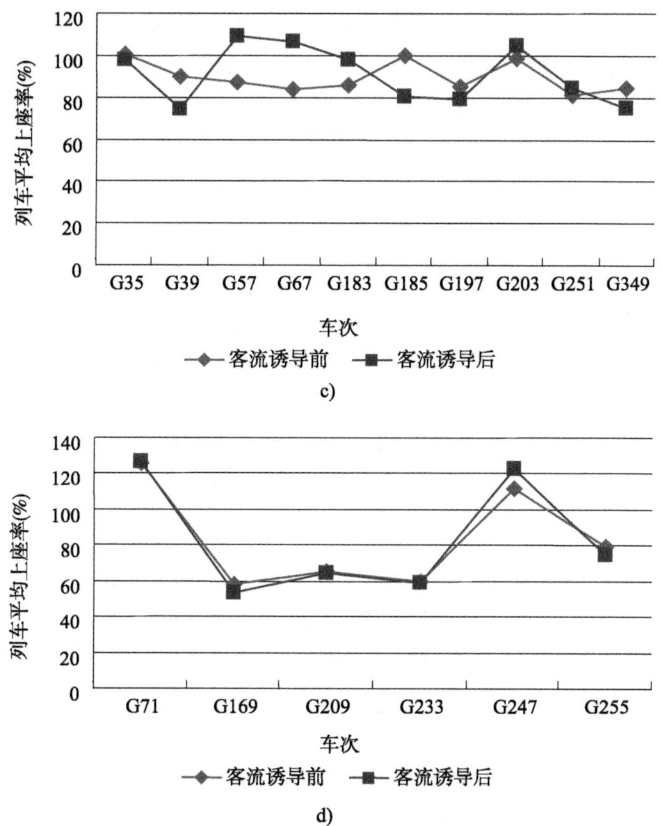

图 6-7　列车平均上座率变化曲线

(5)票价率不变,列车平均上座率不变化。其中:G85 次列车没有受到其他列车客流诱导的影响,列车平均上座率仍为 103.25%。

通过以上分析可知,实际客运产品投入运营中,客流诱导方案的有效实施需要综合考虑多种因素,进行全局优化调整,适合客流的动态选择。

第四节　本章小结

复杂列车时空服务网络的客流分配比较复杂,尤其要实现在时空网络环境下,对多层次旅客出行选择的优化。从目前国内外研究与实践来看,用于解决铁路领域的理论和方法较少,本章针对高速铁路微观层规划的特点,主要展开了如下工作:

(1)对"微观操作层"客运产品设计的列车时空服务网络进行构建,提出服务网络的时空特性。本章重点提出并分析了列车服务网络的时间特性,提出客运产品的规划具有服务时间供给的特性。

(2)由于高速铁路旅客对出行服务时间可靠性要求较高,不同层次旅客有不同的服务时间窗期望,此外,旅客对换乘次数、换乘时间都有相应的要求。结合这些换乘和服务时间窗的限制,本章确定了列车时空服务网络中的服务弧段阻抗。

(3)为实现时空客流在列车时空服务网络中的分配,研究时空需求与时空供给的相互匹配关系,本章提出了具有旅客时空差别服务性需求约束的复杂列车时空网络客流分配模型。该模型实现了在复杂网络条件下,根据动态需求的分配权重函数不同,来完成客流时空分配。

(4)根据本章提出的时空客流分配模型特点,设计时空服务网络合理路径生成子算法和基于合理时空服务路径的客流分配子算法的迭代求解模型。本章设计了具有出行时间窗约束、换乘时间约束、换乘次数约束等旅客时空差别服务性需求的多约束时空服务网络合理路径生成子算法,该子算法核心是旅客出行合理服务时间窗的搜索;设计了在网络条件下,实现具有不同分配权重的时空客流分配子算法。

最后,根据本章提出的列车时空网络客流分配模型与算法,利用 MATLAB 编程实现,求解由 189 个列车,300km/h 和 250km/h 两种速度等级构成的京沪高速铁路相关时空服务网络客流分配问题。客流分配结果平均时间 3min 实现了 30 多万个时空客流 OD 的客流分配,并对时空客流 OD 出行选择情况进行统计,重点分析了综合服务指标较低的时空客流 OD 的服务供给情况。在时空服务网络中,对 380 个客流 OD 的平均换乘次数、平均换乘时间、服务时间窗满足率的指标进行了计算,经过研究发现,在给定的时空服务网络下,客流节点(廊坊、德州东、沧州西、泰安、曲阜东等)与其衔接的客流节点之间,供给服务时间窗与期望服务时间窗偏差较大,有待时空服务网络的进一步调整。为研究客流诱导下客流分配结果的变化情况,本章重点分析了 30 个列车在实施客流诱导方案前后,列车平均上座率的变化情况。经研究得出五种诱导结果,该结论可以用于实际运营中的客流诱导方案制定。

本章的理论方法是实现客运产品微观规划的核心技术,可以指导应用系统开发。实际应用中,可以作为路网条件下高速铁路列车运行图优化生成的子模块,在给定初始运行图的前提下,通过本章提出的模型和算法,对给定的方案进行评价,最终,达到整体优化的目的。

第七章
基于客流分配技术的高速铁路列车开行方案评估

列车开行方案评估是方案编制过程中不可或缺的重要环节，无论在开行方案编制阶段还是开行方案实施阶段，根据方案评估结果对列车开行方案优化调整都具有十分重要的指导意义。列车开行方案在未实施之前由于没有实际的客流数据，跟客流相关的指标(例如客座率、客票收入等)的计算需要借助客流分配技术获取，客流分配结果对于评估结果起到决定性的作用。

第一节　列车开行方案评估车流匹配指标体系构建及计算

一、评估指标体系构建

结合高速铁路开行方案的实际情况，建立如表7-1的车流匹配指标体系，该指标体系包含车流匹配指标(12个)，从车、流到车流匹配方面反映方案的运营效果[149]。

高速铁路列车开行方案车流匹配指标体系　　表7-1

一级指标	二级指标	三级指标		指标性质
		总体指标	个体指标	
车流匹配	运量指标	总旅客发送量	每列车旅客发送量	正
		总旅客周转量	每列车旅客周转量	正
		区段客流密度	—	正
		平均客座率	每列车客座率	正
		平均上座率	每列车上座率	正
	旅客服务水平	旅客平均运距	每列车旅客平均运距	适度
		旅客平均旅行时间	每列车旅客平均旅行时间	负
		旅客平均旅行时间损失	每列车旅客平均旅行时间损失	负
		旅客直达率	—	正
		总换乘人数	每列车换乘人数	负
		平均换乘时间	每列车换乘旅客平均换乘时间	负
		旅客期望时间窗满足率	每列车旅客期望时间窗满足率	正

该评估指标体系中,各个指标对方案综合评估效用的影响方向各不相同,有些指标跟方案综合评估效用之间呈正相关关系,称之为正指标,例如客票收入,其值越大越好;而有些指标跟方案综合评估效用之间是负相关关系,称之为负指标,例如列车车底需求数,其值越小越好;还有一些指标对综合评估效用没有影响,或者影响无法判断,称之为适度指标,例如停站数,它既不是越多越好也不是越少越好。建立的评估指标体系根据其涵义很容易判断正负性,如表 7-1 所示。

列车开行方案评估属于事前评估,没有直接的客流数据,因此与客流相关的指标需要通过客流分配技术获取,此类指标主要包括车流匹配、收入以及成本等指标,如图 7-1 所示。

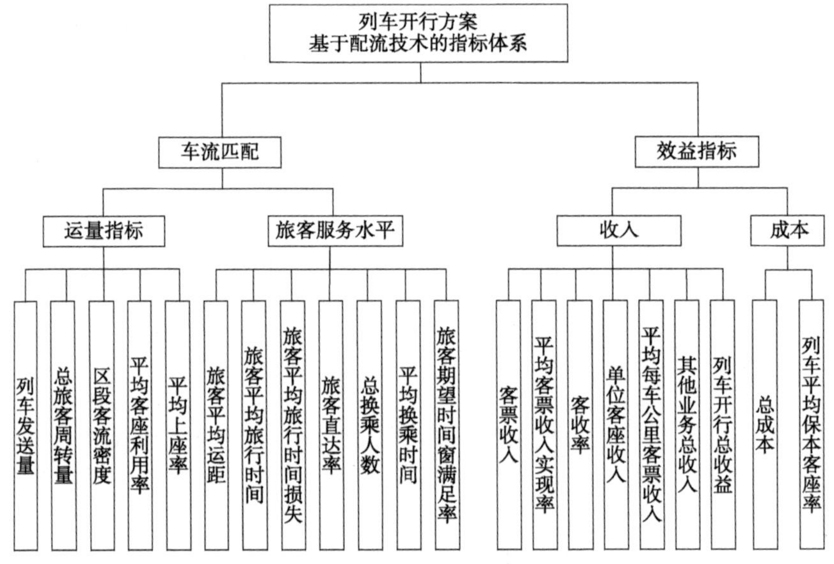

图 7-1　列车开行方案基于配流技术的指标体系

"按流开车"是铁路企业提高经济效益、增加铁路客运产品市场竞争力的重要手段,由于高速铁路客流存在时段波动性,不同时段客流需求不同,相应的就应该制定不同的方案,但是完全重新编制一套开行方案费时费力,而且不同时段的方案虽有差异但是也有很大的共性,因此,可以基于一套基本方案,利用客流分配技术,对不同时段的客流需求分别进行客流分配,并对基于配流的指标进行计算和评估,根据评估结果对方案进行优化调整以得到适应不同时段的方案。

二、基于时空网客流分配技术的指标计算

传统列车开行方案评估的对象是没有时间约束的列车服务网络,此阶段的开行方案设计和客流分配方法不能体现客流在一天中各个时段的分布情况。带有时间窗约束的列车服务网络客流分配能消除旅客出行时间上的不确定性,更加精确

地描述了旅客出行选择行为，也更加适用于高速铁路客运产品规划中车与流的匹配分析。

列车时空服务网络由基本服务网络加上运行图中的停站时刻约束而形成，如图 7-2 所示，此网络由具有时空特性的服务节点和服务弧段组成，时空服务网络的评估和优化要符合旅客出行的动态需求特性。

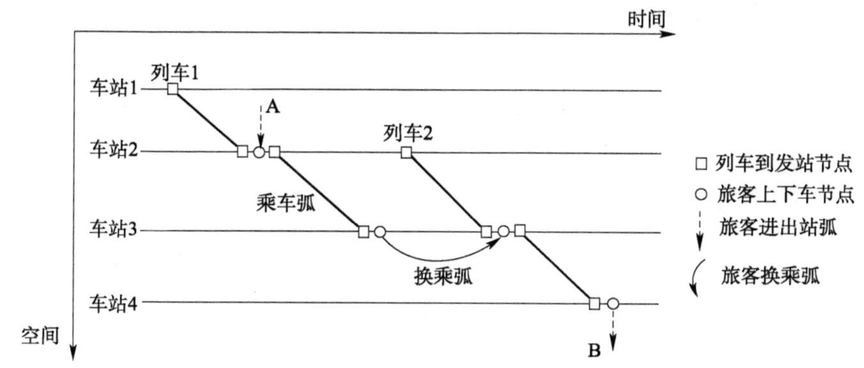

图 7-2　列车时空服务网示意图

基于复杂时空服务网络的客流分配算法需要解决的关键问题如图 7-3 所示。

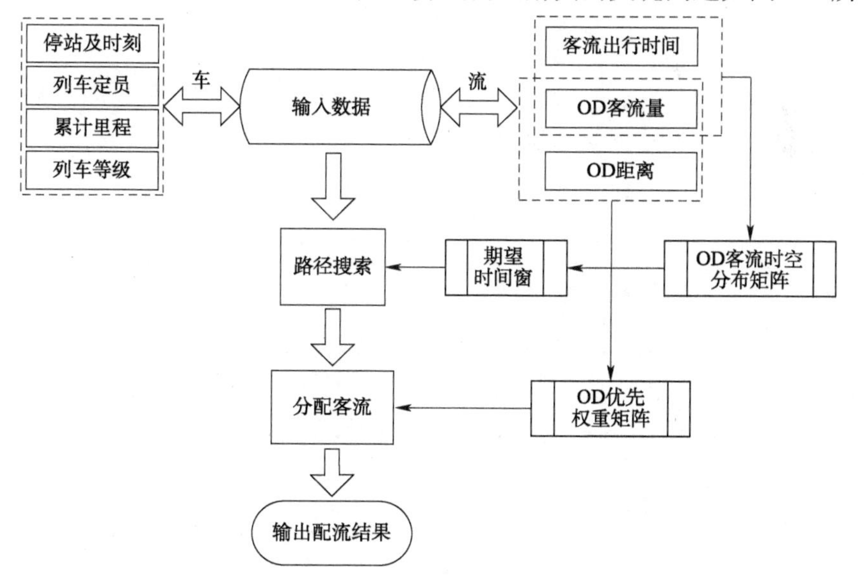

图 7-3　时空网客流分配关键技术

时空服务网络中列车的时空服务路径要尽可能逼近旅客出行时空分布，尽量满足不同 OD 间的旅客对列车出发及到达服务时间窗的需求。在实际客运产品规划中，应该基于各个节点的问卷调查结果确定铁路客流出行时间分布，并进行各规划时间段客流量的划分，但是由于该过程工作量太大，且问卷调查经常会出现样本失真的情况,因此主要根据现有的列车客票数据来反推客流出行的时空分布矩阵。

由于根据真实的客票数据统计的客流会受列车到发时刻的影响而在列车发车时间点处比较集中,不能准确地反映基于旅客真实意愿的期望出行时间分布,因此假设发车时间点处的客流在该时间点处服从标准正态分布,如下图 7-4 所示。例如根据列车 i 的客票数据得到其在发车时刻 t_i 时上车人数为 Q_i,假设 Q_i 服从期望为 t_i 的标准状态分布。

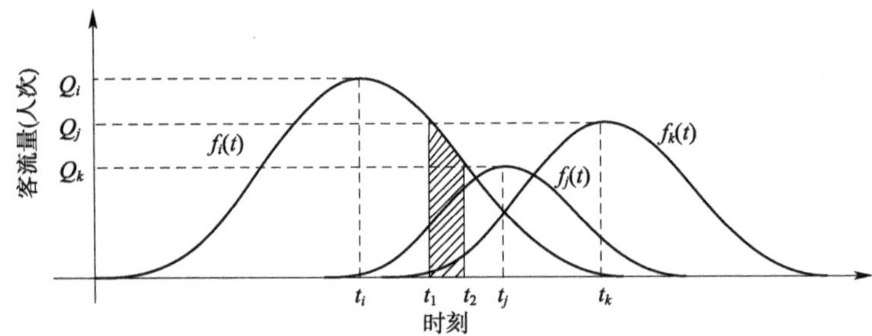

图 7-4　标准正态分布平滑处理示意图

然后对不同时间段内的所有列车的客流进行累加,得到每个时间段内经平滑处理后的客流量。$[t_1, t_2]$时间段内经平滑处理后的客流量为:

$$Q_{t_1t_2} = \frac{1}{2}(t_2 - t_1)\sum_{i=1}^{N}[f_i(t_1) + f_i(t_2)] \tag{7-1}$$

图 7-5 展示的是广州南—武汉的客流在[7:00—24:00]时间段上平滑前后的时空分布对比,按每半小时进行统计。

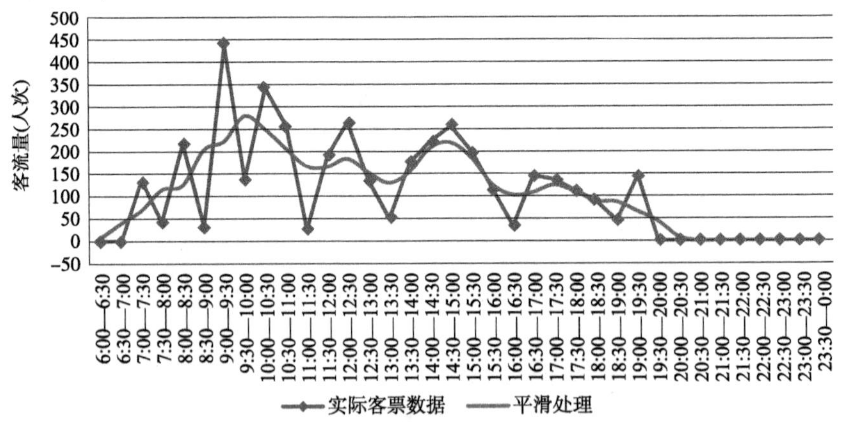

图 7-5　平滑前后广州南—武汉客流时空分布对比

可见,经平滑处理后,可以消除客流时空分布的集中性,在保证客流波动性的同时更加趋于均衡。还可以看出,客流在上午 9:30—10:00 和下午 14:30—15:00 分别会有一个高峰期,这与实际情况比较符合。

旅客期望服务时间窗是时空服务网客流分配区别于普通服务网客流分配最重

要的约束之一，反映旅客在出行过程中对于时间的选择行为，包括出发期望时间窗和到达期望时间窗，分别用$[t_a, t_b]$和$[t'_a, t'_b]$表示，如下图 7-6 所示。

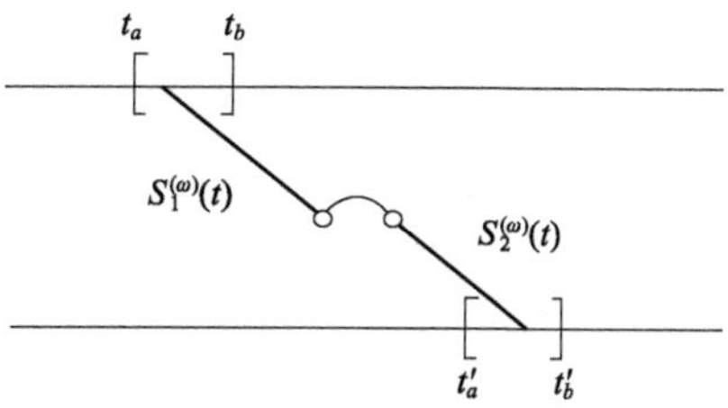

图 7-6　旅客期望出发(到达)时间窗示意图

(一)期望时间差值转化成无形成本

配流过程中应该尽量满足旅客能够选择期望服务时间窗内的列车出行，但是由于运输资源有限，或者要保证整个系统最优，因此必然有部分客流无法分配到期望时间窗内的列车。对于最终乘车路径超出期望时间的情况，将期望时间差值转换成无形成本，定义旅客期望时间差值转化成无形成本的函数为：

$$\rho_k^{(\omega)}(t) = \beta[\alpha^{(\omega)}(t)f + \alpha'^{(\omega)}(t)f'] \tag{7-2}$$

其中，β为旅客期望时间差值转化成无形成本的参数；$\alpha^{(\omega)}(t)$和$\alpha'^{(\omega)}(t)$为 0-1 变量，当第ω个 OD 的旅客实际出发时间$T^{(\omega)}$[或实际到达时间$T'^{(\omega)}$]在相应的期望时间窗内时取 1，否则取 0。f表示t时间段内，第ω个 OD 的旅客出发时间与期望出发时间的差值函数。f'表示t时间段内，第ω个 OD 的旅客到达时间与期望到达时间的差值函数。关于f和f'的取值如图 7-7 所示，其中$[t_a, t_b]$为期望时间窗，$f_{\max}$为期望时间差值上界，$[t_a - f_{\max}, t_b + f_{\max}]$为旅客可接受时间窗。

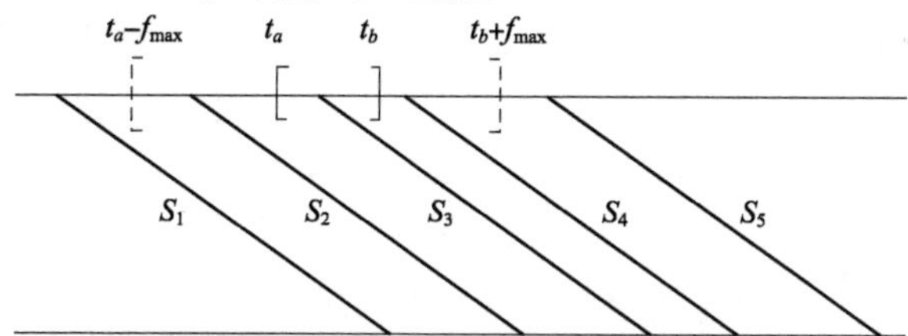

图 7-7　旅客期望时间差值函数取值情况示意图

(1)若旅客出发时间超出期望时间窗下界，如S_2所示，则$f = t_a - T^{(\omega)}$；

(2)若旅客出发时间超出期望时间窗上界，如S_4所示，则$f = T^{(\omega)} - t_b$；

(3)若旅客出发时间超出可接受时间窗，如S_1和S_5所示，则$f = \infty$，即认为该客流无法得到分配。

(二)旅客期望时间窗的确定

旅客期望出发时间窗根据 OD 客流时空分布矩阵得到，在实际客运产品规划中，期望到达时间窗应该根据客流实际调研结果得出，但是由于主要根据现有的实际客票数据来反推各 OD 客流出行的时空分布矩阵，因此期望到达时间窗根据期望出发时间按照下式推算：

$$t_a' = t_a + \frac{L^{(\omega)}}{v_{旅}} \tag{7-3}$$

$$t_b{}' = t_b + \frac{L^{(\omega)}}{v_{旅}} \tag{7-4}$$

其中 $L^{(\omega)}$ 表示第 ω 个 OD 的距离，$v_{旅}$ 表示方案的平均旅行速度。由于期望到达时间是由期望出发时间推算得到，结合实际情况，旅客在期望的时间范围内出发后越早到越好，因此对期望到达时间差值函数进行修正：

$$f' = \begin{cases} -(t_b{}' - T'^{(\omega)}) & 若\ T'^{(\omega)} < t_b{}' \\ T'^{(\omega)} - t_b{}' & 若\ T'^{(\omega)} \geqslant t_b{}' \end{cases} \tag{7-5}$$

不同起讫点间客流优先分配顺序是决定客流分配结果的重要因素，由 OD 客流优先权重矩阵确定，设第 ω 个 OD 在 t 时间段内的 OD 优先权重为 $\lambda^{(\omega)}(t)$。确定不同 OD 客流的优先分配顺序需考虑诸多因素，为了得到较好的 $\lambda^{(\omega)}(t)$，基于京广高速铁路 2013 年某个实际的列车开行方案及相应的客流数据，设计了几个案例，分别从客流量、客运周转量以及 OD 距离等几个方面进行探究，如表 7-2 所示。

确定 OD 客流优先权重矩阵的研究案例 表 7-2

案例编号	考虑因素	案例描述
1	客运周转量	客运周转量大的 OD 优先分配
2		客运周转量小的 OD 优先分配
3	客流量	客流量大的 OD 优先分配
4		客流量小的 OD 优先分配
5	OD 距离	OD 距离长的优先分配
6		OD 距离短的优先分配

分别按照以上案例情景进行客流分配，然后统计方案平均客座率及服务的客流量等指标，结果如下图 7-8 所示。可以看出不同的 OD 客流加载顺序下的配流效果不一样，客流量小或者旅客周转量小的 OD 客流优先分配效果更好，且客流分配结果对客流量因素更加敏感。6 个案例中案例 4，按照客流量从小到大的顺序进行分配，最终得到的配流结果效果最好，方案平均客座率最高，能服务的客流量也最多。分析其原因，是因为客流量小的 OD 间开行的列车数量少，如果不及时分配，在资源被其他 OD 的客流先占用后就很难再分配，而客流量大的 OD 间开行列车数量多，旅客可选择列车的范围广，因此在进行客流分配时应该尽量照顾小节点间的客流。OD 距离因素虽然对配流结果的影响不大，但是系统最优的客流分配要求长距离 OD 的客流应该优先分配，因此按照下式计算 OD 客流优先权重：

$$\lambda^{(\omega)}(t) = \alpha \frac{L^{(\omega)}}{Q^{(\omega)}(t)} \tag{7-6}$$

其中，α 为计算 OD 客流优先权重的参数，$L^{(\omega)}$ 为第 ω 个 OD 的距离，$Q^{(\omega)}(t)$ 为第 ω 个 OD 在 t 时间段内的客流量，按照优先权重 $\lambda^{(\omega)}(t)$ 由大到小的顺序进行客流分配。

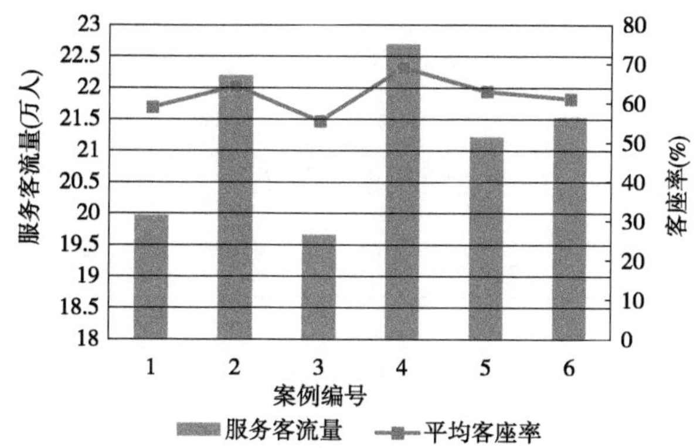

图 7-8　不同案例配流结果对比

时空网络客流分配算法具体流程图如图 7-9 所示。

三、基于客流分配的指标计算方法

基于客流分配的指标包括车流匹配指标和经济效益指标，这些指标的计算受配流结果的影响。

(一)运量指标

1. 总旅客发送量 Q

总旅客发送量是指根据配流结果统计的列车开行方案中所有列车能服务的客流量总和，反映的是列车开行方案在当前客流需求下能完成的旅客运输量。

$$Q=\sum_{i=1}^{N}\sum_{\omega=1}^{W}Q_i^{(\omega)} \tag{7-7}$$

式中：$Q_i^{(\omega)}$——第 ω 个 OD 的客流在第 i 列车上的分配量。

2. 总旅客周转量 $M_{旅客}$

总旅客周转量指根据配流结果方案所完成的总的旅客位移量，单位人 · km。旅客周转量能较全面综合地反映铁路的旅客运输量和运输距离，是铁路客运工作中最重要的指标之一，又是各铁路局分配客运收入、计算和分析运输成本、劳动生产率的依据。

$$M_{旅客}=\sum_{i=1}^{N}\sum_{\omega=1}^{W}Q_i^{(\omega)}L^{(\omega)} \tag{7-8}$$

式中：$L^{(\omega)}$——第 ω 个 OD 客流的旅行距离。

3. 旅客运输密度 ρ

旅客运输密度又叫客运密度，是指根据配流结果某区段或某条线路上，平均每公里能承担的旅客周转量。旅客运输密度是考核铁路运输线路的能力利用程度和铁路企业运输工作强度的重要指标，反映铁路运输能力与运量之间的适应程度。计算公式：

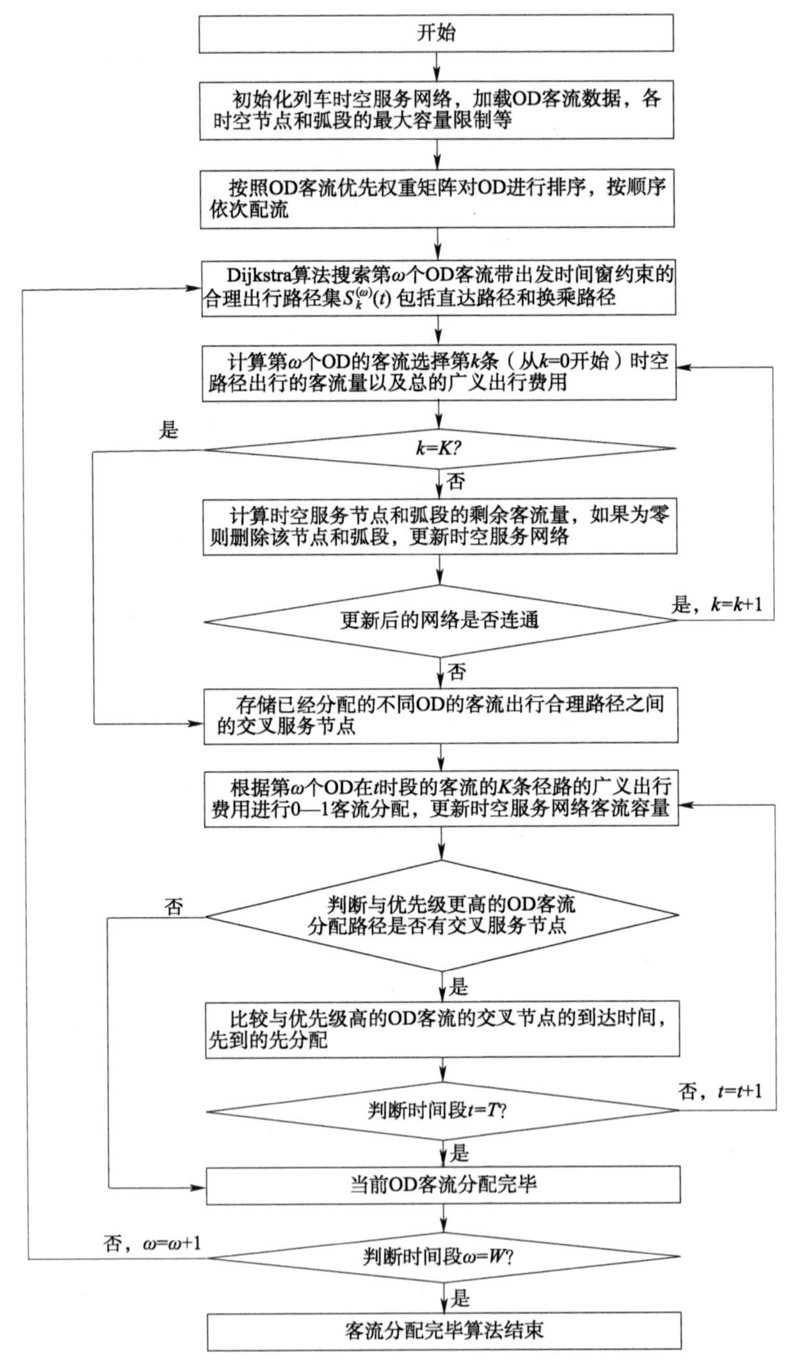

图 7-9　时空网络客流分配算法流程图

$$\rho = \frac{\sum_{i=1}^{N_S}\sum_{\omega=1}^{W_S} Q_{iS}^{(\omega)} L_S(\omega)}{L_S} \tag{7-9}$$

式中：N_S——评估范围内区段 S 上经过的列车数量；

W_S——评估范围内区段 S 上经过的每列车上分配的 OD 客流的种类；

$Q_{iS}^{(\omega)}$——第 ω 个 OD 客流在区段 S 的列车 i 上的分配量；

$L_S^{(\omega)}$——第 ω 个 OD 客流在区段 S 内的旅行距离；

L_S——区段 S 的距离。

4. 平均客座利用率 $\lambda_{客座率}$

客座利用率是反映车流匹配程度最重要的指标，以相对数字表示列车座席利用率，是旅客周转量和客座周转量之比，即用百分率表示的平均每一客座公里所完成的人公里数。方案的平均客座利用率的计算公式如下：

$$\lambda_{客座率} = \frac{M_{旅客}}{M_{客座}} \times 100\% \tag{7-10}$$

式中：$M_{客座}$——列车开行方案完成的总客座周转量。

5. 平均上座率 $\overline{\lambda}_{上座率}$

上座率是指列车总服务客流量和旅客列车提供总席座的比值，每列车的平均上座率是指该列车在所有区段的上座率的平均值，平均上座率越高则表示列车的利用率越高，客票收入越高，但是上座率过高会导致列车超员，从而影响旅客乘车的舒适性。方案的平均上座率的计算公式如下：

$$\overline{\lambda}_i = \frac{\sum_{s=1}^{S}(Q_{is}/Q_i)}{S} \tag{7-11}$$

式中：Q_{is}——所有 OD 客流在区间 s 的列车 i 上的分配量；

Q_i——列车 i 的定员；

$\overline{\lambda}_i$——列车 i 的在各个区段的平均上座率。

整个开行方案的平均上座率计算公式如下：

$$\overline{\lambda}_{上座率} = \frac{\sum_{i=1}^{N}\overline{\lambda}_i}{N} \tag{7-12}$$

（二）旅客服务水平

1. 旅客平均运距 $L_{旅客运距}$

旅客平均运距是指根据配流结果方案所能服务的所有旅客的平均旅行距离，旅客平均运距的大小决定了旅客周转量的大小，从而影响单位运输成本及劳动生产率的高低。旅客平均运距取决于旅客选择行为，主要受到各地区间在经济水平及文化等方面的差异性以及旅客在工作、学习和旅游等生活需求等因素的影响，计

算公式如下:

$$\overline{L}_{旅客运距} = \frac{M_{旅客}}{Q} \tag{7-13}$$

2.旅客平均旅行时间 $\bar{t}_{旅客}$

旅客平均旅行时间是指平均每位旅客从出发地车站直达目的地车站所用的旅行时间。

$$\bar{t}_{旅客} = \frac{\overline{L}_{旅客运距}}{v_{旅行}} \tag{7-14}$$

3.旅客旅行时间损失 $T_{损失}$

列车在某中间站停站时,对于不下车的旅客停站时间属于旅行时间损失,方案中旅客的总旅行时间损失是所有旅客旅行时间损失的总和,根据客流分配结果统计得出。

公式如下:

$$T_{损失} = \sum_{i=1}^{N}\sum_{\omega=1}^{W}\sum_{s=1}^{S} Q_i^{(\omega)} t_{停站}^{s} \tag{7-15}$$

式中:S——第 i 列车第 r 类客流经过的中间停站数;

$t_{停站}^{s}$——第 i 列车在 s 站的停站时间,单位为 min,参考值取 3min。

4.旅客直达率

旅客直达率是指不需要经过换乘而可以直接到达目的地的旅客人数与旅客总人数的比值,旅客直达率越高则列车开行方案的服务质量越高。

5.旅客平均换乘次数

旅客平均换乘次数是指列车开行方案中需要换乘的旅客的平均换乘次数,换乘次数越大说明旅客乘车越不方便,根据客流分配结果统计得出。

6.旅客平均换乘时间

旅客平均换乘时间是指列车开行方案中需要换乘的旅客用于换乘的时间消耗平均值,换乘时间越多说明旅客乘车越不方便,根据客流分配结果统计得出。

经济效益指标以客票收入为主,与客流息息相关,同样是基于配流结果的。

第二节　京广高速铁路列车开行方案评估案例分析

一、案例涉及路网

案例分析以京广高速铁路为主要研究对象,同时还涉及与京广高铁相接的石太客运专列、郑西客运专列、沪汉蓉客运专列以及广深高铁等线路,如图 7-10 所示,整个路网里程为 4427km。

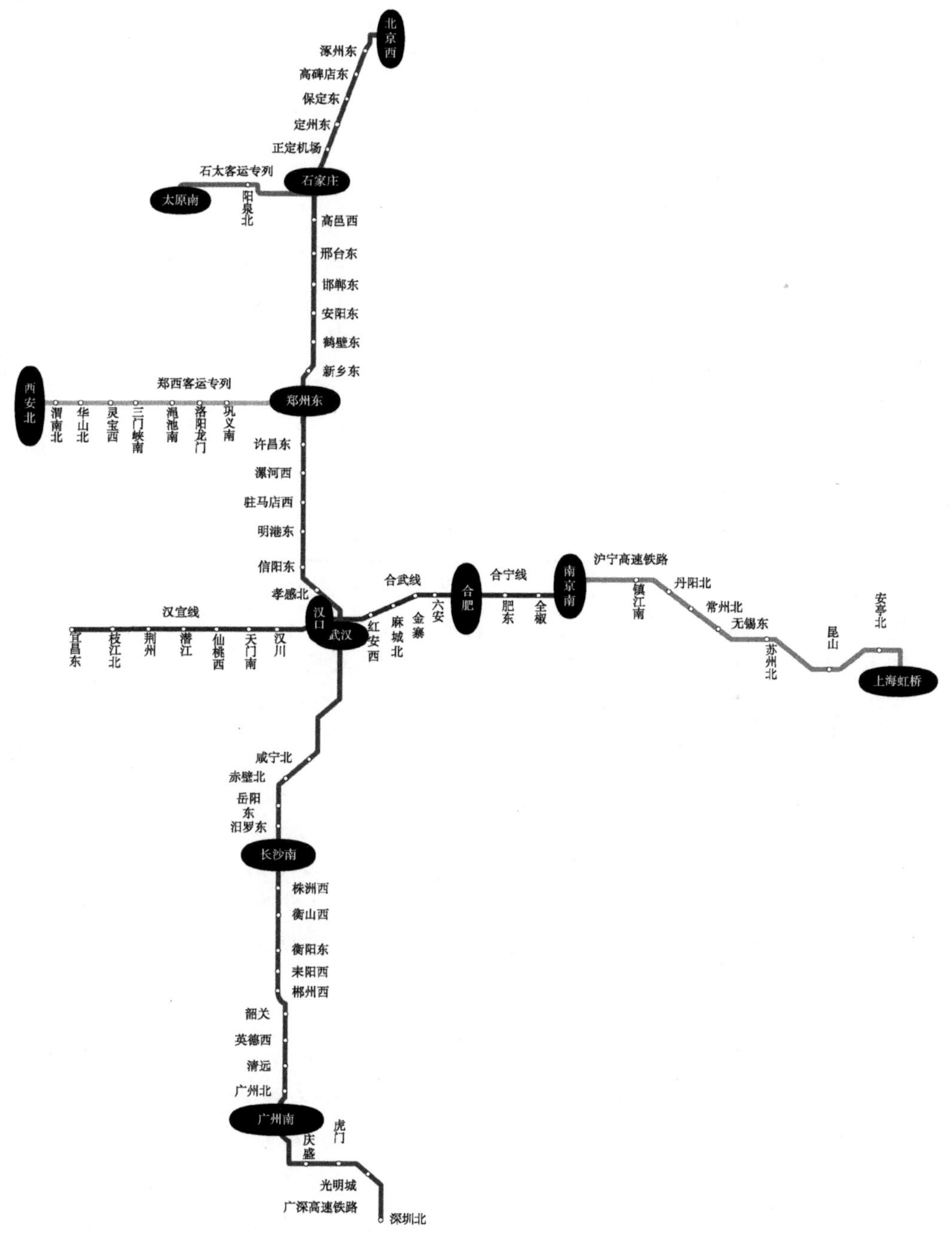

图 7-10　相关路网示意图

其中京广高速铁路(又称京广客运专线、京广客运专列、京广高铁等)是目前世界上运营里程最长的一条高铁铁路,全程共 2298km,由京石高速铁路、石武高速铁路、武广高速铁路三段组成，设计速度350km/h，现实际运营速度为310 km/h左右。京广高速铁路始于北京西站，经过北京、河北、河南、湖北、湖南、广东6省（直辖市）最终到达广州南站，沿途设有石家庄站、郑州东站、武汉站、长沙南站等共计36个车站。

二、方案基本信息

案例研究选取的是2013年京广高速铁路时刻表数据，该方案所有列车基本情况如下表7-3所示。

京广2013年暑运方案基本情况 表7-3

统计类型	总计	本线		跨线	
	数量（对）	数量（对）	比例（%）	数量（对）	比例（%）
全部	145	81	55.9	64	44.1
高铁	133	74	55.6	59	44.4
动车	12	7	58.3	5	41.7

该方案共开行145对列车，其中G字头列车133对，D字头列车12对，本线列车共81对，占55.9%。列车方案线及开行频率如下图7-11所示，按照开行频率从大到小排列，其中黑色箭头线代表G字头列车，蓝色代表D字头列车，箭头线上的数字代表开行频率。始发终到OD共36个，其中广州南到武汉开行列车数最多，为24对，明显高于其他OD之间开行列车数量。

三、基于配流技术的指标评估

选取三个时段的客流对暑运方案进行客流分配，分别为2013年平日（11月份）、小长假（"五一"）和暑运时期的日均客流，将三个时段的配流结果进行对比分析，可以评估方案对客流的适应性。进行配流操作时默认上下行对称，只取上行（广州南→北京西）方向进行研究。

（一）配流输入数据预处理及参数设置

本案例对京广2013年暑运方案上行方向的145列车进行配流，输入数据包括时刻表数据、列车定员、列车运距以及三个时段的客流所涉及的OD的距离和OD客流量等，并用第三章提出的平滑方法处理各OD客流，得到OD客流时空分布矩阵以及OD客流优先权重矩阵。程序参数取值如下：旅客期望出发时间根据OD客流时空分布矩阵得到，期望时间窗范围取1h，期望时间差值的上界$f_{max}=1h$；计算旅客期望到达时间窗时，旅行速度取方案所有列车平均旅行速度；对于OD客流时空分布矩阵，将各OD对的客流以30min为间隔，在[7:00—24:00]的时间段内进行划分；根据参考文献[170]，对于换乘节点时间消耗、换乘节点旅客换乘成本支出以及换乘节点旅客拥挤无形成本固定支出等参数，京广本线上 36 个车站的这些参数具体取值见附表 F；由 2013 年实际客票数据可以推算出 2013 年京广高速铁路平均票价率为 0.45 元/人 km，考虑时效性以及火车票会随远期物价上涨的因素，本项目在进行配流研究时京广高铁票价率取值 0.5 元/km；客上、下车时间分别取 1.2s/人、1.1s/人，上下车客流速度为 50(人/min)；换乘次数上限取 1，即不考虑换乘 2 次及以上的情况。

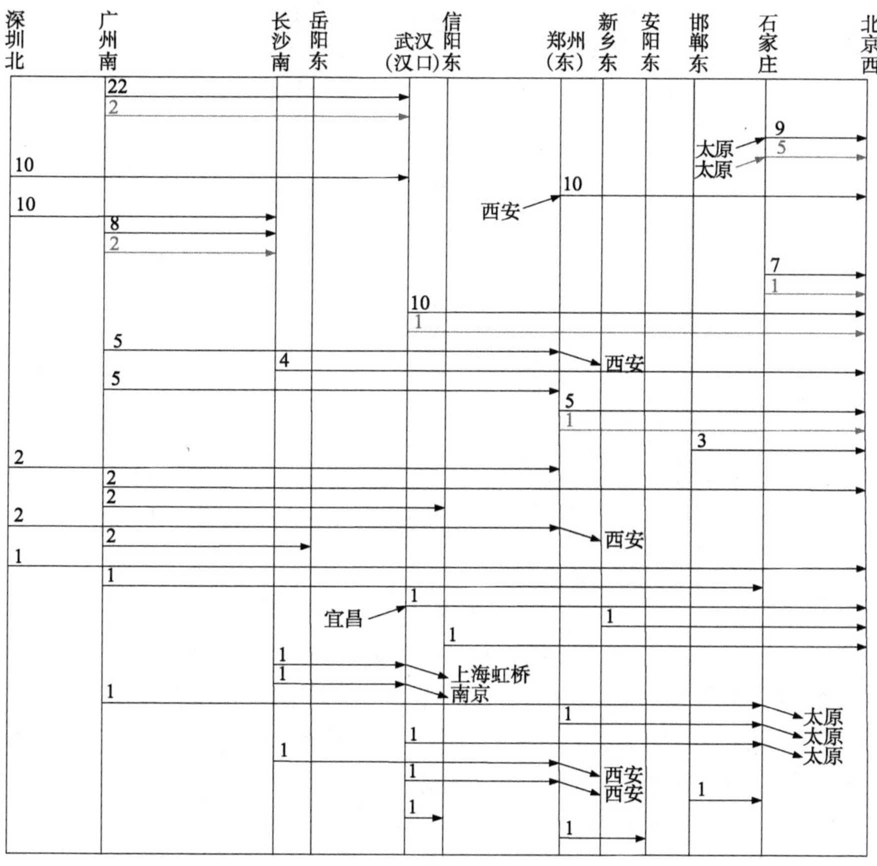

图 7-11　列车开行列车方案线(上行)示意图

(二)车流匹配指标

1. 运量情况

三个时段基于配流结果的客运总量如下图 7-12 所示。整体来看，该方案对三个时段都能满足 90% 以上的客流需求，相对来讲，暑运客流满足率最高。

2. 客座利用率

不同时段方案整体客座率和上座率情况如图 7-13 所示。

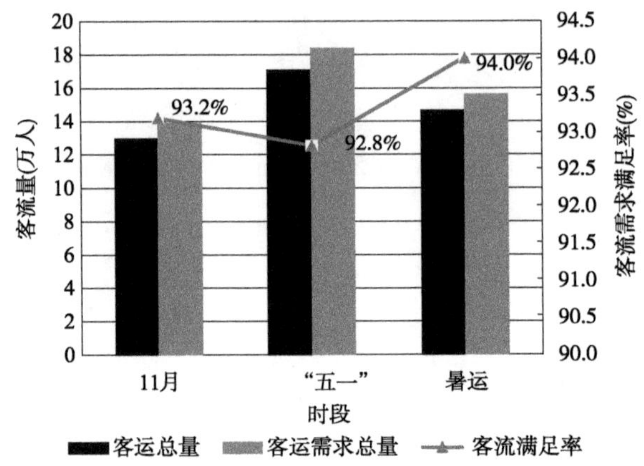

图 7-12　不同时段客运总量和总体客流需求满足率对比图

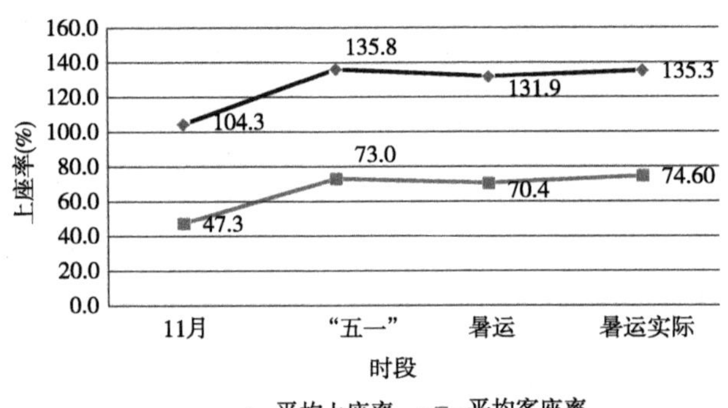

图 7-13　不同时段平均上座率和平均客座率对比图

可见,方案的平均客座率都偏低,11 月份的平均客座率甚至低于 50%,“五一”的平均客座率最高,为 73%。具体每列车的客座率情况如下图 7-14 所示。

可以看出,11 月份的客座率整体都偏低,超过半数的列车客座率低于 50%,且有 15.9% 的列车的客座率不超过 30%,客座率在 70% ~90% 之间的仅占 9.7%,说明该方案对于 11 月的客流能力过剩,应该减少列车开行数量或采用短编组列车。对于“五一”客流,虽然方案总体平均客座率达到 73.0%,但是有 24.1% 的列车的客座率超过 90%,有 48 列超过 85%,占比达到 33.1% 应适当加开列车;另外仍有 15.8% 的列车的客座率低于 30%,说明客座率分布不均衡。对于暑运,该方案较为适应,平均客座率为 70.4%,各列车客座率相对均衡,但是仍有部分列车客座率偏低或偏高。分析暑运实际客座率分布可以看出,在实际运营中同样有部分列车的客座率偏高或偏低,最高达到 145.4%(G6014,深圳北—长沙南),最低仅为 1.6%(G6802,武汉—信阳东)。

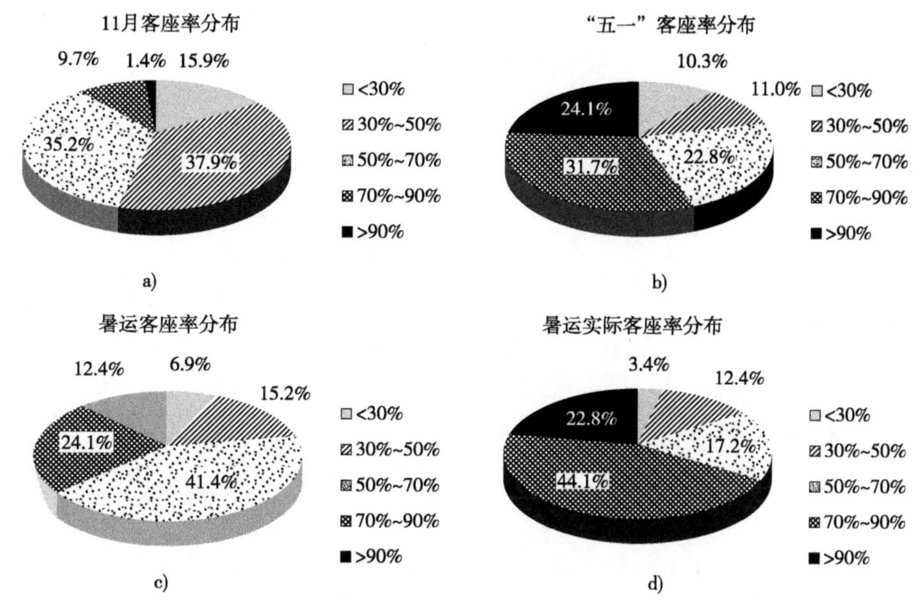

图 7-14　不同时段各个列车平均客座率分布图

列车客座率超过 110% 属于超员列车,需要进一步调整。以暑运为例,超过 110% 的有如表 7-4 所示的列车。

客座率高于 110% 的列车　　表 7-4

车次	发站	到站	发时	到时	定员(人次)	里程(km)	客运量(人次)	上座率(%)	客座率(%)
G82	广州南	北京西	12:43	22:23	1025	2298	2175	215.1	130.2
G610	太原	北京西	14:38	17:24	1056	505	1374	130.1	116.2
G826	深圳北	西安北	13:00	22:33	536	2244	1554	289.9	121.4
G6028	深圳北	长沙南	19:45	23:26	1076	809	2364	219.7	111.2

可以考虑增加这类列车的开行频率或者增加列车定员(将短编列车换成长编列车或采用重联编组)。其中,G82 和 G610 不仅客座率高,而且分析客流结构可以发现客流多为从始发站到终到站,因此,除了增加列车开行频率外,还可减少停站,以减少旅客旅行时间损失,对于短距离的,如 G610(太原—北京西),可以考虑开行一站直达的列车。

暑运客座率低于 30% 的列车如表 7-5 所示。

客座率低于30%的列车 表7-5

车次	发站	到站	发时	到时	列车定员（人次）	里程（km）	客运量（人次）	上座率（%）	客座率（%）
G90	郑州东	北京西	9:00	11:30	1063	693	333	31.3	21.1
G1102	广州南	武汉	7:00	11:11	735	1069	607	82.6	23.0
G6102	广州南	长沙南	7:05	9:45	598	707	74	12.4	4.6
G6104	广州南	长沙南	7:38	10:12	800	707	239	29.9	18.2
G6132	广州南	岳阳东	7:23	10:41	737	854	364	49.4	19.4
G6702	石家庄	北京西	6:46	8:18	1045	281	209	20.0	14.3
G6704	石家庄	北京西	7:15	8:54	886	281	371	41.9	29.5
G6752	邯郸东	石家庄	22:15	22:59	886	175	114	12.9	11.2
G6802	武汉	信阳东	7:50	8:40	1065	199	40	3.8	2.8
G6902	郑州东	安阳东	10:06	10:55	536	177	74	13.8	11.2

此类列车可以考虑减少开行频率或者减少列车定员，例如将长编或重联列车换成一列短编。而对于G6752、G6802和G6902这类短途列车，能服务的OD少，且发车或到站时间点不好，此类车多为满足交路计划的调拨列车，虽然不能取消，但是如果客座率过低（例如G6802，客座率仅为2.8%），可以考虑降低票价，或考虑直接空车调拨，以免因停站和服务旅客增加运输成本，在编制交路计划时也应该尽量减少此类列车的出现。

3. 车站车流匹配度

各等级车站经停列车数与平均每列车服务人数如图7-15～图7-17所示。

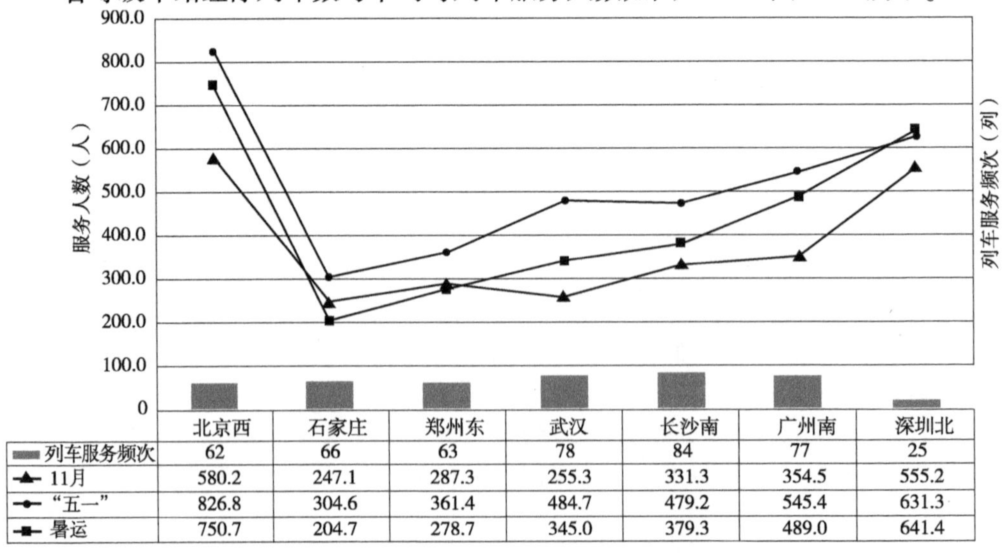

	北京西	石家庄	郑州东	武汉	长沙南	广州南	深圳北
列车服务频次	62	66	63	78	84	77	25
11月	580.2	247.1	287.3	255.3	331.3	354.5	555.2
“五一”	826.8	304.6	361.4	484.7	479.2	545.4	631.3
暑运	750.7	204.7	278.7	345.0	379.3	489.0	641.4

图7-15 一等级车站经停列车数与平均每列车服务人数

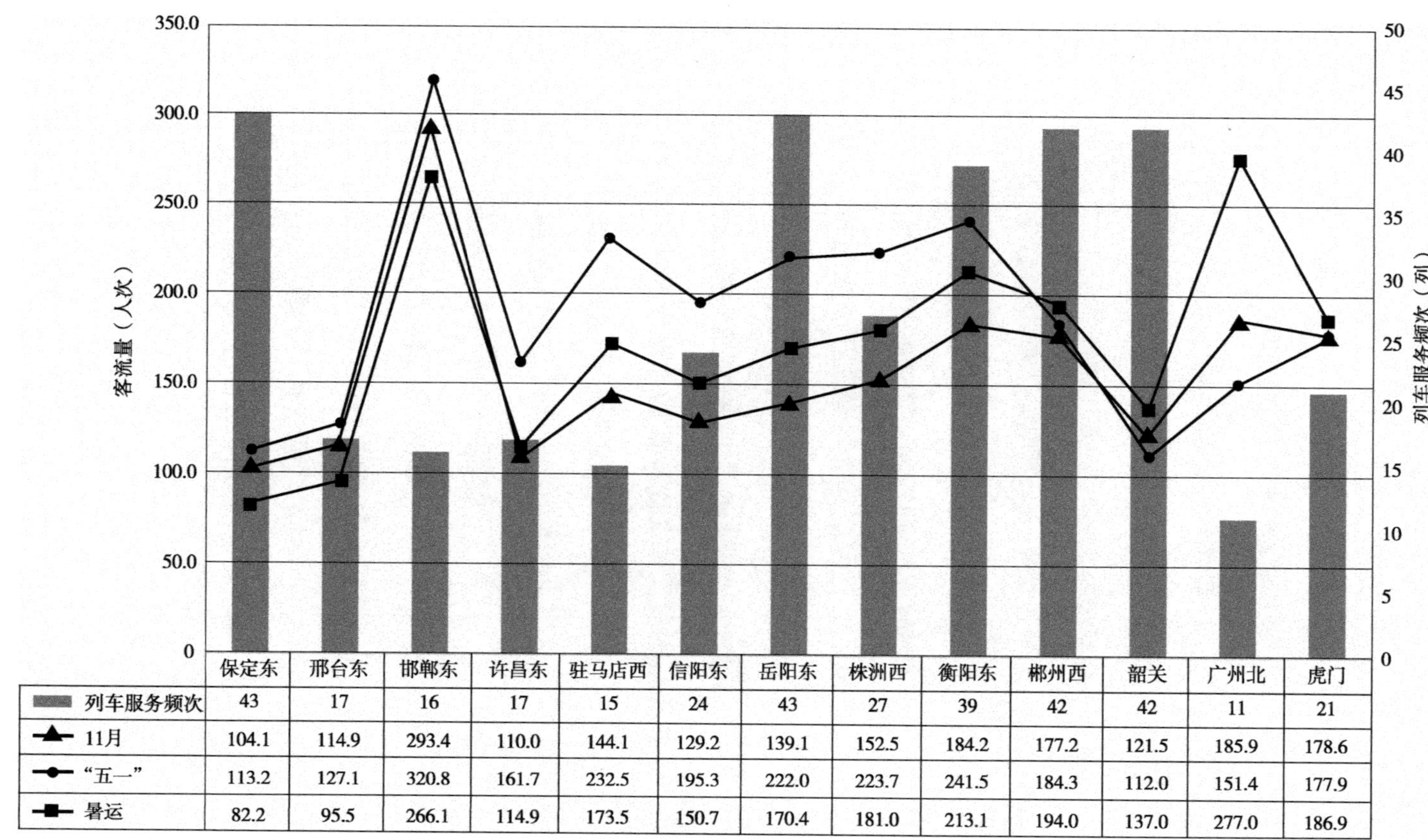

	保定东	邢台东	邯郸东	许昌东	驻马店西	信阳东	岳阳东	株洲西	衡阳东	郴州西	韶关	广州北	虎门
列车服务频次	43	17	16	17	15	24	43	27	39	42	42	11	21
11月	104.1	114.9	293.4	110.0	144.1	129.2	139.1	152.5	184.2	177.2	121.5	185.9	178.6
“五一”	113.2	127.1	320.8	161.7	232.5	195.3	222.0	223.7	241.5	184.3	112.0	151.4	177.9
暑运	82.2	95.5	266.1	114.9	173.5	150.7	170.4	181.0	213.1	194.0	137.0	277.0	186.9

图 7-16　二等级车站经停列车数与平均每列车服务人数

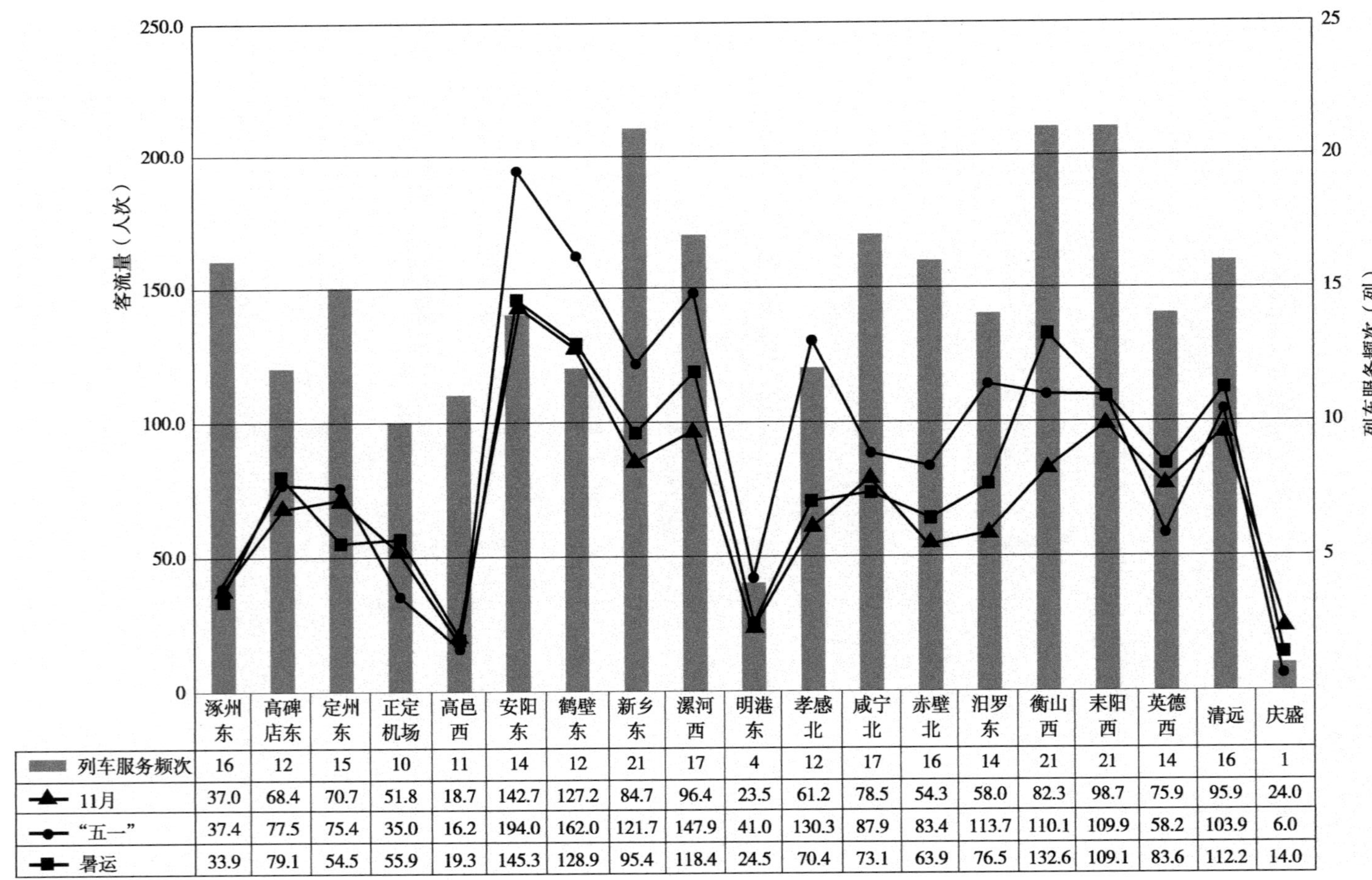

	涿州东	高碑店东	定州东	正定机场	高邑西	安阳东	鹤壁东	新乡东	漯河西	明港东	孝感北	咸宁北	赤壁北	汨罗东	衡山西	耒阳西	英德西	清远	庆盛
列车服务频次	16	12	15	10	11	14	12	21	17	4	12	17	16	14	21	21	14	16	1
11月	37.0	68.4	70.7	51.8	18.7	142.7	127.2	84.7	96.4	23.5	61.2	78.5	54.3	58.0	82.3	98.7	75.9	95.9	24.0
“五一”	37.4	77.5	75.4	35.0	16.2	194.0	162.0	121.7	147.9	41.0	130.3	87.9	83.4	113.7	110.1	109.9	58.2	103.9	6.0
暑运	33.9	79.1	54.5	55.9	19.3	145.3	128.9	95.4	118.4	24.5	70.4	73.1	63.9	76.5	132.6	109.1	83.6	112.2	14.0

图 7-17　三等级车站经停列车数与平均每列车服务人数

分析图 7-15 ~ 图 7-17 可以看出，一等级车站中，经停石家庄的列车数为 66 列，比北京多出 4 列，而每列车平均服务人数又较少，为 247 人/列，因此可以适当减少列车在石家庄停站；深圳北作为线路端点站，对于上行列车而言均为始发列车，共 25 列，每列车服务人数达到 555 人，所以应当适当增加一些服务于深圳北的列车，具体可以加开部分列车，或者将现有的列车延长至深圳北。二、三等级车站多为途经车站，可以看出，可适当减少在保定东、韶关、涿州东、高邑西的停站频次，增加邯郸东和广州北的停站频次。

4. 旅客期望服务时间窗满足率

统计配流结果，各个时段旅客期望时间窗满足情况如下表 7-6 所示。

旅客期望时间窗满足情况 表 7-6

时　　段	客流总量（人次）	超出期望服务时间窗客流量（人次）	期望服务时间窗满足率（%）	超出期望服务时间窗平均时间（min）
11 月	129841	28743	77.86	1:14
“五一”	171023	42691	75.04	0:48
暑运	147075	36335	75.29	0:46

分析可得，各个季节时段客流期望时间满足率相差不大，11 月份相对最高，但是超出期望时间窗的时间也最长。如果要尽量满足旅客的期望时间，就应该调整运行图结构。下表 7-7 选取服务时间窗满足率比较低（低于 50%）的一些 OD，按照 OD 客流量从大到小排序，其中长沙南—北京西的满足率仅为 29%。

部分 OD 服务时间窗满足情况 表 7-7

OD	OD 客流量（人次）	超出期望服务时间窗客流量（人次）	服务时间窗满足率（%）
长沙南—北京西	1396	991	29.0
洛阳龙门—北京西	884	558	36.9
广州南—西安北	703	367	47.8
信阳东—北京西	699	415	40.6
深圳北—岳阳东	644	380	41.0
驻马店西—北京西	551	298	45.9
许昌东—北京西	485	287	40.8
鹤壁东—北京西	427	242	43.3
广州南—郑州	426	251	41.1
漯河西—北京西	386	241	37.6
虎门—武汉	329	172	47.7

续上表

OD	OD 客流量（人次）	超出期望服务时间窗客流量(人次)	服务时间窗满足率(%)
广州北—衡阳东	322	197	38.8
西安北—石家庄	315	176	44.1
广州北—郴州西	313	176	43.8
广州南—漯河西	296	179	39.5
广州南—驻马店西	244	156	36.1
信阳东—郑州	236	147	37.7
深圳北—衡山西	212	124	41.5
岳阳东—北京西	192	144	25.0
广州南—许昌东	182	98	46.2

5. 换乘客流

统计配流结果的换乘客流情况，得到换乘客流指标如下表 7-8 所示。

换 乘 指 标 表 7-8

时　　段	换乘客流量（人次）	平均换乘距离（km）	平均换乘时间（h）	换　乘　站
11 月	248	1153.8	2.03	郑州东、信阳东
“五一”	550	1293.6	2.28	郑州东、信阳东、正定机场
暑运	460	1505.9	2.53	郑州东、信阳东、正定机场

三个时段都存在一些换乘客流，大部分都集中在郑州东站换乘，且换乘时间都较长。换乘客流一般分为两类：小节点之间的客流和长距离的大节点之间的客流，例如赤壁北—邯郸东，深圳北—北京西，这两类客流都是因为 OD 之间直达的列车数量少甚至没有而产生的。由于三个时段的换乘客流都不是很多，说明该方案能满足大部分客流的直达需求，但是三个时段的换乘时间都比较长，因此在编制运行图时应该尽可能考虑列车之间的换乘衔接，尤其是小节点 OD 之间的列车，见表 7-9。

基于配流结果的暑运亏本列车信息 表 7-9

车次	发站	到站	里程（km）	客运量（人次）	客座率（%）	客票收入（元）	总成本（元）	总收益（元）
G90	郑州东	北京西	693	333	21.1	75071.7	148899.6	-73827.9
G94	广州南	郑州东	1605	360	30.1	120420.0	210904.0	-90484.0
G626	郑州东	太原	636	795	42.1	102408.1	141348.4	-38940.3
G632	武汉	太原	1172	724	48.9	152262.8	163225.7	-10963.0

续上表

车次	发站	到站	里程（km）	客运量（人次）	客座率（%）	客票收入（元）	总成本（元）	总收益（元）
G1002	深圳北	武汉	1171	443	31.6	96972.3	161152.8	-64180.4
G1102	广州南	武汉	1069	607	23.0	84068.3	150108.6	-66040.4
G1108	广州南	武汉	1069	819	35.3	170690.4	219138.6	-48448.2
G1132	广州南	武汉	1069	1064	39.9	209529.4	220752.0	-11222.6
G6002	深圳北	长沙南	809	332	30.5	70371.8	118683.7	-48311.9
G6012	深圳北	长沙南	809	490	38.7	88371.9	119653.7	-31281.8
G6102	广州南	长沙南	707	74	4.6	8638.8	105041.3	-96402.5
G6104	广州南	长沙南	707	239	18.2	45045.1	106230.3	-61185.2
G6108	广州南	长沙南	707	636	43.2	90139.1	108666.3	-18527.2
G6110	广州南	长沙南	707	624	43.3	92822.1	108633.1	-15810.9
G6132	广州南	岳阳东	854	364	19.4	54508.8	123862.3	-69353.5
G6702	石家庄	北京西	281	209	14.3	18793.8	74463.3	-55669.5
G6704	石家庄	北京西	281	371	29.5	34836.0	75433.7	-40597.6
G6706	石家庄	北京西	281	330	35.3	34317.0	57566.7	-23249.8
G6710	石家庄	北京西	281	436	34.5	38075.9	75791.1	-37715.2
G6712	石家庄	北京西	281	626	68.8	72297.0	77083.3	-4786.3
G6714	石家庄	北京西	281	400	31.2	43318.6	75663.5	-32344.9
G6732	邯郸东	北京西	456	724	47.9	92791.3	108893.2	-16101.9
G6736	邯郸东	北京西	456	839	59.2	108430.6	109624.6	-1194.0
G6752	邯郸东	石家庄	175	114	11.2	7791.0	55031.4	-47240.4
G6802	武汉	信阳东	199	40	2.8	2719.0	58877.9	-56158.9
G6902	郑州东	安阳东	177	74	11.2	4919.4	44027.6	-39108.2
D672	太原	北京西	505	764	51.9	79139.9	117668.9	-38529.1
D674	太原	北京西	505	781	69.8	104533.8	118007.9	-13474.1
D2004	太原	北京西	505	856	61.2	107416.0	118411.7	-10995.7
D2006	太原	北京西	505	925	60.5	106807.1	118750.6	-11943.4
D2022	郑州东	北京西	693	1109	50.9	122577.2	153254.7	-30677.4
D2032	武汉	北京西	1229	2025	50.7	212993.5	254039.6	-41046.2
D2102	广州南	武汉	1069	1302	50.3	103345.1	153776.4	-50431.4

续上表

车次	发站	到站	里程（km）	客运量（人次）	客座率（%）	客票收入（元）	总成本（元）	总收益（元）
D2104	广州南	武汉	1069	1766	61.0	162976.8	223796.5	-60819.7
D6750	石家庄	北京西	281	803	46.4	44823.1	77693.5	-32870.4
D7802	广州南	长沙南	707	1034	61.8	85970.0	110614.6	-24644.5
D7804	广州南	长沙南	707	764	60.4	78604.5	109190.9	-30586.4

(三)方案调整建议

根据以上的评估分析,整体来看该套开行方案开行效果一般,很多列车在不同的方面存在问题。但是也不可否认,方案在某些方面也有其优异性。

(1)该方案区间能力利用情况不均衡,以武汉为分界点,以南的区间开行列车数明显高于以北的区间列车开行数,应该在适应客流需求的前提下调整开行列车结构,使各个区间的能力利用尽量持恒。

(2)该方案平均运距为1047km,基本达到了开展长距离运输的目的。为了避免检修里程过低和异地修,提高动车组利用效率,应该尽量减少运距超过2000km的列车。

(3)在速度方面,技术速度系数达到0.92,表现良好;平均技术速度为243km/h,鉴于京广高速铁路目前速度标准为300km/h,所以速度方面还有提高的空间。

(4)在动车组交路方面,列车车底一级修平均里程达到3129km,说明动车组整体运用效率高;但是平均折返时间达到1.42h,有的甚至超过6h,目前我国动车组在车站的折返时间可以控制在15min左右,所以还应该进一步优化交路,减少列车车底在车站折返的时间浪费。

(5)服务指标方面,该方案的车站服务水平比较合理,在各个车站的服务频率与车站等级和客流需求成正比,且采用交错停站的方式保证小站的服务频率相对均衡。但是还是建议考虑停站方式多样化,不一定遵循大站必停的原则。

(6)经济效益方面,该方案日均盈利2671.6万元,平均每列车盈利9.2万元。但是仍然有37列车是亏本的,这些列车亏本都是因为上座率比较低,客票收入低,因此建议减少亏本列车的开行,或者调整这些列车的开行时间、停站结构等,以吸引更多的客流。社会效益方面该方案涉及的路网基本都为重要的长大干线,且辐射范围广,建议增加往沪汉蓉客运专列的跨线列车,例如加开本线大节点到重庆、成都或沪汉蓉的列车。

(7)客座率方面,不同列车之间客座率分布不均。其中,对于客座率超过100%的列车,建议增加开行频率或者增加定员,例如采用重联编组。其中,像G82和G610不仅客座率高,而且客流多为从始发站到终到站,此类列车除了可以增加列车开行频率外,还应该减少停站,必要时可以考虑开行一站直达的列车。对于客座率比较低的列车,可以考虑减少开行频率,或将长编(重联)列车换乘短编,如果客座率过低(低于10%)建议直接取消。而对于G6752、G6802和G6902这类为满足交路计划的调拨列车,虽然不能取消,但是如果客座率过低可以考虑直接空车调拨,以免因停站和服务旅客增加运输成本,在编制交路计划时也应该尽量减少此类列车的出现。由车站车流匹配度分析结果,建议适当减少在石家庄、保定东、韶关、涿州东、高邑西的停站频次,增加邯郸东和广州北的停站频次。

(8)方案对不同时段适应性方面,该方案对于平日客流能力过剩,应该减少列车开行对数,对于小长假的客流方案能力不足,应该增加部分拥挤列车的开行频率,方案较适应暑运的客流。各个时段旅客期望时间满足情况都较好,且相差不大,对于旅客期望服务时间窗满足率较低的OD,应该调整列车开行时间。三个季节时段都存在一些换乘客流,换乘时间都比较长。说明该方案在换乘接续上还存在不足,因此在编制运行图时应该优化列车之间的换乘衔接条件,尤其是小节点OD之间的列车。

第三节　本章小结

本章对高速铁路列车开行方案评估的车流匹配指标体系构建,然后将指标按照指标值获取方法分为基于公式计算的指标体系和基于配流结果的指标体系。研究了基于时空网客流分配技术的高速铁路列车开行方案评估关键技术和方法。基于时空网络客流分配模型及算法流程,并重点论述了OD客流时空分布矩阵、旅客期望时间窗和OD客流优先权重矩阵的确定,然后给出了基于客流分配的指标计算公式。以京广高速铁路2013年的列车开行方案为案例研究对象,将方案中的列车进行配流后对各项指标进行计算及分析,最后根据评估结果给出方案调整建议,为铁路企业优化调整列车开行方案提供决策依据。

第八章 基于客流分配技术的列车衔接优化

列车接续优化是指在一定路网条件、设备条件、运输组织模式下，通过合理规划列车接续枢纽的布局及功能、优化设计列车开行方案及列车运行图的相关要素，实现旅客出行各环节在空间与时间上紧密衔接的换乘客流组织方案。我国既有铁路列车开行起讫点多、频率低、列车开行距离长，部分旅客列车开行距离超过3000km，旅客运输以直达运输为主，列车接续服务相对简单。随着我国高速铁路网络化运营，其开行方案将呈现列车起讫点少、旅行速度高、开行密度大、列车运距适中的运营特点，将增加换乘客流 OD 的数量；对于提供直达服务但服务频率较低的客流 OD，合理的换乘可以有效提高服务频率，使旅客能够更自由地选择出行时间。列车接续服务不仅可以弥补部分客流 OD 旅客直达服务的缺失，而且可以有效提高低频率直达服务客流 OD 的服务频率。

目前，我国高速列车接续服务质量在时间、空间、频率上与国外发达国家相比差距大，针对高速铁路列车接续方案的研究处于起步阶段。欧洲发达国家如法国、德国、瑞士等经过多年的市场优化形成了完善的列车接续方案，积累了路网列车高效运营的组织经验，极大地方便了旅客出行。随着京广高速铁路的全线贯通，哈大高速铁路、宁杭城际铁路、合蚌铁路、沿海铁路的投入运营，我国高速铁路基本成网，各条高速铁路间换乘客流的组织问题更为突出，研究以整个高速铁路网为背景的列车接续方案，进一步优化枢纽分工方案，对于提高铁路服务水平、市场竞争力有重要意义。

第一节　铁路旅客列车衔接方案优化国内外综述

铁路开行旅客列车的时空衔接性是评价客运产品服务水平的重要指标，在中国高速铁路成网条件下，保证规划开行的高速列车之间优化地衔接尤为重要。目前，由于中国铁路客运服务产品规划中，较少地考虑了换乘旅客的出行效益，在列车开行方案和运行图优化阶段缺少列车衔接性的约束和列车衔接方案优化理论，使实际开行的旅客列车之间衔接性较低。所以，旅客列车衔接优化方案生成的理论方法研究尤为重要。

国外学者针对本国的实际特点也已经对列车接续问题做了一定研究，但主要结合列车开行方案与列车运行图编制进行，很少单独研究接续方案。

Anita Schobel (2005)分析了旅客直达与换乘的客流组织问题，提出合理的换乘可以使旅客具有更少的总旅行时间，并以旅客总换乘次数最小和总旅行时间最小为目标构建了列车开行方案编制模型[150]。Ralf Borndorfer(2010)在综合考虑换乘能力基础上构建了以旅客换乘人数最少为目标的开行方案编制模型[151]。周期性列车运行图的周期特性使列车接续方案也具有周期性，旅客换乘方便，因此国外发达国家的接续方案一般基于周期性运行图编制。Mark Wardman(2004)将列车运行线看成工序，线路看成资源，将运行图编制问题转化为一类特殊的车间工序调度问题，运用混合式算法进行了求解[152]；Hristian Liebchen(2008)将列车到达车站或从车站出发的时刻描述为图中的结点，用图论模型描述了运行图，并运用拉格朗日松弛法对模型进行了求解，算例结果表明，此模型和算法对长大干线和路网都是适应的[153]。P. Tzieropoulos(2010)提出列车时刻表规律化所产生的效益要高于单纯提高列车开行频率产生的效益，并运用 SP 调查方法定量分析了时刻表不同规律程度造成客运需求的差异[154]。P. Vansteenwegen(2006、2007)分析了周期性运行图的编制流程以及周期性运行图的设计方法，构建基于 PESP 问题的运行图编制模型，并将该模型应用于柏林地铁运行图的编制[155,156]。Malachy Carey(2003、2007)总结了基于周期性开行方案的瑞士铁路列车接续方案特点，并定性地分析了接续方案的编制流程[157,158]。

列车晚点、列车冗余时间分布是影响列车衔接可靠性的重要因素，一般与列车运行图的优化综合考虑。Oliveira E(2000)分析了由于列车晚点造成衔接关系破坏条件下旅客的乘车等待时间，构建了以旅客最小等待时间为目标、以列车衔接关系为约束的运行图优化模型。列车的衔接关系决定了列车的到发顺序，不同规模的列车到发顺序对到发线的能力占用具有较大的影响[159]。Caprara A(2002、2006)构建了列车到发顺序及到发线运用模型及求解算法，该模型考虑了列车安全间隔时间、停站时间等因素，避免列车在车站的交叉干扰，并将该模型扩展到网络层面，解决了不同速度等级、不同方向的列车到发顺序及到发线占用问题[160,161]。Matthias Muller-Hannemann(2007)运用帕累托最优理论等构建了综合考虑旅行时间、票价、换乘次数等因素的列车接续关系搜索算法，该算法可以有效生成给定列车运行图的所有有效列车接续关系，基于此该理论构建了列车时刻表信息查询系统 MOTIS[162]。Mohammad H(2007)基于列车到发与出发晚点概率分布构建列车接续方案稳定性与可行性的评价模型，并将该模型用于 MOTIS 系统中列车接续查询模块[163]。Liebchen C(2007)以柏林地铁为研究对象，基于 PESP 模型对柏林地铁时刻表进行了优化,缩短旅客换乘等待时间的同时也缩短了停站等待时间,其重要意义在于,它是第一次将数学优化的结果在实践中进行的应用。文章将不同的换乘分在了不同的优先级,求解时刻表时,先最大化优先级别为 1 的换乘的数量,并以此作为输入,最小化各种闲置时间的加权之和[164]。

第二节　铁路旅客列车衔接方案优化流程

列车衔接方案是在路网设备条件、运输组织模式下,通过合理规划换乘枢纽布局功能,优化设计开行方案及运行图要素,实现旅客出行各环节在时空间紧密衔接的换乘客流组织方案。通过合理设计列车到发顺序及间隔,在时空间优化换乘旅客服务水平。衔接方案规定了衔接列车最小到发间隔以保证旅客最小换乘时间,

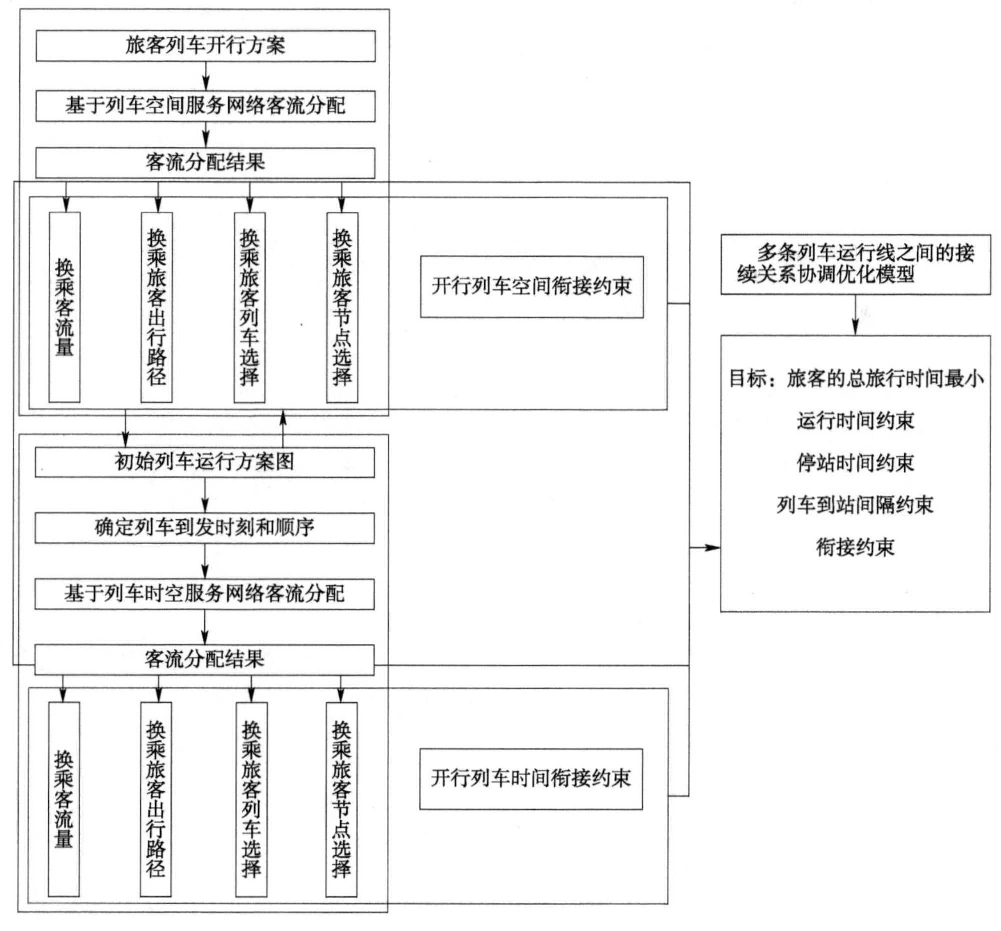

图 8-1　基于客流分配技术的衔接方案优化流程

同时规定了衔接列车最大间隔以减少旅客换乘时间、提高换乘效率。最小换乘时间根据枢纽换乘条件设定,最大换乘时间根据旅客满意度设计。

衔接方案优化贯穿开行方案编制和运行图生成等多个环节。在开行方案编制阶段,通过设计旅客最大换乘次数、换乘节点以及换乘客流量为衔接方案优化提供换乘客流信息,开行方案生成的列车为衔接方案提供衔接列车集合;在运行图优化阶段,尽可能满足衔接方案设计的列车到发顺序及间隔,兑现列车衔接;在调度指挥环节,根据列车晚点程度,实时调整列车衔接关系及到发时刻。

基于客流分配技术的列车衔接方案优化问题,是利用基于开行方案和运行图的服务网络客流分配方法,实现体现旅客选择效益的衔接方案优化。旅客换乘衔接关系,为列车衔接方案提供备选衔接集合;通过列车运行图客流分配评价衔接方案服务水平、分析旅客换乘需求、量化运行图实施对列车衔接服务的兑现率。通过反馈机制实现客流分配和衔接方案优化两者迭代过程,最终得到符合旅客出行需求和选择行为的列车衔接方案。

衔接方案优化是确定路网列车之间时空衔接约束,保证技术经济条件约束下,最大化满足旅客出行需求。不同衔接方案影响旅客在时空间分布。基于此,优化流程如图 8-1。

第三节　基于客流分配技术的铁路旅客列车衔接方案优化

模型以最小化旅行时间为目标,旅行时间包括列车运行、停站、换乘时间。目标函数中还包括各衔接约束对应的偏差变量及违背衔接约束将施予的罚值系数。通过客流分配求解列车衔接需求的前提下,对列车运行方案图进一步优化。

模型目标:

$$F = \sum_{t=1}^{n}\sum_{s=1}^{s_t}(R_t + S_t + C_{t,t'}^{s}x_{t,t'}^{s}) \tag{8-1}$$

$R_t = a_{s+1}^{t} - dt_s, S_t = d_s^t - a_s^t, C_{t,t'}^{s} = d_s^{t'} - a_s^t, x_{t,t'}^{s} \in (0,1), s \in S, t \in T$。列车、车站集合 T、S。列车到达、出发时刻 a_s^t、d_s^t,列车运行、停站、衔接时间为 R_t、S_t、$C_{t,t'}^{s}$,列车有衔接关系 $x_{t,t'}^{s}$ 取 1,否则取 0。

协调优化模型 $M3$:

$$F = \min F(R_t, S_t, C_{t,t'}^{s}) \tag{8-2}$$

$$\underline{r}_{s,s+1}^{t} \leqslant a_{s+1}^{t} - d_s^t \leqslant \overline{r}_{s,s+1}^{t} \tag{8-3}$$

$$\underline{w}_s^t \leqslant d_s^t - a_s^t \leqslant \overline{w}_s^t \tag{8-4}$$

$$h_{tt'}^{d} \leqslant d_{s}^{t'} - d_{s}^{t} \tag{8-5}$$

$$h_{tt'}^{a} \leqslant a_{s}^{t'} - a_{s}^{t} \tag{8-6}$$

$$\underline{k}_{tt'}^{s} \leqslant d_{s}^{t'} - a_{s}^{t} \leqslant \overline{k}_{tt'}^{s} \tag{8-7}$$

算法流程如图 8-2。

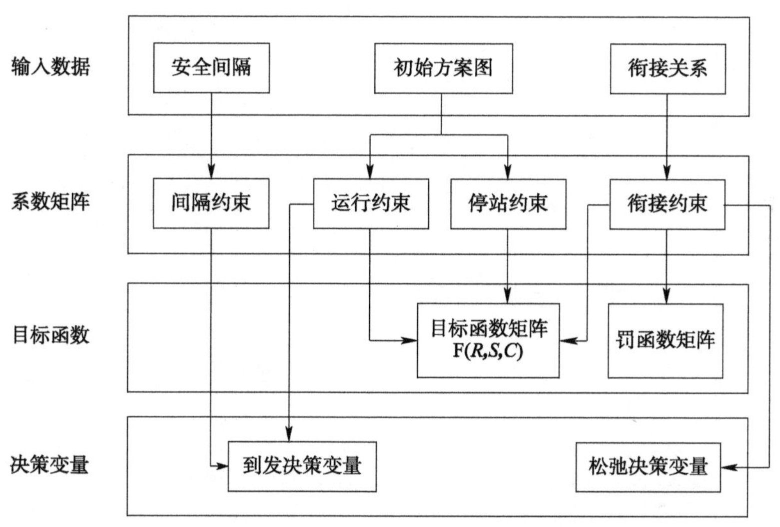

图 8-2　列车衔接协调优化算法

模型输出所有列车到发时刻和最终成立的衔接关系，即带有衔接信息的列车运行图。

第四节　铁路旅客列车衔接方案优化案例

一、案例背景

根据 2016 年预测客流和预计开通高铁网进行案例分析，路网拓扑如图 8-3。

预测日客流量为 3091816 人次，涉及 15338 个客流 OD，通过物理网络客流分配得到各线路区段客流密度，日均客流量在 10000 人以上的 OD 共计 24 个。

二、基于客流分配技术求解运行线之间衔接约束

衔接约束是为了满足换乘客流出行需求。对开行方案配流结果分析，换乘客流量 100 人/天的大站节点之间客流 OD 如表 8-1。

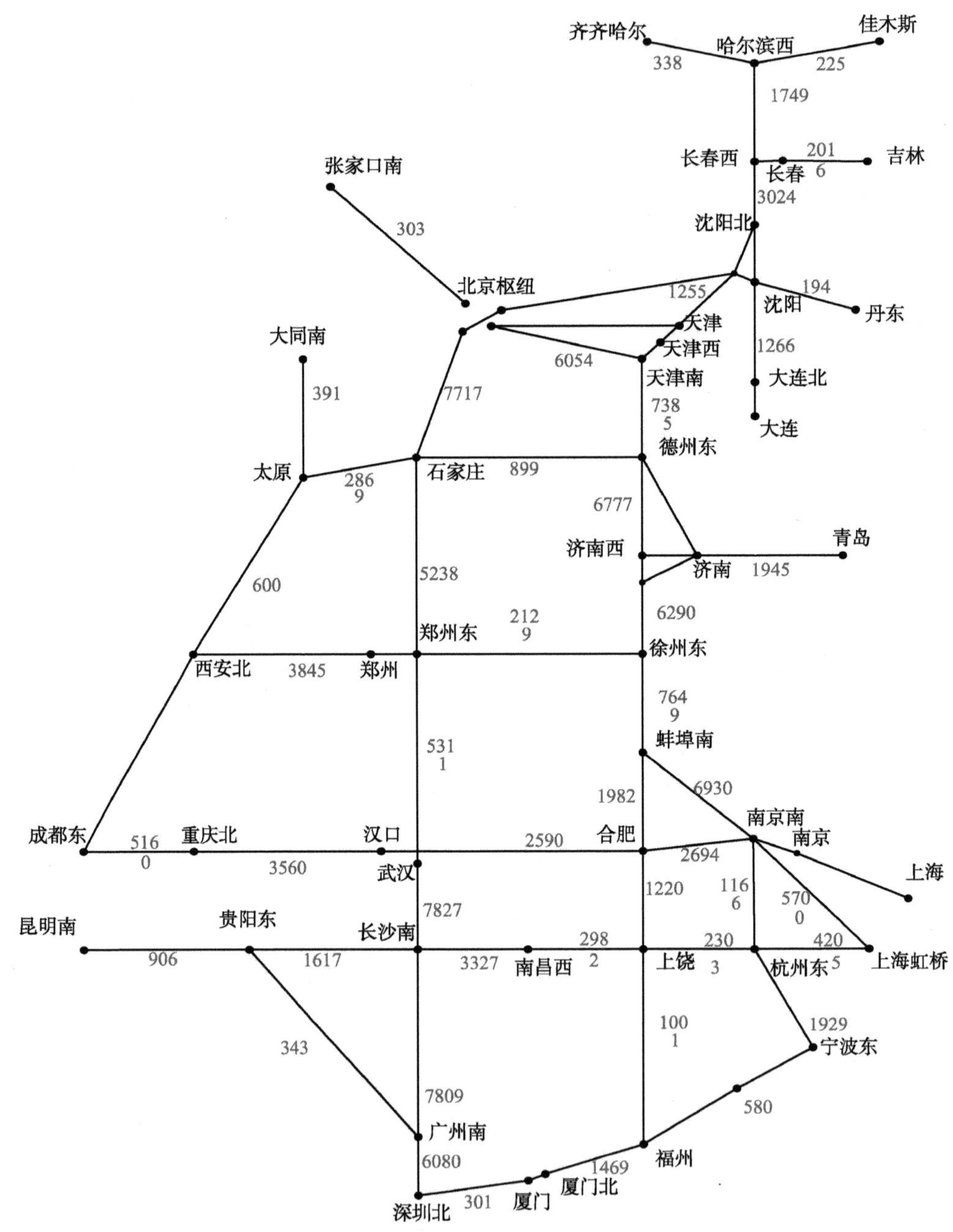

图 8-3　高速铁路路网

注：图中数字为区间客流量，单位为人次/天。

换乘客流　　表 8-1

O	D	换乘客流量(人次)	O	D	换乘客流量(人次)
广州南	上海虹桥	2646	杭州东	沈阳北	109
郑州东	太原	473	商丘	南昌西	185
郑州东	天津南	426	福州	合肥	267
沈阳	武汉	334	蚌埠南	温州南	115
沈阳	合肥	304	武汉	天津	426
青岛	沈阳	194	南昌西	济南西	205
青岛	沈阳北	194	南昌西	青岛	198
郑州东	沈阳北	192	南昌西	南京南	615
长春西	武汉	185	宁波东	南昌西	151

基于时空服务网客流分配求解运行线之间衔接关系，即换乘客流对列车衔接需求，共 208 个，部分结果如表 8-2。

长距离换乘客流对列车衔接需求　　表 8-2

OD	选择列车	换乘时间(min)	换乘站	
长春西—广州南	G6—G383	49	北京	北京西
广州南—长春西	G24—G837	61	北京西	北京
乌鲁木齐—南京南	G150—G144	19	西安北	
乌鲁木齐—上海虹桥	G442—G206	14	郑州	
上海虹桥—乌鲁木齐	G152—G207	10	郑州	
重庆北—昆明南	G194—G195	91	汉口	武汉
成都东—昆明南	G48—G49	59	汉口	武汉
昆明南—重庆北	G196—G193	65	武汉	汉口
昆明南—成都东	G196—G675	105	武汉	汉口

根据客运产品服务水平要求，在铺画方案图时，设同站、异站换乘的换乘时间范围为[20,60]min、[40,180]min，则满足换乘时间域的衔接车次关系可能为：一对一、一对多、多对一、多对多。如何合理地协调多车次之间衔接关系要进一步优化。

三、多条列车运行线衔接关系协调优化

衔接关系协调优化中考虑运行、停站、到站间隔、发车间隔、衔接时间约束。案例忽略动车组交路计划产生的到发间隔约束。运行约束在初始方案图基础上增加上下 5% 调整空间，表 8-3 以 G2 为例表达运行时间约束；停站约束以非通过列车现

有停站时间作为其下界(1 或 2min)并增加 3min 作为停站约束的上界;到站与发车间隔约束,要求各车站同一方向各车次最小、最大发车间隔为 4min、1440min;不同方向之间车次不设置发车间隔约束。

运行时间约束(单位:min) 表 8-3

发　站	到　站	下　界	上　界	现有运行时间
大连	大连北	13	15	14
大连北	沈阳	112	124	118
沈阳	沈阳北	3	3	3
沈阳北	秦皇岛	133	147	140
秦皇岛	天津	67	75	71
天津	北京南	33	37	35

衔接约束以现有衔接时间为上界,设置下界:异站换乘 1h,同站 20min,如果现有同站换乘衔接时间小于 20min 或者异站换乘小于 1h,则以当前的换乘时间作为约束下界,表 8-4 为衔接约束。

衔接约束(单位:min) 表 8-4

OD	列　车		上 下 界		换 乘 站	
广州南—上海虹桥	G436	G518	60	73	武汉	汉口
	G402	G522	60	84		
上海虹桥—广州南	G695	G417	60	90	汉口	武汉
	G699	G425	60	106		
郑州东—太原	G190	G871	20	30	石家庄	

四、优化结果

通过优化前后结果分析,全网列车衔接时间大幅度降低,如表 8-5。

衔接时间(单位:min) 表 8-5

衔 接 时 间	优　化　后	优　化　前
平均	111.69	192.43
最长	538	599
总时间	23232	40026

优化结果以不满足部分衔接关系为代价，仅有 13 个不满足原有约束，兑现率 93.75%。原有 52884 的换乘客流量，95.91% 均被准时带走。图 8-4 为优化后换乘时间正态分布概率拟合曲线，小于 0 的衔接稀少，反映优化过程不会对原有衔接造成过大影响。

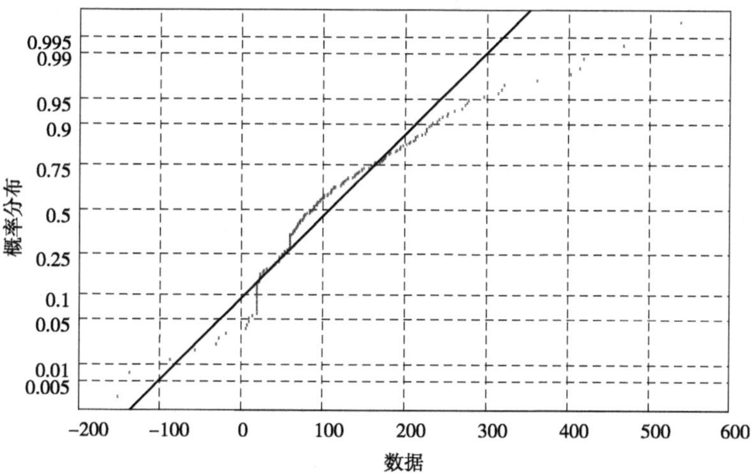

图 8-4　换乘时间正态分布概率拟合曲线

图 8-5 对比优化前后各节点换乘时间大小，折线为优化前，柱状体为优化后，换乘时间大幅度下降。

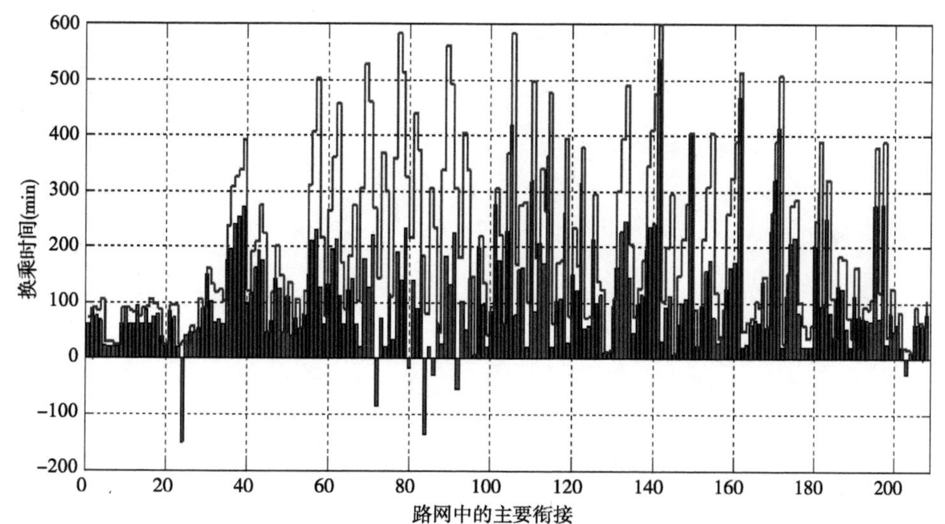

图 8-5　节点换乘时间对比

第五节　本章小结

本章提出基于客流分配技术的衔接方案优化流程，建立列车服务网络客流分配和多列车衔接协调优化模型，利用混合算法基于 MATLAB 软件实现模型求解，首先，运用客流分配求解旅客对列车衔接的需求，然后，优化网络列车之间的衔接。以 2016 年高速铁路网为例，利用客流分配技术求解出 208 个列车衔接需求，列车衔接协调优化模型中 39416 个约束，求解仅需 8.37s。对比分析优化前后网络列车衔接服务水平指标，验证了提出模型算法有效性。

附录 A

远期京沪高速铁路相关城市节点间预测客流量(人次/日)

附表 A

OD	北京	廊坊	天津	沧州	德州	济南	泰安	曲阜	枣庄	徐州	宿州	蚌埠	滁州	南京	镇江	常州	无锡	苏州	上海
北京	0	7044	7276	3662	6432	7546	1167	1652	383	4457	365	562	105	7134	197	730	3762	1044	15835
廊坊	7044	0	3940	806	400	185	44	84	20	127	14	9	2	41	3	3	6	7	13
天津	7276	3940	0	3006	2823	9793	520	725	276	745	158	217	56	1097	106	148	204	206	4848
沧州	3662	806	3006	0	700	732	178	127	84	445	24	38	8	111	27	30	42	34	140
德州	6432	400	2823	700	0	2136	1454	972	220	6488	32	40	8	319	28	50	48	76	194
济南	7546	185	9793	732	2136	0	5055	4504	1775	6488	110	180	32	1550	85	230	176	284	3084
泰安	1167	44	520	178	1454	5055	0	3270	3526	513	78	60	22	244	32	108	134	105	344
曲阜	1652	84	725	127	972	4504	3270	0	811	1150	80	106	43	602	100	197	294	806	898
枣庄	383	20	276	84	220	1775	3526	811	0	913	92	72	18	223	34	61	92	205	386
徐州	4457	127	745	157	445	6488	513	1150	913	0	2228	7451	744	5727	1317	2156	1846	3941	5895
宿州	365	14	158	24	32	110	78	80	92	2228	0	1078	1690	3377	292	518	607	1064	2616
蚌埠	562	9	217	38	40	180	60	106	72	7451	1078	0	722	12041	464	812	940	1417	4564
滁州	105	2	56	8	8	32	22	43	18	744	1690	722	0	3015	496	637	644	992	2269
南京	7134	41	1097	111	319	1550	244	602	223	5727	3377	12041	3015	0	747	1540	4241	6905	19439
镇江	197	3	106	27	28	85	32	100	34	1317	292	464	496	747	0	196	1322	2478	1594
常州	730	3	148	30	50	230	108	197	61	2156	518	812	637	1540	196	0	333	1064	4186
无锡	3762	6	204	42	48	176	134	294	92	1846	607	940	644	4241	1322	333	0	701	4480
苏州	1044	7	206	34	76	284	105	806	205	3941	1064	1417	992	6905	2478	1064	701	0	2261
上海	15835	13	4848	140	194	3084	344	898	386	5895	2616	4564	2269	19439	1594	4186	4480	2261	0

续上表

OD	北京	廊坊	天津	沧州	德州	济南	泰安	曲阜	枣庄	徐州	宿州	蚌埠	滁州	南京	镇江	常州	无锡	苏州	上海
石家庄	0	0	134	0	0	742	187	138	149	194	29	62	15	491	36	76	108	99	848
郑州	0	41	1396	70	0	1858	395	186	84	0	376	675	409	1521	345	814	1330	1896	6932
武汉	0	0	684	84	0	936	124	244	45	1708	530	0	260	0	0	257	1599	486	7382
长沙	0	0	478	18	0	1420	50	66	0	174	74	0	31	0	0	0	0	0	0
广州	0	0	3680	0	0	2712	94	213	0	1143	207	0	104	0	0	0	0	0	0
南昌	0	58	1809	34	4	343	66	116	4	297	147	0	114	0	0	0	0	0	0
秦皇岛	5159	0	0	0	172	143	29	50	24	77	4	15	1	38	7	14	16	14	102
沈阳	3019	0	0	0	483	1614	167	260	68	607	35	147	13	3841	61	195	118	138	2774
长春	0	0	0	0	298	768	87	184	42	388	9	88	4	457	36	52	82	116	2388
哈尔滨	0	0	0	0	502	2401	123	293	67	706	1	63	1	759	42	412	105	134	2958
大连	0	0	0	0	73	625	26	23	8	152	16	118	4	322	22	45	66	60	1034
太原	0	0	0	0	0	702	141	149	50	917	86	93	20	3679	62	102	111	162	6560
青岛	10734	173	2286	654	3727	0	0	4520	1799	1708	214	214	88	2050	145	496	674	701	5604
西安	0	0	775	73	0	2271	179	230	64	0	157	278	23	2297	94	271	459	686	6612
成都	0	0	2820	0	0	2460	44	0	0	0	0	150	0	171	0	0	0	532	4602
合肥	3824	11	273	24	60	110	16	30	10	2804	4924	0	0	0	0	1308	1494	2114	4163
杭州	8131	16	956	84	148	1562	189	308	126	6784	2225	2042	1124	1868	1155	2011	2906	2277	0
宁波	0	0	0	0	0	0	0	0	0	0	0	0	0	0	0	0	0	0	0
温州	2934	8	74	14	26	146	25	40	12	310	368	312	186	342	156	346	400	389	0
福州	2366	0	61	17	42	338	37	38	16	508	109	165	58	1216	84	156	218	320	0
厦门	2430	12	0	12	64	280	0	2	3	263	51	165	28	1348	11	24	28	50	0
重庆	0	0	0	0	0	1324	30	0	0	0	0	0	0	0	0	0	0	0	2884

附录 B

各 OD 对间客流量(人次/日)　　附表 B

OD	1	2	3	4	5	6	7	8	9	10	11	12	13	14	15	16	17	18	19
1	0	7044	7276	3662	6432	7546	1167	1652	383	4457	365	562	105	7134	197	730	3762	1044	15835
2	7044	0	3940	806	400	185	44	84	20	127	14	9	2	41	3	3	6	7	13
3	7276	3940	0	3006	2823	9793	520	725	276	745	158	217	56	1097	106	148	204	206	4848
4	3662	806	3006	0	700	732	178	127	84	157	24	38	8	111	27	30	42	34	140
5	6432	400	2823	700	0	2136	1454	972	220	445	32	40	8	319	28	50	48	76	194
6	7546	185	9793	732	2136	0	5055	4504	1775	6488	110	180	32	1550	85	230	176	284	3084
7	1167	44	520	178	1454	5055	0	3270	3526	513	78	60	22	244	32	108	134	105	344
8	1652	84	725	127	972	4504	3270	0	811	1150	80	106	43	602	100	197	294	806	898
9	383	20	276	84	220	1775	3526	811	0	913	92	72	18	223	34	61	92	205	386
10	4457	127	745	157	445	6488	513	1150	913	0	2228	7451	744	5727	1317	2156	1846	3941	5895
11	365	14	158	24	32	110	78	80	92	2228	0	1078	1690	3377	292	518	607	1064	2616
12	562	9	217	38	40	180	60	106	72	7451	1078	0	722	12041	464	812	940	1417	4564
13	105	2	56	8	8	32	22	43	18	744	1690	722	0	3015	496	637	644	992	2269
14	7134	41	1097	111	319	1550	244	602	223	5727	3377	12041	3015	0	747	1540	4241	6905	19439

续上表

OD	1	2	3	4	5	6	7	8	9	10	11	12	13	14	15	16	17	18	19
15	197	3	106	27	28	85	32	100	34	1317	292	464	496	747	0	196	1322	2478	1594
16	730	3	148	30	50	230	108	197	61	2156	518	812	637	1540	196	0	333	1064	4186
17	3762	6	204	42	48	176	134	294	92	1846	607	940	644	4241	1322	333	0	701	4480
18	1044	7	206	34	76	284	105	806	205	3941	1064	1417	992	6905	2478	1064	701	0	2261
19	15835	13	4848	140	194	3084	344	898	386	5895	2616	4564	2269	19439	1594	4186	4480	2261	0
20	0	0	134	0	0	742	187	138	149	194	29	62	15	491	36	76	108	99	848
21	0	41	1396	70	0	1858	395	186	84	0	376	675	409	1521	345	814	1330	1896	6932
22	0	58	6651	136	0	5411	334	573	49	3322	958	0	509	0	0	257	1599	486	7382
23	5159	0	0	0	172	143	29	50	24	77	4	15	1	38	7	14	16	14	102
24	3019	0	0	0	1350	5408	403	760	185	1853	61	416	22	5379	161	704	371	448	9154
25	0	0	0	0	0	702	141	149	50	917	86	93	20	3679	62	102	111	162	6560
26	10734	173	2286	654	3727	0	0	4520	1799	1708	214	214	88	2050	145	496	674	701	5604
27	0	0	775	73	0	2271	179	230	64	0	157	278	23	2297	94	271	459	686	6612
28	0	0	2820	0	0	3784	74	0	0	0	0	150	0	171	0	0	0	532	7486
29	3824	11	273	24	60	110	16	30	10	2804	4924	0	0	0	0	1308	1494	2114	4163
30	15861	36	1091	127	280	2326	251	388	157	7865	2753	2684	1396	4774	1406	2537	3552	3036	0

注：车站编号1-30，依次为北京南、廊坊、天津南、沧州西、德州东、济南西、泰安、曲阜东、枣庄、徐州东、宿州东、蚌埠南、滁州南、南京南、镇江南、常州北、无锡东、苏州北、上海虹桥、石家庄、郑州、武汉、秦皇岛、沈阳、太原、青岛、西安、成都、合肥、杭州。

参考文献

[1] Beckmann M J, McGuire C B, Winsten C B. Studies in the economics of transportation [M]. New Haven: Yale university Press,1956,120-158.

[2] Dial R. B. A probabilistic multi-path traffic assignment model which obviates the need for path enumeration[J]. Transportation Research, 1971, 5 (2): 83-111.

[3] Pierre Robillard, Claude Chriqui. Common bus lines[J]. Transportation science. 1975, 9 (2): 115-112.

[4] Carlos F. Daganzo. On the traffic assignment problem with flow dependent costs—II[J]. Transportation science, 1977, 11 (6): 439-441.

[5] Yosef Sheffi. Estimating choice probabilities among nested alternatives [J]. TransportationResearch Part B: Methodological, 1979, 13 (3): 189-205.

[6] Hasselstrom, D. Public Transportation Planning- A Mathematical Programming Approach[C]. In Doctoral Dissertation. University of Goteborg. Sweden,1982,6: 89-159.

[7] Spiess H. Contributions'a la th'eorie et aux outils de planification de r'eseaux de transport urbain[D]. D'epartement d'informatique et de recherche operationnelle. Centre de recherche sur les transports. Universit'e de Montr'eal, 1984, Publication 382.

[8] S. Nguyen. Equilibriumtrafficassignment for large scale transit networks[J]. European Journal of Operational Research,1988,37(2):176-186.

[9] Spiess H. Florian M. Optimal Strategies: A New Assignment Model for Transit Networks[J]. Transportantion Research, 1989,23 (B):83-102.

[10] De Cea. Fernandez E. Transit Assignment for Congested Public Transport System: An Equilibrium Model[J]. Transportation Research, 1993, 27 (2). 133-147.

[11] Wu J. H. Transit equilibrium assigment: a model and solution algorithms[J]. Transportation Science,1994,28 (3):193-203.

[12] Sang Nguyen,Stefano Pallottino,Michel Gendrean. Implicit enumeration of hyper paths in a Logit model for transit networks[J]. Transportation Research,1998,32 (1):54-64.

[13] Pattnail S. B. Urban bus transit rout network design using genetic algorithm. Journal of Transportation Engineering,1998,124 (4):368-375.

[14] Lam W. H. K., Z. Y. Gao ,K. S. Chan. A Stochastic User Equilibrium Assignment

Model for Congested Transit Networks[J]. Transportation Science,1999,33 (B): 351-368.

[15] Claessens, M. T. , van Dijk, N. M. , Zwaneveld, P. J. Cost optimal allocation of passenger lines[J]. European Journal of Operational Research,1998, 110 (3): 474-489.

[16] Yu-Hern Chang, Chung-Hsing Yeh, Ching-Cheng Shen. A multiobjective model for passenger train services planning: application to Taiwan's high-speed rail line [J]. Transportation Science,2000,34 (2): 91-106

[17] Chi-Kang LEE, Wen-jin HSIEH. A Demand Oriented Service Planning. Process [M]. The World Congress On Railway Research,2001,55-89.

[18] 史峰.基于弹性需求的旅客列车开行方案优化研究[J].铁道学报,2008,30 (3):1-6.

[19] Jan-Willem Goossens, Stan P. M Van Hoesel, Leo G. kroon. A branch-and-cut approach for solving railway line-planning problems[J]. Transportation Science, 2004a, 38 (3):379-393.

[20] Jan-Willem Goossens, J. H. M. Models and algorithms for railway line planning problems[D]. University of Maastricht,2004b,46-97.

[21] Jan-Willem Goossens, Stan Van Hoesel, Leo Kroon. Optimising halting station of passenger railway lines[Z]. 2004c, http://arno. unimaas. nl/show. cgifid = 803.

[22] Jan-Willem Goossens, J. H. M. , van Hoesel, C. P. M. , Kroon, L. G. On solving multi-type railway line planning problems[J]. European Journal of Operational Research, 2005, 168 (2): 403-424.

[23] Scholl, S. Customer-oriented line planning[D]. University of Kaiserslautern, 2005,23-56.

[24] Schöbel, A. , Scholl, S. . Line planning with minimal transfers. In 5th Workshop on Algorithmic methods and Models for Optimization of Railways[C]. number 06901 in Dagstuhl Seminar Proceedings, 2006.

[25] Marc E. Pfetsch, Ralf Borndörfer. Routing in Line Planning for Public Transport [C]. Berlin: ZIB Allgemein,2005, 05-36.

[26] Ralf Borndörfer, Martin Grötschel, Marc E. Pfetsch. A path-based model for line planning in public transport[C]. Berlin: ZIB Allgemein,2005,05-18.

[27] J. F. Guan, Hai Yang, S.C. Wirasinghe. Simultaneous optimization of transit line configuration and passenger line assignment[J]. Transportation Research Part B, 2006,40 (10):885-902.

[28] Ralf Borndörfer, Martin Grötschel, Marc E. Pfetsch. A Column- Generation Approach t- o Line Planning in Public Transport [J]. Transportation Science, 2007, 41 (1):123-132.

[29] 杨新苗. 城市公交发展技术保障体系关键技术研究[D]. 南京:东南大学,2000.

[30] 牟达. 大连市快速公交规划及其效果评价[D]. 大连:大连理工大学,2006.

[31] 汤可夫. 公交客流分配与调度的遗传算法[D]. 大连:大连理工大学,2004.

[32] 曹庆峰. 公交均衡分配模型及其在 EMME/2 的应用研究[D]. 西安:长安大学,2007.

[33] 张启人. 公共交通大系统建模与优化[J]. 系统工程,1986,4(6):25-39.

[34] 高岩. 城市公交网络设计模型与算法研究[D]. 长沙:长沙理工大学,2007.

[35] 魏恒. 公交网络客流分配模型研究[J]. 北京工业大学学报,1990,16(4):35-39.

[36] 刘清,衷仁保,朱志勇,等. 实现城市公交线网优化的数学模型和广义 A * 算法[J]. 系统工程理论与实践,1992,12(2):11-17.

[37] 王志栋. 公交线网优化模型的建立[J]. 大连铁道学院学报,1997,18(4):31-34.

[38] 夏志浩,王胜奎. 用公交车站上下客数推算公交 OD 分布的方法[J]. 四川联合大学学报(工程科学版),1997,1(2):41-48.

[39] 四兵锋,高自友. 城市公交网络均衡配流模型及算法的研究[J]. 公路交通科技,1998,15(3):41-44.

[40] 四兵锋,高自友. 城市交通超级网络均衡配流模型与算法[J]. 公路交通科技,1998,(增刊)A01:67-71.

[41] 高自友,宋一凡,四兵峰,等. 公交网络中基于弹性需求和能力限制条件下的 SUE 配流模型及算法[J]. 北方交通大学学报,2000,24(6):1-7.

[42] 林柏梁,杨富社,李鹏,等. 基于出行费用最小化的公交网络优化模型[J]. 中国公路学报,1999,12(1):79-83.

[43] 牛学勤,王炜. 基于最短路搜索的多路径公交客流分配模型研究[J]. 东南大学学报,2002,32(6):917-919.

[44] 安健. BRT 线网优化设计关键技术研究[D]. 北京:北京交通大学,2007.

[45] 汤可夫. 公交客流分配与调度的遗传算法[D]. 大连:大连理工大学,2004.

[46] 陈义华,吴红兵. 方式划分与路网配流联合模型[J]. 重庆大学学报(自然科学版),2005,28(10):99-103.

[47] 于滨. 城市公交系统模型与算法研究[D]. 大连:大连理工大学,2006.

[48] 于滨,杨忠振,程春田,等.公交线路发车频率优化的双层规划模型及其解法[J].吉林大学学报(工学版),2006,36(5):664-668.

[49] 高岩.城市公交通网络设计模型与算法研究[D].长沙:长沙理工大学,2007.

[50] 孔繁玉,李献忠.弹性需求下的轨道交通客流分配模型和算法[J].西安工程大学学报,2008,22(22):104-108.

[51] 刘志谦,宋瑞.基于时刻表的公交配流算法研究[J].重庆交通大学学报(自然科学版),2010,29(1):114-120.

[52] 赵鹏,杨浩.京沪高速铁路列车开行模式的研究[J].北京交通大学学报,2006,30(3):5-9.

[53] 姚金娈.基于区域理论的京沪高速铁路开行方案研究[D].北京:北京交通大学,2010.

[54] 黄鉴.客运专线旅客列车开行方案研究[D].成都:西南交通大学,2005.

[55] 罗建.客运专线与既有线合理分工及协调优化研究[D].成都:西南交通大学,2009.

[56] 何宇强,张好智,毛保华,等.客运专线旅客列车开行方案的多目标双层规划模型[J].铁道学报,2006,28(5):6-10.

[57] 曾鸣凯.客运专线旅客列车开行方案的客流分配方法[J].西南交通大学学报,2006,41(5):571-574.

[58] 霍亮.铁路旅客乘车行为分析与客流分配研究[D].长沙:中南大学,2006.

[59] 史峰,邓连波,霍亮.旅客列车开行方案的双层规划模型和算法[J].中国铁道科学,2007,28(3):110-116.

[60] 邓连波.客运专线相关旅客列车开行方案优化研究[D].长沙:中南大学,2007.

[61] 聂磊,廉文彬.国外高速铁路运输组织方案特点分析[J].中国铁路,2008,548(2):74-78.

[62] 史峰,周文梁,陈彦,等.基于弹性需求的旅客列车开行方案优化研究[J].铁道学报,2008,30(3):1-6.

[63] 王慈光.用表上作业法求解编组站配流问题的研究[J].铁道学报,2002,24(4):1-5.

[64] 薛峰.编组站调度系统配流协同优化理论与方法研究[D].长沙:西南交通大学,2009.

[65] 马苏德·雅基尼.列车路径、编组计划与运行图复合优化的动态服务网络设计模型[D].北京:北京交通大学,2003.

[66] 王慈光.编组站动态配流模型与算法研究[J].铁道学报,2004,26(1):1-6.

[67] 营美英. 基于 MAS 的列车编组计划与运行图的一体化优化方法研究[D]. 北京:北京交通大学,2006.

[68] 薛锋,王慈光. 编组站配流相关问题分析[J]. 交通运输工程与信息学报,2008,6 (4):29-33.

[69] 薛锋,王慈光,罗建. 双向编组站静态配流的优化[J]. 西南交通大学学报,2008,43(2):159-164.

[70] 荆世明,吴建波. 铁路编组站车流配流问题研究[J]. 铁道运输与经济,2008,30(1):83-86.

[71] 景云. 运用学习规则求解编组站静态配流问题的研究[J]. 铁道运输与经济,2010,32(1):22-26.

[72] 申永生,何世伟,王保华,等. 免疫算法求解编组站阶段计划配流问题研究[J]. 铁道学报,2009,31 (4):1-6.

[73] 胡小风. 混合铁路客运服务网络中多层次客流分配技术研究[D]. 北京:北京交通大学,2010.

[74] 单杏花,周亮瑾,吕晓艳,等. 铁路旅客列车票额智能预分研究[J]. 中国铁道科学,2011,32(6):125-128.

[75] 李栋. 旅客列车编组与票额分配方法的优化改进[D]. 成都:西南交通大学,2008.

[76] 强丽霞. 基于客票数据的高速铁路旅客出行选择行为研究[J]. 铁道运输与经济, 2018,40(4):52-57.

[77] 佟璐,聂磊,付慧伶,等. 高速铁路客运产品规划的客流分配分析[J]. 综合运输,2011,381(9):56-60.

[78] 刘宝碇. 不确定规划及应用[M]. 北京:清华大学出版社,2003.

[79] 胡必松. 基于列车开行方案的服务网络构建及路径搜索技术研究与系统开发[D]. 北京:北京交通大学,2011.

[80] 杨林. 支持多模式的复合交通网络模型及关键技术研究[D]. 北京:中国地质大学,2008.

[81] 徐中,李旭宏,陈大伟,等. 基于道路功能的分层交通分配方法研究[J]. 交通与计算机,2008,26(3):23-26.

[82] 戴树贵,陈文兰. 一个求解 K 短路径实用算法[J]. 计算机工程与应用,2005,41(36):63-65.

[83] 杨英俊,王轶萍,赵祥模. 基于遗传算法的城市客运出租汽车调度中心人员排班研究[J]. 公路交通科技,2010,27(7):142-146.

[84] 雷中林. 铁路区域调度车流优化调整问题的不确定性优化模型及遗传算法

[R]. 2005 年全国博士生学术论坛—交通运输工程学科,2005.
[85] 马炫. 求解 k 条最优路径问题的遗传算法[J]. 计算机工程及应用,2006,42(12):100-109.
[86] 徐凯,朱征宇. 改进遗传算法对带服务时间约束的弧路径问题的求解[J]. 微处理机,2010,31(5):58-62.
[87] 孙艳丰,William H. K. Lam. 基于遗传算法的城市交通运输网优化问题研究[J]. 系统工程理论与实践,2000,20(7):94-98.
[88] 王琦,孙竹梅. 基于遗传算法的城市交通优化分配[J]. 电力学报,2009,24(2):113-116.
[89] 龚峻峰,余志. 何兆成. 一种基于路段惩罚法的合理路径集生成算法[J]. 公路交通科技,2009,26(9):107-111.
[90] 何方国,齐欢,范琼. 有约束的随机最短路问题模型及算法[J]. 武汉理工大学学报(交通科学与工程版),2008,32(6):1125-1128.
[91] 刘剑锋,孙福亮,柏赟等. 城市轨道交通乘客路径选择模型及算法[J]. 交通运输系统工程与信息,2009,9(2):81-86.
[92] 王华,季令. 我国铁路客运合理路径选择的研究[J]. 上海铁道大学学报,1999,9(4):20-25.
[93] 过秀成,吕慎. 基于合作竞争类 OD 联合方式划分轨道客流分配模型研究[J]. 中国公路学报,2000,13(4):91-94.
[94] 程涛. 供应商选择问题的不确定优化模型及算法[J]. 兰州交通大学学报,2007,26(4):21-24.
[95] 赵文辉. 车辆路径问题模型及算法研究[J]. 铁道运输与经济,2008,30(4):83-86.
[96] 雷中林. 供应商选择问题的不确定性优化模型[J]. 物流技术,2006,63(5):52-54.
[97] 雷中林,何世伟,宋瑞,等. 铁路空车调配问题的随机机会约束模型及遗传算法[J]. 铁道学报,2005,27(5):1-5.
[98] 王保华,何世伟,宋瑞,等. 综合运输体系下快捷货运网络流量分配优化模型及算法[J]. 铁道学报,2009,31(2):12-16.
[99] 雷中林. 铁路路网系统运输能力理论与计算方法研究[D]. 北京:北京交通大学,2006.
[100] 何世伟,宋瑞,戴新鋆,等. 路网运输能力及计算方法的研究[J]. 铁道学报,2003,25(2):5-9.
[101] 苏顺虎. 基于服务水平的铁路货物运输网络能力计算方法[J]. 中国铁道科

学,2009,30(2).

[102] Goldberg D E. Genetic Algorithms in search, Optimization and Machine Learning [D]. Addison-Wesley,1989,45-56.

[103] Klose A, Drexl A. Facility location models for distribution system design [J]. European Journal of Operational Research, 2005, 162(1): 4-29.

[104] 李凤玲.城市轨道交通枢纽换乘方案的优选[J].城市轨道交通研究, 2007, 10(1): 14-17.

[105] 郭瑾.高速铁路综合枢纽换乘条件评价及应用研究[D].北京:北京交通大学, 2011.

[106] 冷暖暖.我国高速铁路网旅客换乘枢纽布局方案研究[D].北京:北京交通大学,2012.

[107] 延斐.基于高速铁路的旅客联合运输系统服务水平评估[D].北京:北京交通大学,2012.

[108] 吴思.客运专线综合枢纽换乘条件研究[D].北京:北京交通大学, 2009.

[109] 胡小风.基于旅客列车开行方案的客流分配方法研究[D].北京:北京交通大学,2010.

[110] 佟璐.高速铁路客运产品设计中的客流分配理论与方法研究[D].北京:北京交通大学, 2013.

[111] Zou Y T, Nie L. Research on Passenger's Choice Behavior Based on Beijing-Guangzhou High-Speed Railway Ticket Data[J]. Applied Mechanics and Materials, 2014, 505: 601-606.

[112] 佟璐,聂磊,付慧伶,等.基于运输组织模式导向的旅客列车开行方案模型研究[J].大连交通大学学报,2011,32(3):12-16.

[113] M. Cepeda, R. Cominetti, M. Florian. A frequency-based assignment model for congested transit networks with strict capacity constraints: characterization and computation of equilibria[J]. Transportation Research Part B,2006, 40(6): 437-459.

[114] Ziyou Gao, Huijun Sun, Lian Long Shan. A continuous equilibrium network design model and algorithm for transit systems[J]. Transportation Research Part B, 2004, 38(3):235-250.

[115] L. Nie, D. B. Fei, S. D. Zhou, et al. Key Issues on Train Line Planning for Beijing-Shanghai High Speed Railway[C]. Rail Transportation Division. 2010 Joint Rail Conference. Urbana, Illinois: ASME Press,2010,435-440.

[116] 聂磊,胡小风,佟璐,等.基于旅客列车开行方案的客流分配方法研究[J].交

通运输系统工程与信息,2011,11(3):87-92.

[117] 李永亮. 基于蚁群算法的公交出行方案研究[D]. 北京:北京交通大学,2008.

[118] 李宁. 基于蚁群算法的动态交通分配及路径诱导研究[D]. 长沙:长沙理工大学,2008.

[119] 丁洁冰. 基于SP调查的客运专线旅客乘车选择行为研究[D]. 北京:北京交通大学,2009.

[120] 史峰,付印平. 拥挤网络中的OD矩阵估计模型与算法[J]. 长沙铁道学院学报,2011,19(4).

[121] 史峰,邓连波,霍亮. 铁路旅客乘车行为的层次分析[J]. 铁道科学与工程学报,2007,4(3):79-82.

[122] 史峰,邓连波,霍亮. 铁路旅客乘车选择行为及其效用[J]. 中国铁道科学,2007,28(6):117-121.

[123] 史峰,马钧培,向联慧. 客运中转路径的换乘模型及算法[J]. 铁道学报,1999,21(5).

[124] 黄海军. 城市交通网络平衡分析理论与实践[M]. 北京:人民交通出版社,1994.

[125] 毛保华,曾会欣. 交通规划模型及其应用[M]. 北京:中国铁道出版社,1999.

[126] 刘灿齐. 现代交通规划学[M]. 北京:人民交通出版社,2001.

[127] 刘好德,杨晓光. 基于改进遗传算法的公交线网络优化设计研究[J]. 计算机工程与应用,2007,43(8):10-13.

[128] 冯树民,陈洪仁,邹成伟. 公共交通客流分配方法研究[J]. 哈尔滨建筑大学学报,2002,35(5):127-130.

[129] 周刚,王炜. 地铁线路客流分配方法与算法研究[J]. 广东公路交通,2001,35(4):32-35.

[130] 侯立文. 一种基于蚂蚁算法的交通分配方法[J]. 上海交通大学学报,2001,35(10):1240-1245.

[131] 何宇强,毛保华,陈团生,等. 高速客运专线客流分担率模型及其应用研究[J]. 铁道学报,2006,28(3):18-21.

[132] 甄静. 京沪铁路客流规律分析[J]. 中国铁道科学,2002,23(2):122-126.

[133] 张敖木翰,钟仰晋,何世伟. 基于蚁群算法的公交线网规划研究[J]. 交通标准化,2008,23(13):168-172.

[134] 张敖木翰. 基于蚁群算法的城市公交线网优化设计研究[D]. 北京交通大学(北京),2008.

[135] 郭瑾.高速铁路综合枢纽换乘条件评价及应用研究[D].北京:北京交通大学,2011.
[136] Agostino Nuzzolo, Francesco Russo, Umberto Crisalli. A Doubly Dynamic Schedule-based Assignment Model for Transit Networks[J]. Transportation Science,2001, 35(3):268-285.
[137] Markus Friedrich, Gerd Schleupen,Michael Moltenbrey, Hans-Joachim Bungartz. A parallel Implementation of a Schedule-Based Transit Assignment Algorithm for Large Networks [C]. In: ASIM 2005- 18th Symposium on Simulation Technique. Erlangen,2005,110-115.
[138] Friedrich, M. Multi-Day Dynamic Transit Assignment[C]. Proceedings of Conference on Schedule-based dynamic transit modeling SBDTM. Ischia. Italy, 2005,128-132.
[139] Friedrich, M., Wekeck, S. A schedule-based Transit Assignment Model addressing the passengers' Choice among competing Connections[C]. Proceedings of Conference[C]. The Schedule-Based approach in Dynamic Transit Modeling: Theory and Applications, Ischina,2002,159-173.
[140] Natale Papola, Francesco Filippi, Guido Gentile, Lorenzo Meschini. Schedule-Based Transit Assignment: A new dynamic equilibrium model with vehicle capacity constraints[J]. Operations Research,2009, 46(10):1-26.
[141] Giuseppe Bellei, Guido Gentile, Lorenzo Meschini,et al. A demand model with departure time choice for within-day dynamic traffic assignment[J]. European Journal of Operational Research,2006,175(3):1557-1576.
[142] Diego Klabjan, Ellis L. Johnson, Geoge L. Nemhauser, et al. Airline Crew Scheduling with Time Windows and Plane-Count Constraints[J]. Transportation Science, 2002,36(3):337-348.
[143] 秦旭彦.基于仿真的动态交通分配模型研究及实现[D].北京:清华大学,2008.
[144] 高自友,任华玲.城市动态交通流分配模型与算法[M].北京:人民交通出版社,2005.
[145] 陆化普,黄海军.交通规划理论研究前沿[M].北京:清华大学出版社,2005.
[146] 黄海军.城市交通网络平衡分析理论与实践[M].北京:人民交通出版社,1994.
[147] 查伟雄,熊贵林.铁路旅客OD矩阵推算模型及算法设计[J].系统工程,2004,22(12):82-86.

[148] 童佳楠.基于配流技术的高速铁路列车开行方案评估及系统实现[D].北京:北京交通大学,2016.

[149] Anita Schobel, Susanne Scholl. Line Planning with Minimal Traveling Time [J], 5th Workshop on Algorithmic Methods and Models for Optimization of Railways, ATMOS:2005.

[150] Ralf Borndorfer, Marika Neumann. Models for Line Planning with Transfers [J]. ZIB-Report,2010,6:1-15.

[151] Mark Wardman, Jeremy Shires et al. Consumer benefits and demand impacts of regular train timetables [J], International Journal of Transport Management, 2004 (2) :39-49.

[152] Christian Liebchen. The First Optimized Railway Timetable in Practice [J]. Transportation Science, 2008, 42(4): 420-435.

[153] P. Tzieropoulos, D. Emery, D. tron. How regular is a regular-interval timetable? From theory to application[C], computers in railways XII, Beijing, 2010: 283-294.

[154] P. Vansteenwegen, D. Van Oudheusden. Developing railway timetables which guarantee a better service [J]. European Journal of Operational Research,2006 (173):337-350.

[155] P. Vansteenwegen, D. Van Oudheusden. Decreasing the passenger waiting time for an intercity rail network[J]. Transportation Research Part B , 2007 (41): 478-492.

[156] Malachy Carey, Sinead Carville. Scheduling and platforming trains at busy complexstations[J]. Transportation Research Part A,2003 (37):195-224.

[157] Malachy Carey. Ivan Crawford Scheduling trains on a network of busy complex stations[J]. Transportation Research Part B, 2007 (41): 159-178.

[158] Oliveira E, Smith B M. A job-shop scheduling model for the single-track railway scheduling problem[R]. School of Computing Research Report, University of Leeds, 2000, 21.

[159] Caprara A, Fischetti M, Toth P. Modeling and solving the train timetabling problem[J]. Operations Research, 2002, 50(5): 851-861.

[160] Caprara A, Monaci M, Toth P, et al. A Lagrangian heuristic algorithm for a real-world train timetabling problem [J]. Discrete Applied Mathematics, 2006, 154(5): 738-753.

[161] Matthias Muller-Hannemann, Mathias Schnee. Finding All Attractive Train

Connectionsby Multi-criteria Pareto Search [C]. Railway Optimization, 2007: 246-263.

[162] Mohammad H. Keyhani. Reliability and Delay Distributions of Train Connections [C]. 12th Workshop on Algorithmic Approaches for Transportation Modelling. Darmstadt, Germany, 2012: 35-46.

[163] Liebchen C. The 2005 timetable of berlin underground-the first mathematically optimized service concept for railways in practice[C]. Proceedings of the 2nd International Seminar on Railway Operations Modelling and Analysis. Hannover, Germany. 2007, 433.